Ellen Fein, Sherrie Schneider
Wie man heute die Liebe fürs Leben findet

PIPER

Zu diesem Buch

Haben Sie genug von flüchtigen Beziehungen und sexuellen Abenteuern? Genug davon, die Sonntage allein zu verbringen? Haben Sie das Gefühl, in Beziehungsdingen etwas falsch zu machen, wissen aber nicht, was? Ellen Fein und Sherrie Schneider kennen die *Regeln,* die es zu beachten gilt, um den Mann fürs Leben zu finden – auch in der heutigen vernetzten Zeit. Sprechen Sie einen Mann nie zuerst an, warten Sie mindestens vier Stunden, bis Sie seine erste SMS beantworten und gehen Sie nicht mit einem Mann aus, der Ihnen häufiger als einmal absagt – Sie werden sehen, das wirkt Wunder. Auch wenn es vielleicht manchmal schwerfällt, sich an die *Regeln* zu halten: Nur so finden Sie ganz sicher den Traumprinzen, den Sie verdienen!

Ellen Fein ist Psychologin und lebt mit ihrer Familie auf Long Island. Gemeinsam mit der Journalistin Sherrie Schneider schrieb sie »Die Kunst, den Mann fürs Leben zu finden«. Dieses Buch und sein Folgeband »Die neue Kunst, den Mann fürs Leben zu finden« wurden weltweit Bestseller.
Sherrie Schneider ist freie Journalistin und lebt mit ihrer Familie in New Jersey.
Mehr zu den Autorinnen: www.therulesbook.com

Ellen Fein
Sherrie Schneider

Wie man heute die
LIEBE
FÜRS
LEBEN
findet

Aus dem Amerikanischen von Heike Schlatterer

Piper München Zürich

Mehr über unsere Autoren und Bücher:
www.piper.de

Von Ellen Fein und Sherrie Schneider liegen bei Piper vor:
Die Kunst, den Mann fürs Leben zu finden
Die Kunst, den Mann fürs Leben zu halten

MIX
Papier aus verantwor-
tungsvollen Quellen
FSC® C083411

Deutsche Erstausgabe
März 2013
© 2013 by Ellen Fein and Sherrie Schneider
Titel der amerikanischen Originalausgabe:
»Not Your Mother's Rules. The New Secrets for Dating«, Grand Central
Publishing, New York 2013
© der deutschsprachigen Ausgabe:
2013 Piper Verlag GmbH, München
Umschlaggestaltung: Eisele Grafik·Design, München
Umschlagabbildung: Verwendung eines Fotos von Flickr/
Catherine MacBrideGetty
Satz: Kösel, Krugzell
Gesetzt aus der Sabon
Papier: Munken Print von Arctic Paper Munkedals AB, Schweden
Druck und Bindung: CPI – Clausen & Bosse, Leck
Printed in Germany   ISBN 978-3-492-30164-0

Inhalt

Kapitel I

Warum ein neues Buch?

Hat Ihre Mutter oder eine andere Verwandte, eine Freundin oder Bekannte je zu Ihnen gesagt: » Du bist so hübsch, klug und nett, warum hast du eigentlich keinen Freund? « Waren Sie dann sprachlos, weil Sie ja selbst nicht wissen, warum, und keine Ahnung haben, was Sie bei Verabredungen falsch machen?

Frauen bestehen heute ihren Universitätsabschluss mit Auszeichnung, machen Karriere und werden Vorstandsvorsitzende eines großen DAX-Konzerns, Außenministerin einer Supermacht oder Bundeskanzlerin, aber einen Kerl dazu zu bringen, sie auszuführen oder zu heiraten, das klappt nicht! Wir kennen den leidigen Grund, warum die meisten hübschen, klugen und netten Frauen keine » bessere Hälfte « abbekommen: Entweder bedrängen sie die Männer oder sie reagieren zu eifrig, wenn der Mann den ersten Schritt macht!

Aber wie kamen wir überhaupt zu diesem Wissen und zu unserer Beratertätigkeit? Alles begann damit, dass wir uns vor etwa 20 Jahren regelmäßig mit fünf Freundinnen in einem chinesischen Restaurant an der Upper East Side in New York zum Essen trafen, so eine Art *Sex and the City*, bevor es die Serie überhaupt gab. Jede Frau erzählte von ihren Problemen, einen Mann zu finden. Uns fiel auf, dass die Frauen, die sich rar machten, entweder ganz bewusst oder weil sie tatsächlich sehr beschäftigt waren, die

Männer kriegten, während die Frauen, die Männer ansprachen oder zu viel Interesse zeigten, schon bald wieder fallen gelassen wurden. Wir zählten zwei und zwei zusammen, stellten ein paar Beobachtungen im wahren Leben an und beschlossen dann, ein Buch zu schreiben, damit nicht nur unsere Freundinnen, sondern Frauen auf der ganzen Welt von der geheimnisvollen Wirkung unserer *Regeln* profitieren konnten.

Einfach ausgedrückt sind unsere *Regeln* eine Anleitung, wie Sie jeden Mann, der ein Gespräch mit Ihnen anfängt, ob persönlich oder online, dazu bringen, nur noch an Sie zu denken und sich an Sie zu binden. Ja, es geht darum, das scheue Reh zu spielen, weil Männer die Herausforderung lieben und das Interesse verlieren, wenn ihnen etwas, *vor allem eine Frau,* zu einfach erscheint.

Unser Buch mit den *Regeln* wurde sofort zum Bestseller und in 27 Sprachen übersetzt – weil Männer überall auf der Welt gleich sind! In den USA sind wir so ziemlich in jeder Fernseh- und Radiosendung aufgetreten und haben das »Mach-dich-rar-Evangelium« gepredigt. Wir haben unsere eigene Firma gegründet und bieten private Beratungen per Telefon oder E-Mail an, außerdem gibt es ein kostenloses *Rules*-Netzwerk mit einer eigenen Website. Wir haben Tausenden Frauen zu mehr Selbstbewusstsein, Liebe und einer Ehe verholfen.

Und jetzt wollen wir *Ihnen* helfen, sich erfolgreich mit Männern zu verabreden; wir wollen unsere bewährten Geheimnisse mit Ihnen teilen und sie auf die modernen Zeiten mit SMS, Facebook, Instant Messaging oder Skype übertragen. Die *Regeln* können Sie wirklich bei jedem Mann und in jeder Situation anwenden, sie funktionieren immer ganz wunderbar: Der Mann wird verrückt nach Ihnen sein!

Haben Sie es satt, dass Männer Ihnen SMS schicken, sich mit Ihnen bei Facebook anfreunden und Ihnen Nachrichten senden, aber nicht mit Ihnen ausgehen?

Haben Sie schon von den *Regeln* gehört, wissen aber nicht so recht, wie Sie unsere Dating-Geheimnisse auf die moderne Technologie von heute übertragen sollen?

Haben Sie genug von flüchtigen Beziehungen und sexuellen Abenteuern? Genug davon, die Samstagabende allein zu verbringen?

Fragen Sie sich manchmal, warum manche Frauen, die bei Weitem nicht so hübsch, klug oder amüsant wie Sie sind, so tolle Typen abkriegen und Sie nicht?

Haben Sie das Gefühl, dass Sie etwas falsch machen, Sie wissen aber nicht, was?

Wenn Sie eine der Fragen mit Ja beantwortet haben, lesen Sie das richtige Buch! Wir haben *Wie man heute die Liebe fürs Leben findet* geschrieben, weil Frauen in der Schule, auf der Universität und auch später im Leben einfach nicht lernen, wie sie einen Mann finden und an sich binden können. Alte wie junge Frauen, darunter unsere Klientinnen, Bekannte, Beziehungstrainer und Frauen, die wieder auf Partnersuche sind, haben uns angefleht, noch ein Buch zu schreiben, das die jüngsten Entwicklungen beim Dating berücksichtigt. Sogar Mütter haben uns geschrieben und gefragt, wie sie ihren Töchtern helfen könnten!

Also haben wir eine aktualisierte Version von den *Regeln* verfasst, die Frauen helfen soll, den Richtigen in der schönen neuen Welt der Partnersuche zu finden. Denn auch in der modernen Kommunikation gelten immer noch die alten Regeln! Wir raten Ihnen daher, als Ergänzung zu unserem neuen Buch auch in unserem früheren Buch *Die Kunst, den Mann fürs Leben zu finden* zu lesen oder zumindest ein bisschen herumzublättern; der Inhalt mag vielleicht gelegentlich etwas überholt wirken, doch die Botschaft ist immer noch dieselbe. Im Vergleich zu heute haben sich die *Regeln* nur in Nuancen verändert, und zwar in den Bereichen, die es 1995 noch gar nicht gab! Wir haben auch ein paar Kapitel aufgenommen, die bereits in unseren vorherigen Büchern vorkamen, nun aber im Hinblick auf die moderne Entwicklung aktualisiert werden mussten. Wir verwenden sogar einige Begriffe daraus, etwa »Vorsicht! Vom Umtausch ausgeschlossen« *(Regel Nummer 22)* und »Der Nächste bitte!« *(Regel Nummer 31)*. Außerdem bieten wir in Kapitel VII »Die 20 wichtigsten Regeln auf einen Blick« eine Zusammenfassung unserer Bücher. Vielleicht hat Ihnen Ihre Mutter dieses Buch geschenkt, vielleicht haben Sie es auch selbst auf der Suche nach einer Antwort auf Ihre Fragen gekauft. Egal, wie Sie dazu gekommen sind, wir bringen Ihnen bei, wie die *Regeln* in der heutigen Welt der SMS, Tweets und sozialen Netzwerke angewendet werden können.

Doch bevor Sie die *Regeln* anwenden, muss Ihnen klar sein, dass Männer und Frauen verschieden sind. Das schockiert Sie jetzt vielleicht, weil man Ihnen beigebracht hat, dass Männer und Frauen gleich sind und eine Frau alles machen kann, was ein Mann kann. Frauen können Ärztin oder Anwältin werden und genauso viel verdienen wie ein Mann. Sie können Marathon laufen und sogar für das Amt des US-Präsidenten kandidieren! Das alles stimmt natürlich, trotzdem darf bei der Partnersuche die Initiative nicht von der Frau ausgehen, weil sie sonst womöglich zurückgewiesen oder gekränkt wird und danach völlig verzweifelt ist. Was romantische Beziehungen angeht, sind Männer und Frauen definitiv anders gestrickt. Männer lieben Herausforderungen, Frauen Sicherheit. Männer kaufen und verkaufen ganze Unternehmen, ohne mit der Wimper zu zucken, und betreiben gern Extremsportarten wie Bergsteigen und Bungeespringen, während Frauen gern mit ihren Freundinnen über ihre Männer reden und sich romantische Komödien ansehen. Ein Mann, den wir für unser Buch interviewten, sagte: »Ich könnte nie eine Frau sein – Frauen reden viel zu viel über Beziehungen!« Oh ja, da hat er recht: Wenn eine Frau eine SMS oder E-Mail von einem sympathischen Mann bekommt, leitet sie die Nachricht an mindestens fünf Freundinnen weiter, die sie dann eingehend analysieren. Ein Mann dagegen bekommt eine SMS, denkt nicht einmal eine Sekunde darüber nach und schaut dann weiter die Sportschau. Vive la difference!

Außerdem sollten Sie unbedingt wissen, dass Männer extrem visuell geprägt sind und sich nicht zu einer Frau hingezogen fühlen, weil sie freundlich, klug oder witzig ist. Männer entscheiden in Sekundenbruchteilen, ob ihnen jemand gefällt. Das klingt jetzt sehr negativ, aber für einen Mann bedeutet die körperliche Anziehung nun einmal alles. Er kann Ihre inneren Werte einfach nicht mögen, wenn ihm Ihr Äußeres nicht gefällt, es wäre daher pure Zeitverschwendung, ihn zuerst anzusprechen, weil Sie vielleicht gar nicht sein Typ sind. Irgendwann würde er Sie für eine andere sitzen lassen, die ihn körperlich anzieht. Frauen dagegen haben zwar auch bestimmte Vorlieben, ihnen kann jedoch auch ein Mann ans Herz wachsen, der lustig oder erfolgreich ist. Ein Mann ist dazu einfach nicht in der Lage! Frauen sind emotionaler und können auch von der Persönlichkeit eines Mannes hingerissen sein, während für die meisten Männer nur das Aussehen einer Frau zählt. Was wieder einmal zeigt, dass Männer und Frauen anders ticken!

Wenn Sie die Unterschiede zwischen den Geschlechtern kennen, erleichtert Ihnen das die Anwendung unserer *Regeln* – eine Frau sollte sich rar machen –, denn das Erfolgsgeheimnis, einen Mann für sich zu gewinnen, lautet schlicht und ergreifend, es ihm schwer zu machen. Männer sind schnell gelangweilt; wenn Sie also wollen, dass ein Mann nicht mehr lockerlässt, dürfen Sie nicht zu interessiert wirken. Behandeln Sie ihn ein bisschen so wie jemanden, der Ihnen nicht so wichtig ist! Und wie wir schon in unserem ersten Buch geschrieben haben, sollten Sie einen Mann nicht zuerst ansprechen, ihn nicht fragen, ob er mit Ihnen ausgehen will, keine Verabredungen in letzter Minute akzeptieren, ihn nicht zu oft sehen und nicht ewig mit ihm zusammen sein, ohne dass er Ihnen einen Antrag macht. Das sind nach wie vor die wichtigsten Regeln bei der Partnersuche!

Warum dann aber ein neues Buch – und warum jetzt? Facebook, Google Talk, SMS und andere Kommunikationsmöglichkeiten in den neuen Medien machen es Frauen fast unmöglich, sich geheimnisvoll zu geben und schwer erreichbar zu sein. Jede Frau klebt heutzutage an ihrem Smartphone und ist für Männer morgens, mittags und abends erreichbar. Das ist nicht unbedingt das, was man unter Sich-rar-Machen versteht! Wie kann sich eine Frau also unter diesen neuen, erschwerten Bedingungen an die *Regeln* halten?

Eine neue Klientin, die gerade das College abgeschlossen hatte, beklagte sich bei uns, wie schwer die Einhaltung der *Regeln* sei, wenn man theoretisch überall erreichbar ist. Dank unserer *Regeln* wisse sie schon, dass sie Männer nicht anrufen oder fragen solle, mit ihr auszugehen. Und dank unserer Regeln fürs Online-Dating wisse sie auch, dass sie einen Mann nicht kontaktieren dürfe, auch wenn ihr sein Profil gefalle. Auch auf einen Wink (eine unpersönliche, bereits gespeicherte Nachricht) würde sie dank unserer Ratschläge nicht reagieren. Aber SMS, Facebook, Google Talk, Twitter und Skype würden sie völlig aus dem Konzept bringen. Würden hier auch die *Regeln* gelten? Und wenn ja, wie genau? Sie hatte so viele Fragen!

War es beispielsweise in Ordnung, wenn sie einem Mann zuerst eine SMS schickte? Und wenn sie mit der Antwort auf eine SMS warten sollte, wie lange wäre das dann, ohne unhöflich zu sein? Sie wollte einfach wissen, ob es *neue* Regeln für die neuen Kommunikationsmöglichkeiten gebe. Denn bei allem Respekt, schrieb sie weiter, die Technologie habe sich seit unseren letzten Büchern enorm weiterentwickelt – heute würde man ständig SMS schreiben und es wäre überhaupt nichts dabei, sich mit Männern bei Facebook anzufreunden und den ganzen Tag zu twittern. Aber wie passe das zu den *Regeln,* wenn man sich wie sie daran halten wolle?

Danach meldete sich eine weitere Klientin mit ähnlichen Fragen, und dann noch eine und noch eine. Auch unsere eigenen Töchter und ihre Freundinnen stellten uns Fragen. Wir wussten nun, an diesem Thema führte kein Weg mehr vorbei – wir mussten ein neues Buch schreiben! Heute ist alles anders und viel spontaner, wie soll eine Frau da noch die *Regeln* anwenden?

Erinnern wir uns: 1995 kritisierten Leserinnen, die sich selbst als Feministinnen bezeichneten, unseren Ratschlag, einen Mann nicht anzurufen und auch nur selten zurückzurufen. Und heute gilt es als normal, dass man Männer nicht zuerst anruft!

Unser Buch wendet sich zwar an eine neue Generation, aber daran, was Frauen sich von einer Beziehung wünschen, hat sich nichts geändert: Sie wollen darauf vertrauen können, dass ein Mann sie um ihrer Persönlichkeit willen liebt, und sie wollen, dass er für sie da ist. Die Regeln gelten also immer noch!

Den endgültigen Ausschlag für ein neues Buch gab eine E-Mail von Heather, die uns von einer Erfahrung berichtete, die ihrer Meinung nach ihr Leben verändert hatte. Heather hatte eines Abends in einer schicken Bar einen wirklich süßen Typen kennengelernt. Am nächsten Tag hatte er ihr bis fünf Uhr nachmittags bereits drei SMS geschickt. Wir waren beeindruckt. Drei? »Ja. Ich hatte mein Handy verloren. Als ich es am nächsten Tag nach Feierabend wiederfand, hatte ich bereits drei Nachrichten von ihm. In der ersten schrieb er: ›Hi, ich bin's, Cory von gestern Abend, war toll, dich kennenzulernen, schreib mir doch zurück, wenn du Zeit hast.‹ Die zweite Nachricht lautete: ›Hast du heute Abend schon was vor?‹ Und in der dritten SMS fragte er: ›Schon Pläne fürs Wochenende?‹ Ich kann kaum glauben, dass er sich so schnell mit mir verabreden will, er mag mich wohl wirklich!«

Wir rieten Heather, ihm abends zurückzuschreiben: »Hi, war nett, dich kennenzulernen. Am Wochenende passt es gut.« Sie *musste* ihm ja nicht unbedingt auf die Nase binden, dass sie ihr Handy verloren hatte. Cory sollte ruhig denken, dass sie noch Wichtigeres zu tun hatte, als ihm zu antworten, und konnte sich schon einmal daran gewöhnen, dass es schwierig war, sie zu erwischen. Wenn man einem Mann, den man gerade kennengelernt hat, sofort antwortet, erwartet er das ständig. Das Gefühl, auf einer aufregenden Jagd zu sein, ist für ihn dahin.

Wenn Heather nicht ihr Handy verlegt hätte, hätten sie und Cory sich wahrscheinlich den ganzen Tag über SMS geschickt. Vielleicht hätte ihn seine neue Bekanntschaft dann bald wieder gelangweilt. Wahrscheinlich hätte er sie auch nicht so schnell um eine Verabredung gebeten. Aber dass Heather nicht sofort reagierte, war eine interessante Abwechslung für ihn, die ihn schnell handeln ließ. Heather erfuhr sofort, was er für sie empfand, und musste nicht lange mutmaßen, ob sie ihm gefiel – und sich später auch nicht fragen, warum der SMS-Marathon nicht zu einer Verabredung geführt hatte!

Unser Buch wirkt ähnlich, wie wenn Sie Ihr Handy gelegentlich mal für ein paar Stunden verlegen. Sie geben sich damit eine geheimnisvolle Aura und wecken bei den Männern Begehrlichkeiten.

Ein weiterer Ansporn für unser Buch sind die vielen Frauen, die mithilfe der *Regeln* vor 20 Jahren einen Partner fanden und sich jetzt für ihre Freundinnen, Schwestern und Nichten eine ähnlich stabile Beziehung wünschen oder zumindest verhindern wollen, dass sie von Männern unnötig verletzt werden. Andere Frauen sollen auch so glücklich werden wie sie, indem sie bei der Partnersuche nicht ihre Selbstachtung verlieren und darauf achten, Grenzen zu setzen. Ältere Frauen, die geschieden und wieder auf Partnersuche sind, oder Frauen, die noch nie eine Beziehung nach den *Regeln* führten, rufen uns oft an und berichten, wie verwirrend sie heute E-Mails, SMS und andere moderne Kommunikationsmittel finden. Auch ihnen wollen wir mit unserem Buch helfen.

Viele Mütter sind verständlicherweise nervös und fragen sich, wie sie sich gegenüber ihren Töchtern verhalten sollen, die erste Verabredungen treffen. Manche fühlen sich hilflos oder haben das Gefühl, sie wären völlig abgemeldet (»Sie erzählt mir nie etwas!«). Unser Buch ist auch für sie gedacht, wir haben sogar ein eigenes Kapitel, in dem wir Ratschläge geben, wie Mütter ihren Töchtern helfen können, sich an die *Regeln* zu halten, ohne sie ihnen aufzuzwingen. Mithilfe unserer Tipps sollen Mütter ihre Töchter ermutigen, sich ihnen anzuvertrauen und sie um Rat zu fragen, anstatt sie aus ihrem Leben auszuschließen. Wir hoffen, dass alle Frauen, vor allem Mütter und Töchter, durch unser Buch zusammenfinden!

Die *Regeln* sind ein zeitloses, ewig gültiges Rezept für romantische Beziehungen. Wenn Sie die *Regeln* befolgen, bekommen Sie einen Mann, der verrückt nach Ihnen ist. Wenn Sie sich nicht an die *Regeln* halten, ist Liebeskummer garantiert. Ob Sie nun 18, 28 oder 48 Jahre alt sind, wir sind überzeugt, dass wir mit unserem Buch die Antworten auf all Ihre Fragen zur Partnersuche bieten. Sie wissen nicht, wie Sie sich bei einer Verabredung verhalten oder was Sie anziehen sollen? In den *Regeln Nummer 1* und *2* erfahren Sie, wie Sie einzigartig aussehen und zu einer ganz besonderen Persönlichkeit werden. Sie sind unsicher, wann und wie Sie auf die SMS eines Mannes reagieren sollen? In *Regel Nummer 6* finden Sie unseren bewährten und erprobten Zeitplan. Sie fragen sich, ob Sie sich mit ihm die Rechnung teilen sollen, wie lange Sie mit ihm skypen oder was Sie ihm auf die Pinnwand schreiben sollen? Dann lesen Sie unsere Kapitel zum Thema »Zahlen Sie nicht die Rechnung« *(Regel Nummer 19)*, Fernbeziehungen *(Regel Nummer 15)* und Facebook *(Regel Nummer 10)*. Wir haben an alles gedacht! Wir haben sogar Gastkommentare unserer Töchter eingefügt, die mit den *Regeln* aufgewachsen sind und wissen, wie man sie einer jüngeren Generation vermittelt und auf die moderne Technik überträgt. Manchmal versteht eben eine 20-Jährige am besten, was eine andere 20-Jährige beschäftigt. Daher melden sich unsere Töchter immer mal wieder zu Wort und bringen ihre Sichtweise zu den Dating-Problemen ihrer Altersgruppe ein.

Und jetzt präsentieren wir ohne weitere Umstände *Wie man heute die Liebe fürs Leben findet.*

Kapitel II

Die Töchter melden sich zu Wort

Nachdem unsere Mütter mit den *Regeln* Erfolge feierten und für Furore sorgten, wollten wir als Töchter unsere Sichtweise und Erfahrung bei der Anwendung der *Regeln* in der heutigen Zeit mit ihren modernen Kommunikationsmöglichkeiten einbringen. Schließlich soll das Buch auch unserer eigenen Generation helfen, da ist es nur recht und billig, wenn wir unsere Meinung beisteuern! Wir sind natürlich keine Beziehungsexpertinnen, aber wir haben miterlebt, wie unsere Mütter andere Frauen erfolgreich beraten und ihnen das Rüstzeug für eine erfolgreiche Partnersuche an die Hand gegeben haben. Wir haben von so ziemlich jedem Problem gehört, das man sich vorstellen kann, und auch die Ratschläge unserer Mütter mitbekommen – die *Regeln* sind uns also mittlerweile in Fleisch und Blut übergegangen! Für uns sind sie kein Spiel, um einen Mann abzubekommen, sondern ein Lebensstil.

Würden wir uns auch an die *Regeln* halten, wenn unsere Mütter *kein* Buch darüber geschrieben hätten? Absolut! Heißt das, dass wir immer einer Meinung mit ihnen sind und uns nie streiten? Ganz bestimmt nicht! Unsere Mütter haben uns die *Regeln* nie aufgezwungen, aber wir haben ihre traditionellen Werte übernommen und glauben auch heute noch an die altmodische Vorstellung, dass ein Mann einer Frau den Hof machen muss.

Die Initiative sollte immer vom Mann ausgehen – weil eine Beziehung dann auch funktioniert. Dank der Bücher unserer Mütter kennen wir uns bei diesem Thema ein bisschen aus; mehr aber auch nicht. Wir haben die Erfahrung gemacht, dass Mädchen, die im wahren Leben – und im Fernsehen oder in Filmen – bei Männern den ersten Schritt machen, sich selbst nicht richtig wohl damit fühlen und am Ende meist sitzen gelassen werden.

Wir sind mit SMS, Facebook, Face Time, Skype, Google Talk, Twitter und zahlreichen anderen modernen Kommunikationsmitteln aufgewachsen. Wir wissen, dass die schnelle, spontane Kommunikation die Partnersuche viel schwieriger und verwirrender macht. Wir haben erlebt, welch Fehler es ist, einem Jungen die Pinnwand bei Facebook vollzuschreiben, ständig zu twittern oder ihm rund um die Uhr SMS zu schicken. Wir kennen auch ein paar Kletten, die sich einem Jungen an den Hals warfen – was nie gut ausging.

Wir alle wissen, wie es ist, wenn man sich bis über beide Ohren in einen Jungen verliebt und an nichts anderes mehr denken kann. Deshalb ist der Junge, für den man gerade schwärmt, ja auch das Gesprächsthema Nummer eins! Aber wir raten einem Mädchen, seine Zeit sinnvoll zu nutzen, sich mit der Schule oder der Arbeit zu beschäftigen und Hobbys, Sport und Freunde nicht zu vernachlässigen – das geht auch ohne Jungs! Tut etwas, auf das ihr stolz sein könnt.

Im Buch finden sich immer wieder unsere Kommentare zu Themen, zu denen unsere Mütter einfach keinen so guten Zugang haben: Tipps, wie sich ein Mädchen zurückhält und einem Jungen nicht ständig SMS schickt, wie ein Mädchen damit umgeht, wenn der Partner woanders studiert, wie man Foursquare nutzt, eine Geburtstagseinladung auf Facebook handhabt und vieles mehr!

Unsere Mütter wissen oft nicht einmal, um was es dabei eigentlich genau geht!

Je früher ihr die *Regeln* lernt und anwendet, desto besser. Wir haben schon viel zu viele Beziehungskatastrophen bei unseren Freundinnen miterlebt und wollen nicht, dass es euch auch so ergeht!

Kapitel III
Tipps für Mütter

Wenn Sie dieses Kapitel lesen, fragen Sie sich wahrscheinlich, wie Sie Ihrer Tochter bei Verabredungen helfen können, egal, wie alt diese Tochter ist. Sie sind ein wichtiger
Teil dieses Buchs – Sie können wie kaum ein anderer
Mensch Einfluss auf Ihre Tochter nehmen! Bei Beratungen fragen wir unsere Klientinnen immer: » Was hält Ihre
Mutter von dieser Beziehung?«, weil wir die Meinung
und Sichtweise der Mütter sehr schätzen. Vielleicht haben
Sie schon versucht zu helfen und Ihrer Tochter eins unserer Bücher mit den *Regeln* gegeben. Vielleicht sind Sie
auch mit gutem Beispiel vorangegangen und haben sich
in Ihren Beziehungen an die *Regeln* gehalten. Uns haben
schon viele Mütter wegen ihrer Töchter um Rat gebeten
oder Beratungsgespräche vereinbart. Viele waren frustriert, weil sie mit ansehen mussten, wie die Tochter gegen
die *Regeln* verstieß oder wie die Tochter von ihrem Partner schlecht behandelt wurde. Manche machen sich auch
Sorgen, weil ihre Töchter keinen Freund haben. Aber wie
so oft im Leben müssen diese Mütter eben manchmal einfach warten, bis ihre Töchter bereit sind, auf sie zu hören.
Wir sagen Ihnen das, was wir auch unseren Klientinnen
sagen: Damit die *Regeln* funktionieren, müssen die Töchter sie auch anwenden *wollen* und ihren Müttern vertrauen, dass sie ihnen den richtigen Weg weisen.
    Das Wichtigste, was Sie für Ihre Tochter tun können,

ist, dass Sie für sie da sind. Wir haben mit Hunderten junger Frauen gesprochen und sind dabei zu der Ansicht gelangt, dass viele häufig den Partner wechseln oder glauben, sich sexuell austoben zu müssen, weil sie in ihrer Kindheit und Jugend nicht genügend Aufmerksamkeit, Zuneigung oder Bestätigung erhielten. Bei unseren Beratungsgesprächen bieten wir die Analyse der Kindheit und vergangener Beziehungen oder Bemühungen bei der Partnersuche an und müssen immer wieder schockiert feststellen, dass viele Klientinnen, die heute Probleme haben, den richtigen Partner zu finden, von ihren Müttern kaum Bestätigung erhielten – manchmal waren die Mütter auch gar nicht da. Manche Mütter umarmten ihre Töchter nur selten und sparten mit liebevollen Worten und Lob, waren zu beschäftigt oder einfach selten daheim. Zum Einschlafen wurde nicht vorgelesen, es wurde auch nicht gemeinsam gebacken oder gekuschelt. Manche Mütter gaben sogar zu verstehen, dass sie sich vom Leben betrogen fühlten, weil sie Vollzeit arbeiten und eine Tochter großziehen mussten, und betrachteten ihre Töchter mehr als Belastung oder Ärgernis. Andere machten selbst eine schwere Zeit durch, sei es eine Scheidung oder eine schwere Krankheit oder Sonstiges, und versuchten zwar, ihr Bestes zu geben, doch das reichte einfach nicht. Wir haben den Eindruck, dass es Töchter deutlich leichter haben, wenn ihre Mütter nicht mit Lob und Liebe sparen.

Die 33-jährige Jillian stieß erst vor Kurzem auf unsere Bücher und erzählte uns, dass ihre Mutter emotional völlig desinteressiert an ihr gewesen sei und sie sich daher nie für attraktiv oder liebenswert gehalten habe. Auf dem College und auch danach fühlte sie sich bereits geschmeichelt, wenn ein Mann auch nur das geringste Interesse zeigte, etwa ihr verheirateter Chef. An den Männern, die sie wirklich mochten, hatte sie kein Interesse, weil sie so mit den Männern beschäftigt war, die sich nicht um sie bemühten. In stundenlangen Gesprächen halfen wir ihr, über die gleichgültige Haltung ihrer Mutter hinwegzukommen, und brachten ihr bei, »nur die zu lieben, die auch dich lieben«. Wir schlugen vor, dass sie sich einer Gruppe anschloss, in der sie sich mit anderen über unsere *Regeln* austauschen und sich die schlechten Angewohnheiten bei der Partnersuche abgewöhnen konnte. Wir schickten ihr per E-Mail Links, wenn wir etwas Hübsches zum Anziehen für sie sahen, und berieten sie, wie sie sich bei Verabredungen verhalten sollte. Nachdem Jillian die Partnersuche eigentlich schon aufgegeben hatte, wurde sie Mitglied bei einer Partnervermittlung im Internet und ging wieder in Klubs und auf Partys. Heute hat sie eine feste Beziehung mit einem Mann, der sie zuerst angesprochen hat und der ihr jeden Morgen eine SMS mit der Botschaft »Guten Morgen, meine Schöne« schickt.

Wenn Sie als Mutter aus irgendwelchen Gründen zu wenig Zeit für Ihre Tochter hatten und sie sich auseinandergelebt haben oder Sie Angst haben, dass es dazu kommen könnte, lautet die Lösung Liebe, Liebe und nochmals Liebe! All you need is love! Wenn Ihre Tochter noch daheim wohnt, umarmen Sie sie jetzt gleich und von da an jeden Tag. Es ist nie zu spät, Ihre Zuneigung zu zeigen. Geben Sie ihr einen ermunternden Klaps auf die Schulter, streichen Sie ihr übers Haar, küssen Sie sie auf die Wange – um Töchter muss man immer ein bisschen Aufhebens machen. Mit jeder liebevollen Geste gegenüber Ihrer Tochter verhindern Sie, dass sie beim Falschen nach Liebe sucht. Entweder bekommt sie die Zuwendung von Ihnen oder von einem Fremden. Also besser von Ihnen! Körperkontakt ist wirklich unheimlich wichtig. Wir wissen, dass Sie viel zu tun haben, Sie sind berufstätig, müssen sich um den Haushalt kümmern, Rechnungen bezahlen und die E-Mails auf Ihrem Handy lesen, aber es dauert nur eine Minute, Ihrer Tochter zwischendurch mal eine

SMS zu schicken. Gehen Sie mit ihr essen, schauen Sie sich zusammen einen Frauenfilm an oder gehen Sie miteinander einkaufen! Jeder ist heutzutage beschäftigt, jeder hat lange Listen mit Dingen, die dringend erledigt werden müssen, niemand hat Zeit, aber wenn Sie sich jetzt nicht Zeit für Ihre Tochter nehmen, hat sie richtig viel Zeit, in Schwierigkeiten zu geraten. Es ist nie zu spät, eine gute Mutter zu werden.

Aber wie verbringen Sie Zeit mit Ihrer Tochter, wenn sie gar nicht da ist? Wenn sie in einer anderen Stadt studiert, fragen Sie, ob es ein Wochenende oder einen Tag gibt, an dem sie nicht so viel zu tun und Zeit für Ihren Besuch hat. Schlagen Sie vor, Ihre Freunde und Freundinnen mit zum Essen auszuführen, damit Sie sie kennenlernen; dadurch verstehen Sie auch Ihre Tochter besser. Wenn sie arbeitet, verfahren Sie genauso: Vereinbaren Sie einen Tag oder ein Wochenende, an dem nur Sie beide Zeit miteinander verbringen, ein richtiger Mädelstag! Wenn sie keine Zeit hat, sollten Sie sie aber auch nicht drängen; Ihre Bereitschaft genügt schon, um ihr zu zeigen, dass sie Ihnen wichtig ist.

Vielleicht haben Sie als alleinerziehende Mutter das Gefühl, dass Ihre Liebe allein nicht genügt. Machen Sie sich keine Sorgen. Ein Kind kann sich auch mit nur einem Elternteil prächtig entwickeln. Eine Klientin von uns hatte einen jähzornigen Vater, der nie ein freundliches Wort für sie übrig hatte, aber ihre Mutter überschüttete sie mit Komplimenten und Küssen. Sie heiratete einen Mann, der ihr ständig sagt, wie schön sie ist! Also denken Sie nicht einmal daran, dass Ihre Tochter ernsthaft benachteiligt sein könnte, weil sie nur Sie als liebendes Elternteil hat. Sie allein können schon viel ausrichten.

Wenn Sie wollen, dass Ihre Tochter bei der Partnersuche selbstbewusst auftritt, sollten Sie mit gutem Vorbild vorangehen! Sie sollten sich also selbst an die *Regeln* halten und Ihrer Tochter nicht jeden Mann vorstellen, den Sie gerade erst kennengelernt haben. Warten Sie, bis Sie den Eindruck haben, dass sich daraus eine ernsthafte Beziehung entwickelt, und führen Sie ihn erst dann Ihrer Tochter vor. Das erste Treffen sollte möglichst kurz sein, steigern Sie die Dauer nach und nach.

Junge Frauen können sehr sensibel und hilfsbedürftig sein. Sie brauchen Ihre Zuwendung, damit sie sich nicht allein gelassen oder vernachlässigt fühlen. Es wäre ein schlimmer Fehler, Ihrem neuen Freund auf Kosten Ihrer Tochter zu viel Aufmerksamkeit zu schenken. Das ist zugegebenermaßen ein Drahtseilakt, aber Sie müssen einen Weg finden, damit sich Ihre Tochter weiterhin geliebt fühlt.

Gleichzeitig sollten Sie es nicht übertreiben. Wir meinen nicht, dass Sie jede Bewegung Ihrer Tochter kontrollieren oder überkritisch sein sollten, indem sie ständig an ihr herumnörgeln. Wenn Ihre Tochter 25 oder 30 Jahre alt ist und Ihnen ihr Kleidungsstil nicht gefällt oder die Männer nicht zusagen, mit denen sie ausgeht, dürfen Sie sie nicht allzu harsch kritisieren. Dann wendet sie sich auch viel eher an Sie, wenn sie einmal Hilfe benötigt. Wenn Ihre Tochter Sie für überkritisch oder kontrollsüchtig hält, wird sie rebellieren oder Geheimnisse vor Ihnen haben. Ab einem bestimmten Alter haben Sie keine Kontrolle mehr über das Leben Ihrer Tochter, also gehen Sie behutsam vor.

Wir alle kennen Mütter, die sich zu sehr in das Leben ihrer Töchter einmischen. Sie verwirklichen sich in der Tochter, wollen aus ihr eine Schönheitskönigin oder das beliebteste Mädchen der Schule machen. Oder sie freunden sich mit den Freundinnen und Bekannten oder sogar dem Freund ihrer Tochter auf Facebook an, obwohl ihre Tochter das nicht möchte. Denken Sie daran: Übermäßige Anteilnahme und Aufmerksamkeit sind nicht gut.

Mütter sollen weder ihre Töchter ausspionieren noch die beste Freundin ihrer Tochter sein wollen. Das kann ähnlich negative Folgen haben wie eine Mutter, die nie zu Hause ist. Ein Teenager braucht Liebe, das ist wichtiger als perfekte Noten oder lange falsche Wimpern. Will die Tochter wirklich Anführerin der Cheerleader-Mannschaft sein? Sie kann ihre eigenen Entscheidungen treffen und muss auch ihre eigenen Fehler machen. Am besten sind Sie einfach da, wenn sie Sie braucht – um ihr einen Rat zu geben, sie zu trösten oder mit ihr zu feiern. Aber es ist ihr Leben. Wenn sie zu schnell erwachsen werden muss, hinterlässt das Narben auf ihrer Seele, die sie durch die falschen Beziehungen zu kompensieren versucht.

Unsere Regeln in diesem Kapitel gelten übrigens genauso für Väter wie für Mütter. Seien wir ehrlich, jeder Vater möchte, dass sich seine Tochter an die *Regeln* hält! Sie soll sich ihre Selbstachtung bewahren und nicht den Männern hinterherlaufen oder sich gar telefonisch zum Gelegenheitssex verabreden. Welcher Vater hätte es schon gern, wenn seine Tochter für einen Mann 24 Stunden am Tag erreichbar ist oder mit allen möglichen Männern schläft? Klientinnen erzählten uns, ihr Vater habe ihnen, als sie anfingen zu studieren, unser Buch gekauft oder einen Termin bei uns bezahlt. Wir wissen, dass Vätern die Verabredungen ihrer Töchter wichtig sind, deshalb wollen wir sie in diesem Kapitel auch ansprechen.

Wir haben mit vielen Vätern gesprochen und festgestellt, dass sie uns damals schon beim Verfassen der *Regeln* nützliche Ratgeber gewesen wären! Ein Vater sagte seiner 20-jährigen Tochter: »Ruf die Jungs nicht an und renn ihnen nicht hinterher. Außerdem will ich den Jungen vorher kennenlernen, wenn er dich abholt. Er muss mir in die Augen schauen können; wenn er das nicht tut, hat er etwas zu verbergen.« Nicht alle Väter nehmen so Anteil oder äußern sich so deutlich, was den meisten Töchtern sicherlich lieber ist! Aber wir glauben, dass Väter ihre Töchter bei der Anwendung der *Regeln* unterstützen können, indem sie ihnen unser Buch schenken und vor allem jede Frau mit Liebe und Respekt behandeln. Wir kennen glücklich verheiratete Männer, die ihren Töchtern rieten: »Mach es einfach wie deine Mutter. Ich bin mit vielen Frauen ausgegangen, aber sie hat mich dazu gebracht, sie zu heiraten!«

Die Töchter sollen aber nicht zu einem Verhalten gemäß den *Regeln* veranlasst werden, indem man ihnen erzählt, dass Männer nur das eine wollen. Väter sollten auch nicht unnahbar oder voreingenommen wirken. Liebe Väter, Sie wollen doch, dass sich Ihre Töchter an Sie wenden und mit Ihnen reden, wenn sie nicht wissen, was sie tun sollen, oder in Schwierigkeiten sind! Unterstützen Sie also Ihre Tochter bei der Partnersuche, dann können Sie erleichtert aufatmen, wenn Sie sie an ihrem Hochzeitstag durch die Kirche zum Altar führen!

Wir alle wünschen uns doch eine selbstbewusste Tochter, die Probleme bei der Partnersuche geschickt umschifft. Vielleicht helfen dabei ein paar Tipps von uns:

♥ Geben Sie ihr unser aktuelles Buch, falls Sie das noch nicht getan haben, und eine Ausgabe von *Die Kunst, den Mann fürs Leben zu finden*. Wir wissen von vielen Müttern, die von ihren Müttern *Die Kunst, den Mann fürs Leben zu finden* bekamen und dies nun an ihre Töchter weitergeben wollten. Aber die warfen nur einen kurzen Blick in das Buch und fragten: »Was ist ein Anrufbeantworter? Das klingt ja wie aus den Fünfzigerjahren! Heute ist die Partnersuche viel schwieriger.« Das stimmt, deshalb haben wir ja auch ein neues Buch geschrieben. Aber sagen Sie Ihrer Tochter auf jeden Fall, dass es nicht funktioniert, den Männern hinterherzurennen. Entweder glaubt sie Ihnen oder nicht – und selbst wenn sie es jetzt noch nicht glauben will, vielleicht kommt sie später doch noch dahinter.

♥ Reden Sie mit ihr offen über Sex. Sagen Sie ihr, dass Sex etwas Schönes ist, dass alles, was man tut, wenn man sich liebt, wunderbar und besonders ist, dass aber One-Night-Stands keine Erfüllung bieten und eher ein Akt der Verzweiflung sind. Sie müssen kein offizielles Aufklärungsgespräch führen, sollten aber auch nicht so tun, als ob es keinen Sex gäbe. Schauen Sie sich zusammen einen Frauenfilm an und unterhalten Sie sich mit Ihrer Tochter über die Figuren im Film, dann wirkt das Ganze nicht so furchtbar ernst. *Sex and the City* eignet sich hervorragend. Fragen Sie, ob Carrie wirklich so lange auf Mr. Big warten sollte, oder was Ihre Tochter von Samanthas zahlreichen Männerbekanntschaften hält. Fragen Sie, welche der vier Frauen ihr Vorbild ist. Kommen Sie darüber einfach ins Gespräch – junge Frauen zögern, direkte Fragen über ihre Verabredungen zu beantworten, aber vielleicht öffnet sich Ihnen Ihre Tochter, wenn Sie es auf diese Weise probieren.

♥ Reagieren Sie nicht zu heftig, wenn Ihnen Ihre Tochter etwas erzählt, was Ihnen nicht gefällt. Bleiben Sie gelassen!

♥ Manche Mütter beklagen sich, dass ihre Töchter ihnen nie etwas erzählen. Wir wissen, warum. Weil die Mütter gleich losschreien: » WAS HAST DU GEMACHT????«, und völlig durchdrehen. Kein Wunder, dass die Töchter dann lieber den Mund halten! Wenn Sie wollen, dass Ihre Tochter mit Ihnen redet, Ihnen erzählt, was sie macht, und Ihnen ihre innersten Gedanken, tiefsten Geheimnisse und größten Ängste anvertraut, müssen Sie ruhig bleiben. Urteilen Sie nicht vorschnell, das schreckt ab. Wenn sie Ihnen sagt: » Ich gehe mit einem

Jungen aus, der dir wahrscheinlich nicht gefällt« oder »Ich bin keine Jungfrau mehr« oder »Ich bin schwanger« oder »Ich glaube, ich bin lesbisch«, antworten Sie einfach: »Ich bin so froh, dass du mir das sagst. Du weißt, dass ich dich immer liebe und zu dir halte. Es ist dein Leben, wie möchtest du die Sache angehen?« Geben Sie ihr das Gefühl von Sicherheit – halten Sie sich also mit Kritik zurück. Sagen Sie, was Sie von der Sache halten, aber auf die nette Art. Manche Kinder tun etwas nur, um ihre Eltern zu provozieren – wenn Sie gelassen reagieren, hat ein Kind auch keinen Grund mehr, über die Stränge zu schlagen. Zu dieser Haltung gehört auch, dass Sie Ihrer Tochter nicht Ihren Willen aufzwingen und ihr sagen, mit wem sie ausgehen soll. Und sagen Sie nie: »Heirate doch einen Arzt« oder wen Sie sonst für geeignet halten.

♥ Wenden Sie die *Regeln* auch gegenüber Ihrer Tochter an. Das klingt seltsam, aber es funktioniert! Drängen Sie sich ihr nicht auf. Wenn Ihre Tochter Sie bittet, keine Nachrichten auf ihrer Pinnwand bei Facebook zu hinterlassen, halten Sie sich daran. Sie müssen ihre Grenzen respektieren. Wenn Sie sich zu sehr einmischen, hat sie bald Geheimnisse vor ihnen.

♥ Verbringen Sie Zeit miteinander. Wenn Sie wollen, dass sich Ihre Tochter zu einer tollen Persönlichkeit entwickelt, sollten Sie sie nicht nur mit Materiellem versorgen. Schenken Sie ihr Ihre Zeit. Gehen Sie zusammen ins Kino oder einkaufen, zur Maniküre und Pediküre, kochen oder backen Sie miteinander, gehen Sie Rad fahren oder joggen. Schauen Sie sich gemeinsam Ihre Lieblingsfernsehserie an. Seien Sie nie zu beschäftigt, wenn es um Ihre Tochter geht.

♥ Bringen Sie Ihrer Tochter alles über gute Manieren und Make-up bei. In unseren Beratungsgesprächen stellen wir immer wieder überrascht fest, dass manche Mütter ihren Töchtern nichts über Kleider, Frisuren und Schminken beigebracht haben, geschweige denn Etikette und gutes Benehmen. Sie haben ihren Töchtern nie eine hübsche Frisur gemacht, sich nie gemeinsam die Zehennägel lackiert oder ihnen ihre Handtasche oder Schuhe geliehen. Wenn man die Erziehung der Tochter Fernsehsendungen und Illustrierten überlässt, muss man sich nicht wundern, dass sie sich unpassend anzieht oder sich zu stark schminkt. Wenn Sie Ihrer Tochter diese Dinge nicht im jüngeren Alter beigebracht haben, können Sie immer noch damit anfangen. Planen Sie in den Schulferien oder an einem freien Tag einen Styling-Tag ein. Wenn Ihre Tochter schüchtern ist, verschönern Sie sich beide. Wenn Ihre Tochter gern im Mittelpunkt steht, geht es nur um sie: Haare, Make-up, Kleidung. Sie müssen nicht viel Geld ausgeben, aber zeigen Sie ihr, dass sie toll aussehen kann und Sie sie wunderbar finden. Zeigen Sie ihr auch, dass Sie Wert auf ihre Meinung legen, und fragen Sie sie bei Kleidungs- und Stilfragen um Rat. Wenn sie Selbstvertrauen hat, wirkt sie auch selbstbewusst, und Selbstbewusstsein ist der Schlüssel für unsere *Regeln!*

♥ Lassen Sie keine Ressentiments bei sich zu! Manche Mütter sind ein bisschen (oder sehr) neidisch darauf, dass ihre Töchter es scheinbar einfacher haben. Sie sehen die Tochter als Konkurrentin und versuchen manchmal sogar, sich ähnlich zu kleiden. Oder sie sind unglücklich darüber, dass sie ein Kind großziehen müssen, anstatt ihre Träume zu verwirklichen. Falls es Ihnen so geht, sollten Sie vielleicht professionelle Hilfe in Anspruch nehmen. Zumindest brauchen Sie jemanden zum Reden, damit Sie Ihre Wut und Frustration nicht an der Tochter auslassen. Soll Ihre Tochter nicht ein besseres Leben haben als Sie? Als Mutter haben Sie die Aufgabe, Ihrer Tochter das zu geben, was

Sie nicht hatten. Seien Sie großzügig, nicht missgünstig. Sagen Sie nicht: »Meine Mutter hat mir nie gesagt, dass ich hübsch bin« oder »Sei dankbar. Ich durfte nie Ballettunterricht nehmen!«. Stattdessen sollten Sie froh sein, dass Ihre Tochter nicht dieselben emotionalen und finanziellen Schwierigkeiten durchmachen muss wie Sie. Warum sollte sie leiden, weil Sie früher leiden mussten? Ermöglichen Sie ihr das bestmögliche Leben und legen Sie ihr keine Steine in den Weg. Wir sagen nicht, dass Sie sie nach Strich und Faden verwöhnen sollen, aber geben Sie ihr viel Liebe und Aufmerksamkeit und was sie sonst noch braucht. Glauben Sie uns, sie wird Sie dann später einmal häufiger anrufen und besuchen, wenn Sie alt sind. Ihre Liebe wird sich auszahlen, Ihre Tochter wird ein glückliches Leben führen – und wollen wir nicht genau das für unsere Kinder?

♥ Setzen Sie Grenzen. Eltern, die alles erlauben, tun ihren Kindern damit keinen Gefallen. In einer Gesellschaft, in der zickiges Benehmen, Rücksichtslosigkeit, sexuelle Abenteuer und Teenager-Schwangerschaften bejubelt werden, brauchen vor allem junge Frauen Grenzen. Wenn Sie Grenzen setzen, zeigen Sie damit, dass Ihnen Ihre Tochter am Herzen liegt. Sagen Sie ruhig: »Könntest du unter dieser durchsichtigen Bluse bitte noch ein Top tragen?« oder: »Solange du bei uns wohnst, darfst du dich weder tätowieren noch dir einen Nasenring machen lassen« oder »Wenn du rauchen willst, dann nur draußen« oder »Wenn ich nicht daheim bin, darf dein Freund dich nicht besuchen« oder »Du darfst nur am Wochenende bis Mitternacht ausgehen«. Sie sind die Mutter, nicht die Freundin. Kinder brauchen Regeln. Zu viel Freiheit verunsichert sie und kann später weitere Probleme nach sich ziehen.

Kapitel IV

Amüsieren Sie sich, bis Sie bereit für die *Regeln* sind

Ist es für Sie in Ordnung, wenn sich ein Mann, mit dem Sie im Bett waren, nie wieder meldet?

Finden Sie es amüsant und spontan, wenn Sie in letzter Minute zu einer Verabredung gebeten werden? Oder sehen Sie darin eher eine Kränkung?

Fordern Sie Männer auf, mit Ihnen auszugehen, und zucken einfach mit den Schultern, wenn sie ablehnen?

Gehen Sie weiter mit einem Mann aus, der sagt, er wolle »keine ernsthafte Beziehung«, und auch andere Frauen trifft?

Sagen Sie, wenn Ihre Mutter oder eine Freundin von unseren *Regeln* spricht, »Ich habe einen Uniabschluss. Mir muss niemand vorschreiben, wie ich mich verhalten soll«?

Wenn Sie alle Fragen mit Ja beantwortet haben, machen Sie einfach weiter wie bisher. Dieses Buch ist wahrscheinlich nichts für Sie – zumindest noch nicht. Wir wünschen Ihnen viel Spaß dabei, weiter gegen die *Regeln* zu verstoßen. Laufen Sie einem Mann ruhig nach, schreiben Sie jeden Tag eine Nachricht auf seine Pinnwand, fliegen Sie in die Stadt, wo er wohnt, schreiben Sie ihm nachts um zwei Uhr eine SMS und sagen Sie ihm, wie sehr Sie ihn mögen. Genießen Sie Ihr Leben. Seien Sie dreist, frech und unmöglich. Agieren Sie völlig verrückt und sorglos!

Machen wir uns doch nichts vor: Die meisten Studentinnen wollen keine Regeln, schon gar keine Regeln für die Partnersuche. Sie wollen tun, was ihnen gefällt. Sie denken nicht an Verlobungsringe, Hochzeit, Ehe und Kinder, warum sollten sie also den spontanen Spaß, den sie haben, zugunsten irgendwelcher langfristiger Überlegungen aufgeben? Vielleicht haben sie noch nicht einmal richtige Zukunftspläne. Sie wollen einfach nur studieren, Partys feiern und hoffentlich ihren Abschluss machen! Sie wollen sich ausprobieren, sei es beim Sex oder beim Trinken, oder sogar mit Drogen experimentieren. Sie suchen nichts Festes. Sie wollen albern sein und mit jedem flirten, der ihren Blick erwidert, sie wollen nicht warten, bis der Mann *sie* zuerst sieht und den ersten Schritt macht. Sie suchen nicht nach dem Mann fürs Leben. Sie wollen Sex, wenn die Hormone toben. Sie wollen ihre Gefühle offen zeigen, anstatt diskret zu sein. Warum soll man sich an langweilige Regeln halten, wenn man jung ist und noch das ganze Leben vor sich hat? Warum jetzt nicht einfach das Leben genießen und sich später Gedanken über die Zukunft machen?

Das verstehen wir vollkommen! Die *Regeln* sind schlicht und ergreifend nicht für Frauen, die sich amüsieren wollen. Sie sind für Frauen gedacht, die sich verletzt und deprimiert fühlen, wenn eine Beziehung nicht funktioniert. Sie sind für Frauen, die ihre besten Freundinnen, Therapeuten, Psychiater oder uns anrufen, wenn ein Mann sich einfach nicht an sie binden will und sie nicht mehr weiterwissen. Flüchtige sexuelle Abenteuer reichen ihnen nicht mehr. Sie wollen eine dauerhafte, liebevolle Beziehung. Wenn Sie das noch nicht so sehen, sollten Sie Ihr Leben in vollen Zügen genießen: Schicken Sie Männern die ganze Nacht SMS oder steigen Sie ins Flugzeug und treffen Sie sich mit einem Mann aus dem Internet, mit dem Sie sich gerade bei Facebook angefreundet haben oder dessen Profil Ihnen gefällt.

Wir bekommen oft E-Mails oder Facebook-Nachrichten von Frauen, die der Ansicht sind, dass ihre Schwester oder Freundin unbedingt die *Regeln* anwenden sollte. Sie schreiben uns: »Sie ist wieder mit dem Typen zusammen, der sie betrogen hat. Sie bräuchte wirklich die *Regeln!*« Oder: Sie ist 30 und seit sechs Jahren mit diesem Mann zusammen, der ihr immer noch keinen Antrag gemacht hat. Sie müsste endlich klare Verhältnisse schaffen.« Oder: »Meine Kollegin hat sich in einen verheirateten Mann mit Kindern verliebt, der seine Frau nie verlassen wird, aber das kann ich ihr einfach nicht klarmachen. Ich wünschte, sie würde sich an die *Regeln* halten.« Oder wir bekommen E-Mails von besorgten Müttern, die uns schreiben: »Meine Tochter rennt immer den Männern hinterher und wird dabei verletzt. Ich mache mir Sorgen, dass ihr Ruf darunter leidet. Können Sie ihr helfen?« Wir bekommen sogar E-Mails von Frauen, die Klatsch-Blogs oder die Regenbogenpresse lesen und uns schreiben: »Ich kann nicht glauben, dass die und die Schauspielerin ihn bei jedem Filmdreh besucht und jetzt bei ihm eingezogen ist. Da ist es doch kein Wunder, dass er dachte, sie würde klammern; wahrscheinlich hat er ihr deshalb den Laufpass gegeben. Sie braucht wirklich die *Regeln!*« Wir haben sogar Fans auf Facebook, die der Meinung sind, unser Buch sollte gleich bei der Geburt, bei Beginn der Pubertät oder zumindest im Sexualkundeunterricht in der Schule verteilt werden!

Wir verstehen natürlich, was diese Frauen empfinden. Es ist frustrierend, mitanzusehen, wie eine Freundin oder Verwandte oder beliebte Schauspielerin ihr Liebesleben vermasselt, wenn es doch eine viel bessere Methode gibt. Aber wir sagen diesen Frauen das, was wir auch Ihnen sagen: Die *Regeln* sind für Frauen, die diese Regeln wollen, nicht für Frauen, die sie brauchen. Es ist nicht so einfach, sich rar zu machen und sich bei Verabredungen Grenzen zu setzen und seine Selbstachtung zu wahren. Dem unterwirft sich eine Frau eigentlich nur, wenn sie sich schon einmal die Finger verbrannt und schlechte Erfahrungen gemacht hat.

Wenn Frauen unser Buch kaufen oder einen Beratungstermin bei uns vereinbaren, liegt das nicht daran, dass sie eines Tages aufwachten und dachten: »Hey, ich glaube, ich möchte mich an die *Regeln* halten.« Sie machen das nicht, weil sie nichts Besseres zu tun haben! Sie halten sich an die *Regeln*, weil sie wieder einmal von einem Mann in einer Beziehung verletzt wurden, die wie schon so oft zu nichts geführt hat. Sie sind verzweifelt und wissen, dass sie etwas an ihrem Modus Operandi ändern müssen. Sie haben eine jahrelange Leidenszeit hinter sich, wurden gedemütigt und verletzt. Das Scheitern der letzten Beziehung war der Tropfen, der das Fass zum Überlaufen brachte. Der Freund hat sie wieder einmal betrogen oder ist zwar fünf Jahre lang mit ihr ausgegangen, hat ihr aber nie einen Antrag gemacht und will sich nicht binden. Oder er ist verheiratet und will seine Frau nicht verlassen. Sie hat jetzt einfach genug. Solche Frauen haben keine Lust oder keine Kraft mehr zu warten, wollen einem Mann nicht mehr hinterherrennen und sich in ihrer Phantasie die tollsten Beziehungen ausmalen. Sie haben genug von der schnellen Befriedigung, aus der sich nichts weiter ergibt. Sie wollen nicht schon wieder ohne Begleitung zur Hochzeit einer Cousine. Und Sie haben die Nase voll davon, sitzen gelassen zu werden.

Manchmal wendet sich eine Frau an uns, weil sie gerade den Richtigen kennengelernt hat und nichts falsch machen will. Nachdem sie jahrelang die *Regeln* gebrochen und unverbindliche sexuelle Abenteuer hatte, trifft sie endlich auf einen richtig netten Typen und hat nach dem ersten Kuss ein Aha-Erlebnis. Sie erkennt, dass sie doch eine langfristige Beziehung will, nicht nur ein bisschen Flirten und Sex. Sie will die Sache nicht ruinieren, indem sie zu sehr drängt (»Hast du heute Abend schon etwas vor? Ich habe zwei Karten für ein Konzert.«) oder wirkt, als ob sie es nötig hätte (»Wann sehen wir uns wieder?«). Sie denkt: »Wow, den Mann will ich nicht verlieren. Ich brauche einen Plan!« Wenn eine Frau so weit ist, wenn sie ihre selbstzerstörerischen Angewohnheiten ablegen will, ist sie bereit für die *Regeln*.

Wir verstehen natürlich, dass jüngere Mädchen, die unser Buch lesen, eventuell Probleme haben, sich an die *Regeln* zu halten. Sie leben in einer Welt, in der ihre Freundinnen zahlreiche Jungs auf der Kurzwahl gespeichert haben, wo man sich gern betrinkt und zum unverbindlichen Sex verabredet – und in der ein Mädchen keinen Gedanken darauf verschwendet, eine Verabredung zuerst zu beenden! Sie probieren sich noch aus und sind damit beschäftigt, sich selbst zu finden. Versuchen Sie einmal, einer typischen Collegestudentin zu sagen, sie dürfe bei einer Verabredung nur ein Glas Wein trinken und müsse »mit dem Sex warten, bis sie eine feste Beziehung hat«. Oder sie dürfe »nur selten an die Pinnwand eines Freundes schreiben«. Da kommen Sie nicht weit. Bei unseren Vorträgen oder Seminaren beklagen sich junge Frauen, es sei so schwer, sich an die *Regeln* zu halten, wenn alle anderen den Jungs ständig SMS schrieben und Sex mit ihnen hätten. Dabei kann man sich auch unabhängig von den Bedingungen oder vom Umfeld immer an die *Regeln* halten und ein »Rules-Girl« sein. Vielleicht wollen Sie mit 19 noch nicht unbedingt heiraten, aber Sie sehnen sich bestimmt nach einer liebevollen Beziehung, in der Ihr Partner verrückt nach Ihnen ist. Mit den *Regeln* sind Sie im Vorteil. Sie haben die Kontrolle. Sie werden nicht verletzt. Wäre das nicht toll?

Studentinnen sind nicht die einzigen Rebellinnen. Wir hören von Frauen Mitte 20, die sich selbst finden und ihrem Herzen folgen wollen – sie wollen nicht lange nachdenken und schon gar keine langweiligen Regeln befolgen, die ihnen vorschreiben, wie sie sich gegenüber Männern verhalten sollen. Die *Regeln* machen ihrer Ansicht nach keinen Spaß, vielleicht sind sie auch noch nicht bereit dafür – in fünf Jahren könnte das schon ganz anders aussehen. Das verstehen wir. Wir haben Klientinnen Mitte 30, 40 oder 50, die gerade eine langjährige Partnerschaft oder unglückliche Ehe hinter sich haben. Sie haben sich seit Jahren nicht mehr mit einem Mann verabredet. Sie rufen uns an und fragen, wie sich die *Regeln* auf ihre Situation anwenden lassen, sind aber eigentlich noch nicht bereit dafür. Sie sehnen sich nach ein bisschen Leichtsinn und Unbeschwertheit. Sie wollen sich wie Teenager aufführen, drei Stunden lang SMS hin- und herschicken, die erste Verabredung gleich auf acht Stunden ausdehnen oder sogar ein paar One-Night-Stands ausprobieren.

Eine Klientin war wild entschlossen, sich richtig auszutoben, nachdem sie jahrelang mit einem Workaholic verheiratet war, der nie Sex haben wollte. Als sie beim Online-Dating einen sympathischen Mann kennenlernte, beschloss sie, ihm nachts um zwei Uhr eine SMS zu schicken. Sie dachte, es wäre ein »Abenteuer«, eine Stunde lang zu ihm zu fahren und ihn am Wochenende zu besuchen. Die beiden schliefen miteinander und sie blieb drei Tage bei ihm. Sie sagte, es sei ihr egal, wenn sie nie wieder von ihm höre, sie wolle sich einfach nur amüsieren und alles nachholen, was sie versäumt habe. Drei Monate lang meldete er sich sporadisch bei ihr – wenn er wollte, dass sie zu ihm fuhr. Es gab keine romantischen Abendessen und auch keine liebevollen E-Mails. Nachdem er die Beziehung per SMS beendet hatte, war sie am Boden zerstört. Sie erkannte, dass man sich zwar sagen kann: »Es ist völlig okay, wenn es nur um Sex geht«, es aber dann doch nicht so ist; Frauen wollen nämlich einfach mehr! Jetzt hält sie sich an die *Regeln* und ist begeistert!

Wir haben Klientinnen, die argumentieren, die *Regeln* seien unaufrichtig. Sie wollen »ihre eigenen Regeln« festlegen und sich »von ihren Gefühlen leiten lassen«, wenn sie einem Mann eine E-Mail oder SMS schicken oder mit ihm schlafen. Wir sagen ihnen, dass diese Philosophie wirklich gut klingt, dass sie uns aber trotzdem gern anrufen dürfen, wenn sie verletzt worden sind und/oder den Mann kennengelernt haben, mit dem es ihnen ernst ist. Und normalerweise tun sie das auch! Manchmal halten sie sich sogar versehentlich an die *Regeln*, weil sie den Mann anfangs nicht so richtig sympathisch finden. Dann rufen sie uns an und verkünden triumphierend: »Ich habe mich nicht an die *Regeln* gehalten und jetzt sind wir trotzdem verlobt.« Aber wir erklären ihnen, dass man auch unwissentlich nach den *Regeln* verfahren kann. Das ist ähnlich, wie wenn man bei einer Magen-Darm-Grippe fünf Kilo abnimmt, ohne es eigentlich zu wollen.

Egal, wie alt Sie sind, ob Sie gerade mit dem Studium angefangen haben oder eine geschiedene 45-Jährige sind, die *Regeln* sind genau das Richtige für Sie, wenn Sie genug haben, Fehler bei der Partnersuche zu machen, oder nicht mehr länger sitzen gelassen oder verletzt werden wollen. Die *Regeln* sind für Sie, wenn sie eine solide, liebevolle Beziehung mit einem Freund und/oder zukünftigen Ehemann aufbauen wollen und auf SMS-Orgien und One-Night-Stands gern verzichten können. Wenn das Motto »Ich mache, was mir gefällt« nicht mehr funktioniert, können Sie es mit den *Regeln* versuchen. Bis dahin gilt – amüsieren Sie sich!

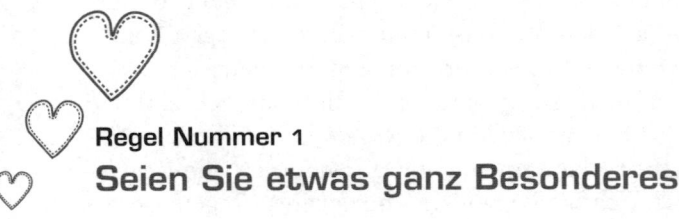

Seien Sie etwas ganz Besonderes

Wenn eine Frau bei uns Rat sucht, ist sie normalerweise unzufrieden mit sich. Der Mann, in den sie sich verliebt hat, geht nicht mit ihr aus, ihr Freund, mit dem sie drei Jahre lang zusammen war, macht ihr einfach keinen Heiratsantrag oder ihr Freund vom College hat gerade per SMS mit ihr Schluss gemacht. Sie fühlt sich verletzt, unattraktiv und ungeliebt. Manche wollen die Partnersuche für immer einstellen oder zumindest so lange warten, bis sie einem Mann wieder vertrauen können. Sie legen sich ein Haustier zu oder essen zu viel Eis, gehen tagelang nicht mehr zur Uni oder zur Arbeit. Aber wir helfen ihnen, wieder zurück ins Leben zu finden, und versichern ihnen, dass sie ungeachtet ihrer aktuellen Situation etwas ganz Besonderes sind – ein Mann kann sich glücklich schätzen, wenn sie mit ihm ausgehen! Wir geben den Frauen ihr Selbstvertrauen zurück.

Etwas ganz Besonderes sein heißt nicht, dass man die Hübscheste oder Beliebteste von allen ist, sondern dass man unabhängig von den Umständen Selbstvertrauen und Selbstachtung hat. Es geht um die Partnersuche in Würde, ohne verzweifelt zu wirken. Wer einzigartig und etwas ganz Besonderes ist, ist nicht ängstlich, eifersüchtig, negativ oder zynisch. Eine solche Frau glaubt selbst nach einer schlimmen Trennung noch an die Liebe. Sie würde nie sagen, dass es bei einer Singleveranstaltung keine guten Männer gibt oder dass nur Verlierer übers Internet einen Partner suchen oder dass sie nie jemanden kennenlernt. Nein, sie betritt ein Lokal, als ob es ihr gehören würde, und sagt sich, während sie durch den Raum schlendert: »Ich bin schön. Wer würde denn nicht mit mir reden wollen? Irgendwo gibt es jemanden, der nur auf mich wartet.« Gut möglich, dass sie das nicht wirklich so sieht, aber sie handelt so! Wenn wir gewartet hätten, bis wir nach einer schlimmen Trennung wieder bereit für eine Verabredung gewesen wären, würden wir womöglich *immer noch* warten. Wie viel Zeit soll man sich denn geben? Ein Tag ist mehr als genug – am besten kommt man über einen Mann hinweg, indem man sich mit einem anderen trifft! Sie können Ihrem Ex nachweinen, während Sie bei Google nach Speeddating-Veranstaltungen suchen. Sie haben keine Zeit zu verlieren!

Als einzigartige Person machen Sie natürlich das Beste aus dem, was Sie haben, und wünschen sich nicht, Sie wären jemand anderes. Es spielt keine Rolle, wenn Sie auf der Schule nicht beliebt waren, Ihre Familie keinen Kontakt mehr zu Ihnen hat oder Sie arbeitslos sind; Sie sind optimistisch und beklagen sich nicht (zumindest nicht bei einer Verabredung!). Sie kleiden sich trotzdem sexy und lächeln. Sie halten den Kopf hoch und starren Männer nicht an; Sie gehen durch den Raum und wiederholen das Mantra, dass Sie schön sind und jeder Mann von Glück sagen kann, wenn er Sie kennenlernt! Frauen neigen dummerweise dazu, sich viel zu negativ zu sehen; wir sagen ihnen, dass sie stolz auf sich sein können. Wenn Sie sich für etwas ganz Besonderes halten, neigen Sie auch nicht dazu, einen Mann zuerst anzusprechen, mit ihm sofort auszugehen, wenn er mit den Fingern schnippt, sich zu betrinken oder mit ihm zu schlafen.

Alexa, eine 32-jährige Betriebswirtin, rief uns weinend an, nachdem ihr Freund sie nach drei Jahren verlassen hatte. Sie hatte die ganze Nacht unsere Bücher gelesen und entsetzt festgestellt, dass sie gegen jede einzelne Regel verstoßen hatte. Wir erinnerten sie daran, dass sie etwas ganz Besonderes sei und jeder Mann froh sein könne, sie zu treffen. Wir forderten sie auf, uns Bilder von sich und ihre Fragen zu schicken, damit wir für sie ein Online-Profil gestalten konnten – und zwar nicht morgen oder nächste Woche, sondern noch am selben Tag. Alexa hatte sich im Studium Geld als Model verdient, daher gaben wir ihr den Nickname SmartExModel32. Schon in den ersten Wochen erhielt sie Dutzende bewundernde E-Mails. Tja, welcher Mann würde nicht gern mit einem Model ausgehen, ehemalig oder nicht? Heute ist sie mit einem groß gewachsenen, schlanken und gut aussehenden Architekten verheiratet, bei dem sie sich genau an die *Regeln* hielt!

Manche Frauen werden vielleicht einwenden, dass Namen wie SmartExModel oder PrettyMBA beim Online-Dating etwas arrogant oder eingebildet klingen. Sollten wir uns nicht bescheidener geben? Auf gar keinen Fall! Wenn *Sie* von sich nicht denken, Sie wären phantastisch, wer dann? Frauen, denen das Herz gebrochen wurde, fühlen sich manchmal wie »1B-Ware«, selbst wenn sie hübsch sind und beruflich einiges erreicht haben, deshalb bauen wir sie online ein bisschen auf!

Eine andere Klientin, die 40-jährige Buchhalterin Morgan, war am Boden zerstört, als ein Mann, mit dem sie seit sechs Monaten ausging, ihr sagte, er habe eine andere kennengelernt. Als sie uns anrief, sagten wir ihr, sie solle zu einer Singleveranstaltung gehen, um sich dort von den Männern bewundern zu lassen. Ein Mann erklärte prompt: »Du bist wunderschön! Hast du einen Freund?« Offen und ehrlich, wie sie war, antwortete sie: »Nein, mein Freund hat gerade mit mir Schluss gemacht.« Das war natürlich nicht die richtige Antwort, der Mann brach das Gespräch abrupt ab, ohne sie um ihre Telefonnummer zu bitten. So genau wollte er es wahrscheinlich gar nicht wissen. Als Morgan uns am nächsten Tag anrief, sagten wir ihr: »Sie sind einzigartig! Warum erzählen Sie einem Mann, dass Sie sitzen gelassen wurden?« Das nächste Mal, als Morgan gefragt wurde, ob sie einen Freund hätte, erklärte sie: »Ich glaube, ich habe einfach noch nicht den Richtigen getroffen.« Heute geht sie mit einem gut aussehenden Finanzberater aus.

Da Sie etwas ganz Besonderes sind, müssen Sie auch nicht jede Frage beantworten, die man Ihnen stellt. Nehmen wir an, Sie sind 20 Jahre alt und noch Jungfrau. Ein Mann, den Sie gerade erst kennengelernt haben, fragt Sie, ob Sie schon einmal Sex hatten. Sagen Sie einfach: »Darüber möchte ich jetzt nicht reden.« Und wenn Sie 40 sind und Single und ein Mann Sie fragt, warum Sie nie geheiratet haben, antworten Sie nicht, als ob Sie sich verteidigen müssten: »Ich war zweimal verlobt.« Bleiben Sie ganz locker und sagen Sie leichthin: »Ich habe einfach noch nicht den Richtigen kennengelernt.«

Eine Frau, die einzigartig ist, würde sich nie selbst schlechtmachen oder selbstzerstörerisch handeln, selbst wenn sie sich wie eine Versagerin vorkommt, was Männerbekanntschaften angeht. Sie ist kein Fußabtreter – sie liebt sich selbst! Sie ist unabhängig und gibt nichts auf Gruppenzwang, sie drängt Männer aber auch nicht, mit ihr zu schlafen oder bei ihr zu sein. Sie ist kein offenes Buch – sie erzählt nicht allen von ihren Verabredungen und twittert auch nicht Details aus ihrem Leben in der Welt herum; sie hört mehr zu, als über sich selbst zu reden. Sie ist nicht eifersüchtig oder boshaft, sie würde daher nie ihren Exfreund schlechtmachen oder Gemeinheiten über ihn auf seine Facebook-Pinnwand schreiben. Sie würde auch nie mit dem Freund ihrer besten Freundin schlafen oder sich mit einer anderen Frau um einen Mann streiten. Sie glaubt daran, dass das, was ihr gehört, auch ihres bleibt!

Sie hat zu viel Selbstachtung, um Männern nachzulaufen. Sie weiß instinktiv, dass jeder Mann auf einen bestimmten Typ Frau oder ein bestimmtes Aussehen steht; wenn sie einem Mann gefällt, wird er sie schon ansprechen. Sie ist geduldig und gelassen. Sie wartet, bis ein Mann den ersten Schritt macht, sei es bei der Arbeit, an der Uni, bei einer Party oder im Internet. Tief in ihrem Innern weiß sie, dass ein Mann sie entweder bemerken wird oder nicht, sie versucht daher gar nicht erst, etwas in die Wege zu leiten.

Ein Verhalten, das nicht den *Regeln* entspricht, findet man bei ihr weder on- noch offline. Auch im Cyberspace ist sie etwas Besonderes! Eine E-Mail oder SMS, in der sie gefragt wird: »Was machst du in fünf Minuten?«, wird von ihr nicht beantwortet. Sie ist zu beschäftigt. Sie ist nie sarkastisch oder schlecht gelaunt. Sie würde nie zornig zurückschreiben: »Auf jeden Fall habe ich etwas Besseres zu tun, als sie mit dir zu verbringen!« oder vorwurfsvoll fragen: »Warum hast du mich nicht früher gefragt?« Sie schreibt einfach nicht zurück und vermeidet so ein SMS-Gewitter über nichts und wieder nichts. Sie drückt am Telefon auf »Ablehnen«, wenn ein Gespräch nur Zeitverschwendung ist.

Weil sie etwas Besonderes ist, versucht sie nicht auf Biegen und Brechen, von einem Mann angesprochen zu werden. Sie ist mit sich im Reinen, selbst wenn sie gerade ihre Arbeit verloren oder ein Mann sie nicht angerufen hat. Anstatt eine Schachtel Kekse in sich hineinzustopfen oder ihre Sorgen in Alkohol zu ertränken, geht sie zur Maniküre oder Pediküre und danach zu einer Speeddating-Party oder sie aktualisiert ihr Profil bei einer Online-Partnervermittlung.

In einer Beziehung ist sie nicht besitzergreifend. Sie

klammert sich in der Öffentlichkeit nicht an ihren Mann. Er darf natürlich gern den Arm um sie legen! Der Mann ist der Jäger; das nimmt sie ihm nicht. Er ist derjenige, der die Beziehung eine Stufe weiter bringt; sie weiß zu schätzen, dass er auch bei der weiteren Entwicklung gern den ersten Schritt macht. Sie weiß, wie sie ihn dazu bringt, sie einzufangen!

Sie wirkt nicht verzweifelt. Sie wird beachtet, weil sie versucht, sich *nicht* in den Mittelpunkt zu drängen. Sie muss nicht laut oder übertrieben lustig oder witzig sein. Sie weiß, es genügt schon, wenn sie da ist – oder online ist. Nachdem Sie nun wissen, wie es um die inneren Werte einer einzigartigen Person bestellt ist, sollten wir noch über das passende Aussehen sprechen, denn Männer reagieren nun einmal auf optische Reize und müssen eine körperliche Anziehung spüren, damit sie sich um eine Frau bemühen.

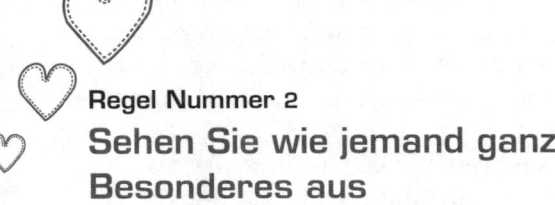

Sehen Sie wie jemand ganz Besonderes aus

Sie hören das jetzt vielleicht nicht gern, aber wir würden lügen, wenn wir behaupten würden, nur die innere Schönheit zählt. Wie bereits erwähnt, gehen die meisten Männer nach dem Aussehen. Anders ausgedrückt, die meisten Männer werden Ihre tollen inneren Werte gar nicht erst erkennen, wenn ihnen Ihr Äußeres nicht zusagt. Männer haben eine ganz bestimmte Vorstellung von ihrem Typ. Schauspieler und Mädchenschwarm Leonardo DiCaprio hat eine Schwäche für große schlanke Blondinen wie Blake Lively, Bar Refaeli und Gisele Bündchen. Baseballstar Alex Rodriguez von den New York Yankees steht auf süße Blondinen mit tollen Kurven wie Kate Hudson, Cameron Diaz und Torrie Wilson. Footballspieler Tony Romo von den Dallas Cowboys hat es ebenfalls mit den schönen Blondinen und hatte bereits die Sängerinnen Carrie Underwood und Jessica Simpson zur Freundin, bevor er die ehemalige Miss Missouri Candice Crawford heiratete. Der Immobilienmagnat Donald Trump steht auf große europäische Models wie seine erste Frau Ivana und seine derzeitige Gattin Melania. Was wir damit sagen wollen? Es ist Zeitverschwendung, einem Mann nachzujagen. Sie sind vielleicht gar nicht sein Typ, egal, wie wunderbar Sie sind, er wird kein Interesse haben.

Bei unseren Beratungen beschäftigen wir uns auch mit dem Aussehen einer Klientin, sowohl für Verabredungen/ Veranstaltungen als auch für ihren Webauftritt und ihre Profilfotos. Hier sind unsere Schönheitstipps:

Haare

Länge und Frisur: Die meisten Männer bevorzugen lange, glatte Haare – mindestens Schulterlänge oder mehr. Wir kennen eine Friseurin, die in einem Top-Salon in New York arbeitet und ihre prominenten Kunden beim Haareschneiden gefragt hat, welche Frisur ihnen bei Frauen am besten gefällt. *Alle* sagten glatte, lange Haare. Lange Haare sind einfach feminin! Alles, was kürzer als Kinnhöhe ist, wirkt schnell maskulin. Wir raten unseren Kundinnen, sich die Haare wachsen zu lassen oder es mit Extensions zu probieren. Manche Frauen lehnen ab und sagen, ihr Haar sei zu dünn, um es lang zu tragen, oder es mache zu viel Arbeit, langes Haar zu waschen und zu föhnen. Wir sagen nur: Versuchen Sie es! Anderen sind Extensions zu teuer, dann erinnern wir sie daran, dass sie kein Problem damit hatten, 500 Dollar für ein Flugticket hinzublättern, um ihren letzten Freund zu besuchen. Schauen Sie sich an! Locken können schnell wild oder ungepflegt wirken, während lange, glatte und glänzende Haare die schönsten Erinnerungen an phantastische Shampoo-Werbespots hervorrufen. Frauen mit Naturlocken raten wir, sich die Haare glatt zu fönen oder ein Glätteisen zu verwenden.

Farbe: Frauen, die sich mit braunen Haaren zu langweilig finden, raten wir gern, es mit hellen Strähnchen zu probieren oder sich die Haare gleich ganz blond zu färben. Ein hellerer Farbton lässt sie oft regelrecht aufblühen. Vorzeitige graue Haare sollten Sie sofort färben, mit silbernen Strähnen wirken Sie älter und fühlen sich auch so! Die Haare zählen zu den Merkmalen, auf die ein Mann bei einer Frau zuerst schaut, daher sollten Sie sie nicht ignorieren oder vernachlässigen!

Make-up

Für manche Frauen kann Make-up richtig kompliziert sein. Sie wirken entweder blass oder unfertig oder aber sie tun zu viel des Guten und schminken sich zu auffällig. Weder das eine noch das andere schmeichelt einer Frau. Wir empfehlen unseren Klientinnen oft, sich in der Kosmetikabteilung eines Kaufhauses am Stand ihrer Lieblingsmarke zeigen zu lassen, wie sie sich für den Tag und den Abend zurechtmachen können und was sie dafür benötigen. Viele Frauen haben ihren persönlichen Stil, doch unserer Ansicht nach sind Bronzer, Kajal, Mascara und ein leicht getöntes Lipgloss unverzichtbar. Dadurch wird der Blick eines Mannes auf die Augen und Wangenknochen gelenkt. Mit ein bisschen Bronzepuder sehen Sie aus, wie wenn Sie gerade aus dem Karibikurlaub kommen würden! Wenn sich eine Frau professionell schminken lässt, sollte sie gleich ein Foto von sich machen, das sie für ihr Online-Profil verwenden kann.

Schönheits-OPs

Über dieses Thema mit all seinen Vor- und Nachteilen wurde schon viel geschrieben: Wir sind der Meinung, dass diese Entscheidung jede Frau für sich treffen muss. Wir befürworten auf keinen Fall überflüssige Schönheitsoperationen, sind aber überzeugt, dass sich eine Frau wohl in ihrer Haut fühlen und mit ihrem Aussehen zufrieden sein sollte, und dazu ist manchmal vielleicht etwas mehr als nur Make-up erforderlich. Wenn eine Klientin ihr Aussehen verändern möchte, weil sie sich davon nicht nur Schönheit, sondern auch mehr Selbstbewusstsein erhofft, unterstützen wir ihre Entscheidung.

Andere wichtige Schönheitstipps

Wenn Sie im Gesicht stark behaart sind – durchgehende Augenbrauen oder sogar einen kleinen Schnurrbart haben –, sollten Sie die Härchen bleichen oder mit Wachs entfernen lassen. Bei brüchigen oder angekauten Fingernägeln hilft eine Gelmaniküre, die zwei oder drei Wochen hält. Mit langen Fingernägeln fühlen Sie sich wie eine Göttin! Und auch lange Wimpern geben ein gutes Gefühl. Vielleicht probieren Sie es einmal mit künstlichen Wimpern. Lassen Sie sich die Zähne bleichen, vor allem, wenn sie gelblich oder fleckig vom Koffein oder Nikotin sind. Tragen Sie anstelle einer Brille Kontaktlinsen (wie wäre es mit Blau- oder Grüntönen?). Ja, etwas ganz Besonderes zu sein, ist harte Arbeit. Aber wie sagte Mae West so schön: »Es gibt keine hässlichen Frauen, nur faule!«

»Ich gehe doch nur an die Uni. Muss ich mich da unbedingt schön machen?«

Wir alle haben Tage, an denen wir unsere engen Jeans und das Make-up am liebsten gegen eine bequeme Jogginghose und einen nachlässigen Pferdeschwanz eintauschen würden. Es spricht auch gar nichts dagegen, dass ihr zur ersten Vorlesung am Morgen nicht unbedingt gestylt wie für einen Schönheitswettbewerb antretet. Wir sind schließlich auch nur Menschen. Aber wenn ein Junge, der euch gefällt, in eurem Geschichtskurs sitzt, solltet ihr schon die Augen mit Kajal betonen. Ihr müsst es aber auch nicht übertreiben, manche Mädchen tun einfach zu viel des Guten, um ihren Schwarm während der Vorlesung zu beeindrucken – es darf schließlich auch nicht zu bemüht wirken. Wenn ihr euch mit Freunden trefft, ist der Schlabberlook tabu. Der »Look«, mit dem ihr dafür sorgt, dass ihr bemerkt werdet, hängt weniger von den Läden ab, wo ihr einkauft, und auch nicht von den Marken, die man gerade trägt; er soll in erster Line zeigen, dass ihr einen bestimmten Stil habt und euch Gedanken um euer Aussehen gemacht habt, ohne es zu übertreiben. Wenn ihr euch mit einem Jungen zum Mittagessen trefft, solltet ihr nicht das zerschlissene T-Shirt tragen, das ihr mal in der Mittelstufe geschenkt bekommen habt; nehmt lieber ein süßes Top, das eure Figur zur Geltung bringt, und investiert ein paar Minuten Zeit vor dem Spiegel. Ihr könnt verschiedene Outfits ausprobieren, die Grundidee bleibt aber immer gleich: Zeigt, dass euch etwas an euch liegt, präsentiert eure innere *und* äußere Schönheit!

Kleidung

Es gibt Frauen, die leiten Unternehmen oder laufen Marathon, haben aber nicht die geringste Ahnung, wie man sich für einen Mann schick anzieht. Sie tragen Rollkragenpullis oder Twinsets oder grelle, lebhafte Farben anstelle eines sexy Outfits in dezenten, edlen Tönen wie Schwarz, Weiß, Beige und gelegentlich Olivgrün. Oder sie greifen gleich zum Blazer mit weißer Bluse, Halstuch oder Schal und hohen Stiefeln mit flachen Absätzen, die sich zwar auf dem Pferd gut machen, aber nicht, wenn man sich mit einem Mann verabredet. Wenn eine Frau einen Mann auf sich aufmerksam machen will, sollte sie sexy, modische (jedoch nicht übertrieben teure) Kleidung tragen, etwa Oberteile, die dank Push-up-BH einen schönen Ausschnitt zeigen, und einen kurzen Rock – etwas über Kniehöhe. Wir erinnern Frauen immer wieder daran, dass sie sich für Männer anziehen, *nicht* für andere Frauen. Männer mögen keine flachen Schuhe, selbst wenn sie von Chanel oder Tory Burch sind; sie wollen eine feminine Frau in hohen Absätzen, so hoch wie möglich, aber natürlich sollten Sie noch damit gehen können!

Uns ist klar, dass Sie vielleicht Ihren eigenen Stil haben, das respektieren wir auch, aber wir sind der Meinung, dass bei einer Verabredung ein bestimmter Look – oder »Uniform«, wenn Sie wollen – am besten funktioniert: Oberteile, die ein bisschen Haut zeigen, kurze Röcke oder enge, schmale Jeans und hohe Absätze. Hosenanzüge und lange, flatternde Schals, die Ihren Ausschnitt verdecken, sind toll fürs Büro oder wenn Sie mit Freundinnen essen gehen, aber für einen Mann müssen Sie heiß, heiß, heiß aussehen! Nicht billig – aber sexy!

Kristi, eine 30-jährige Pharmazeutin, wandte sich an uns, nachdem ihre zweijährige Beziehung in die Brüche gegangen war, weil ihr Freund ihr einfach keinen Antrag machen wollte. Nachdem wir die *Regeln* durchgesprochen hatten, gegen die sie verstoßen hatte, beschäftigten wir uns auch mit ihrer Kleidung. Sie bevorzugte den Preppy-Stil: T-Shirts mit rundem Ausschnitt, Hemdblusen, knielange Röcke und flache Schuhe. Die Haare trug sie entweder als Pferdeschwanz oder zu einem Knoten geschlungen. Alles, was sie trug, war teuer, aber langweilig. Sie sah aus, als ob sie in die Bibliothek gehen würde! Wenn sie sich mit einem Mann verabreden wollte, musste sie heiß aussehen. Wir zeigten ihr schwarze T-Shirts mit

V-Ausschnitt, tiefem runden Ausschnitt und schulterfreie Oberteile, weiße Jeans und schwarze Stretchröcke und Sandalen mit zehn Zentimeter hohen Absätzen aus ihrem Lieblingsgeschäft. Nach ihrem Einkaufsbummel machte sie sich ein bisschen zurecht und ließ sich fotografieren – sie sah aus wie ein Model und konnte es selbst kaum glauben! Heute trifft sie sich mit mehreren Männern, die sie im Internet und bei Speeddating-Veranstaltungen kennengelernt hat. Einer hat sie sogar gefragt, ob sie ihn zur Hochzeit seiner Schwester begleiten will. Sie weiß schon, was sie anziehen wird: Ein kurzes goldenes Paillettenkleid mit Spaghettiträgern, dazu ihre Schuhe mit den Zehn-Zentimeter-Absätzen. Womit die Beweisführung wohl abgeschlossen wäre!

Experten raten, den Kleiderschrank alle zwei Jahre auszumisten und alle Kleidungsstücke zu verschenken oder wegzugeben, die nicht mehr in Mode oder nicht sexy sind. Das sehen wir ganz genauso! Ebenso sollten Sie mit einer Beziehung verfahren, die nicht funktioniert. Geben Sie ihm genauso den Laufpass wie Ihren langweiligen alten Klamotten, Schuhen und Handtaschen. Viele Klientinnen haben uns bei Beratungsterminen schon gebeten, ihnen beim Ausmisten ihres Kleiderschranks zu helfen – eine Frau, die etwas ganz Besonderes ist, klammert sich nicht an schäbige, altmodische Sachen! Keine hat es je bereut.

Accessoires

Auch hier haben viele Frauen ihren eigenen Stil. Aber wir sind der Ansicht, dass das beste Accessoire für ein Rules-Girl große Ohrringe (Kreolen mit 7,5 Zentimeter Durchmesser) in Gold oder Silber sind. Mit langen, glatten Haaren und dem richtigen Make-up verleihen sie Ihnen ein jugendliches Aussehen. Kleine oder große Diamantohrstecker (echt oder unecht) sind toll, wenn Sie verlobt oder verheiratet sind, aber für eine Single-Frau sind sie zu elegant und wirken leicht altbacken. Um einen Mann auf sich aufmerksam zu machen, brauchen Sie große, schaukelnde Ohrringe, keine Anhänger, die sich in Ihren Haaren verlieren. Große Kreolen rufen laut: »Da bin ich!«

Ein weiteres tolles Accessoire ist eine dicke, goldene Uhr. Sie ist auffällig und modern und kündet von Selbstbewusstsein. Mehr brauchen Sie nicht, um super auszusehen, die Uhr und die Ohrringe reichen schon! Ihr Verehrer kann Ihnen ja später eine Halskette oder ein Armband kaufen – oder am besten gleich einen Diamantring ... Diese beiden einfachen Accessoires klingen vielleicht trendy, aber sie sind es nicht. Wir raten unseren Klientinnen seit mindestens 20 Jahren dazu – sie sind also altbewährt. Marken kommen und gehen, aber dieser elegante Look wird sich nie ändern. Fragen Sie nicht, warum, wir können es nicht erklären, wir wissen nur, dass es funktioniert.

Auch große Sonnenbrillen und modische Handtaschen sind eine lohnende Investition. Männer kennen vielleicht nicht den Unterschied zwischen C&A und Prada, sie merken aber, wenn Sie eine angesagte Brillenform oder eine coole Handtasche tragen. Gehen Sie also ins Internet oder kaufen Sie sich Zeitschriften wie *InStyle* oder *Vogue* und kopieren Sie, was die Stars tragen, aber immer im Rahmen Ihrer finanziellen Möglichkeiten. Wenn Sie kleine Sonnenbrillen oder Fliegerbrillen tragen, obwohl gerade übergroße Gläser im Stil von Jackie O. oder Victoria Beckham angesagt sind, wirken Sie schnell altmodisch. Ähnlich verhält es sich mit Taschen: Wenn übergroße Knautschtaschen in sind, sollten Sie keine kleine Tasche oder gar eine Gürteltasche tragen.

Männer wollen das Gefühl haben, sie würden ein Model oder einen Star ausführen, also sollten Sie auch so aussehen!

Regel Nummer 3

Sprechen Sie einen Mann nicht zuerst an und schicken Sie ihm auch nicht zuerst eine SMS

In unserem ersten Buch erklärten wir, dass Sie einen Mann nicht zuerst ansprechen dürfen – nicht einmal ein unschuldiges »Hi« oder »Wie spät ist es?« ist erlaubt. Damit signalisieren Sie nicht nur Interesse, sondern verstoßen auch noch gegen die natürliche Ordnung der Partnersuche. Der Mann muss sich um die Frau bemühen. Wenn Sie einen Mann zuerst ansprechen oder ihm eine SMS schicken, gilt das als der erste Schritt. Woher wollen Sie dann wissen, ob er Sie überhaupt angesprochen hätte? Sie werden es nie erfahren – und genau das ist das Problem!

Wenn eine Frau einen Mann zuerst anspricht oder ihm eine SMS schickt, verfolgt sie damit bestimmte Absichten, die sich in drei Kategorien einteilen lassen. Die erste und schlimmste besteht darin, dass sie eine Beziehung anbahnen will. Die zweite, etwas subtilere ist die, dass sie ihn daran erinnern will, dass es sie gibt, oder sich sogar mit ihm verabreden will, wenn er sich nach einem ersten Treffen nicht mehr meldet. Die dritte ist die, dass sie Gewissheit haben und eventuell Schluss machen will, weil sie seit Längerem nichts mehr von ihm gehört hat. Alle drei Manöver dienen dazu, etwas in Bewegung zu bringen oder möglichst dafür zu sorgen, dass eine Beziehung weiterbesteht, und verstoßen damit eindeutig gegen die *Regeln*.

Wenn Sie einen Mann zuerst ansprechen oder ihm eine SMS schicken, gibt Ihnen das vielleicht ein gutes Gefühl, weil Sie die Sache selbst in die Hand nehmen, aber im Grunde ist das nur ein Hintertürchen zu einer Beziehung, die ansonsten womöglich nie zustande gekommen wäre. Er geht vielleicht mit Ihnen aus, weil er sich geschmeichelt fühlt oder sich gerade langweilt oder Sie nett findet, aber wahrscheinlich ist er nicht wirklich verrückt nach Ihnen. Vermutlich wissen Sie bei ihm auch nicht so recht, wie Sie mit ihm dran sind – manchmal ist er interessiert, manchmal hat er vergessen, dass Sie überhaupt existieren. Das ist keine Beziehung nach den *Regeln!* Wenn ein Mann Sie zuerst anspricht oder Ihnen eine SMS schickt, ist das eine ganz eindeutige Aktion. Er ist immer interessiert und hält auch stets Kontakt. Wenn Sie ihn zuerst ansprechen oder ihm eine SMS schicken und daraus eine Beziehung entsteht, sind Sie vielleicht überrascht, wenn er irgendwann Schluss macht, aber vertrauen Sie uns, das war absehbar und liegt daran, dass Sie den ersten Schritt gemacht haben.

In einer Beziehung nach den *Regeln* nimmt ein Mann nach der ersten Verabredung Kontakt zu Ihnen auf und fragt, ob Sie wieder mit ihm ausgehen wollen. Sie müssen sich an keinem Punkt der Beziehung zuerst an ihn wenden, weil er sich immer zuerst bei Ihnen meldet. Wenn Sie nichts mehr von ihm hören, ist die Beziehung vorbei; Kontakt zu ihm aufzunehmen (»War ein toller Abend, vielen Dank fürs Essen!« oder »Hab nichts von dir gehört. Ist alles okay?«) funktioniert sowieso nicht. Mit Ihrer Taktik können Sie die Beziehung vielleicht kurzfristig verlängern, aber irgendwann wird er Schluss machen und sich einfach nicht mehr bei Ihnen melden. Sparen

Sie sich die Zeit und den Liebeskummer und verkneifen Sie es sich, einem Mann zuerst eine SMS zu schreiben. Diese Regel gilt auch für Instant Messages, Facebook und E-Mails, aber darauf gehen wir später noch näher ein.

Sie denken jetzt vielleicht: »Meinen die das wirklich ernst? Selbst heute noch muss ein Mann den ersten Schritt machen?« oder »Heutzutage ist doch alles viel lockerer. Wir reden hier von einer ganz anderen Generation!«. Wir verstehen, dass Sie so denken. Das Verbot, zuerst Kontakt aufzunehmen, wirkt verrückt und viel zu streng, aber glauben Sie uns, es funktioniert! Als wir Frauen vor etwas mehr als 15 Jahren rieten, dass eine Beziehung nicht von ihnen ausgehen dürfe und sie den Mann daher nicht zuerst anrufen oder ihn ansprechen sollten, reagierten sie genauso schockiert. Aber die Empörung war schnell vergessen, als sie merkten, wie gut es funktionierte.

Gerade erfolgreiche Frauen verstoßen häufig gegen die *Regeln*. Sie argumentieren, dass ihr Universitätsabschluss oder ihr Diplom ihnen auch das Recht gibt, die Partnersuche selbst in die Hand zu nehmen, so wie sie auch ihre Karriere und den Kauf ihrer eigenen Wohnung in die Hand genommen haben. Aber eine kluge Geschäftsfrau weiß, dass Arbeit und Liebe zwei Paar Stiefel sind. Die TV-Prominente Bethenny Frankel ist dafür ein perfektes Beispiel. Frankel ist eine erfolgreiche Geschäftsfrau – sie hat eine Realityshow, hat Bücher und DVDs zum Thema Abnehmen und ihre eigene Cocktailmarke herausgebracht, doch in der Beziehung zu ihrem späteren Mann Jason Hoppy überließ sie ihm die Initiative. Der *New York Times* erzählte sie, dass er in einem Klub auf sie zuging und sie zuerst ansprach, trotz der vielen Fotografen, die sie ständig umringten. Wenn eine Prominente wie Bethenny darauf wartet, dass der Mann den ersten Schritt macht, dann können Sie das auch!

Leider müssen viele junge, kluge Frauen erst auf die harte Tour lernen, dass diese Regel heute immer noch gilt. Die 21-jährige Journalismusstudentin Abby hielt unsere *Regeln* für völlig altmodisch. Sie hatte unser erstes Buch in ihrem ersten Jahr an der Universität gelesen, aber nicht das Gefühl, dass die *Regeln* für sie gelten könnten, weil sie gern ihr eigenes Ding machte. Als sie eines Abends in einer Bar den gut aussehenden David sah und der nicht gleich auf sie zukam, ging sie zu ihm. Sie dachte: »Was kann schon passieren?« Ihr gefielen Davids lange, lockige Haare, sein Polohemd mit aufgestelltem Kragen, das Sportsakko und die Slipper von L.L. Bean. Er war »genau ihr Typ«, wie sie uns erzählte.

Sie sagte nur »Hi«, mehr nicht, David sagte ebenfalls »Hi« und spendierte ihr einen Drink. Sie unterhielten sich zwei Stunden lang, die Chemie zwischen den beiden war »der Wahnsinn«. Sie mochten die gleiche Musik (Coldplay), dasselbe Essen (Sushi), machten gern auf den Bermudas Urlaub, waren beide Basketballfans, hatten die gleichen Lieblingssendungen im Fernsehen (*Mad Men* und *Law and Order*). Sie »hielten sogar ein paar Minuten lang Händchen«, bevor sie sich verabschiedeten. Abby lief es heiß und kalt den Rücken runter. Das könnte der Richtige sein! Sie tauschten ihre Telefonnummern aus, und er sagte, er werde sie anrufen.

Am nächsten Tag schickte er ihr eine SMS: »War nett, dich kennenzulernen. Bin gerade in eine super Einzimmerwohnung umgezogen. Willst du nicht mal vorbeikommen? Ich koche uns was Schönes.« Abby schrieb zwei Minuten später zurück: »Klar, wann?« David meldete sich ebenfalls schon wieder nach zwei Minuten: »Hab gerade viel mit meinem neuen Job zu tun, melde mich wieder.« Dann ließ er eine Woche lang nichts von sich hören. Die SMS, die er dann schrieb, kam spätabends von der Arbeit als Antwort auf eine Nachfrage von Abby.

Ihre beste Freundin, die sich nicht mit den *Regeln* auskannte, schlug vor, ihn zu fragen, wie es ihm mit seiner neuen Arbeit ergehe. Sie sagte: »Wenn er in seinem neuen Job so viel zu tun hat, wäre es doch nett, wenn du dich danach erkundigst.« Also schrieb Abby: »Ist dein neuer Job sehr anstrengend?«, und er schrieb zurück: »Ja, nett, dass du gefragt hast.« Mehr kam nicht von ihm.

Verwirrt wandte sich Abby an uns. Sie verstand nicht, warum sie für David plötzlich nicht mehr interessant war. Sie spielte mit dem Gedanken, ihm noch eine nette SMS zu schicken, beschloss dann aber, ihm lieber eine E-Mail zu schreiben. Warum hatte er vorgeschlagen, sich in seiner Wohnung zu treffen, und sich dann nicht mehr gemeldet? Dabei war sie doch so freundlich und besorgt gewesen! Sie war überzeugt, dass sie den perfekten Seelenverwandten gefunden hatte, und fragte sich nun, was schiefgegangen war.

Gemeinsam gingen wir den ganzen Abend noch einmal durch und erklärten, dass er vielleicht vom Aussehen und der Persönlichkeit genau ihr Typ gewesen war, sie aber offensichtlich nicht seiner. Wenn sie sein Typ wäre, wäre er auf *sie* zugekommen, hätte sie angesprochen und versucht, sich mit ihr zu verabreden. Aber weil sie ihn zuerst angesprochen hatte, stellte sie einen Kontakt her, der sonst wahrscheinlich nie zustande gekommen wäre. *Sie* hielt den Kontakt auch weiterhin am Laufen und musste sich daher nicht wundern, dass er nicht stärker auf sie reagierte. Uns jedenfalls überraschte das überhaupt nicht! Der Grund, warum Sie einen Mann nicht ansprechen sollten, ist der, dass Sie herausfinden wollen, was er von sich aus tun würde. Denn wenn ein Mann nicht den ersten Schritt macht, ergreift er auch später nicht die Initiative, etwa bei SMS-Nachrichten, Anrufen und tatsächlichen Verabredungen. Ein Mann, den Sie zuerst ansprechen, wird sie fallen lassen, weil er Sie von Anfang an nicht wirklich haben wollte – er war nur höflich oder geschmeichelt. Wenn Sie sich an diese Regel halten, erfahren Sie, ob er Sie oder eine kleine Brünette oder eine große Blonde auf der anderen Seite des Raums oder gar keine Frau angesprochen hätte, weil er schon eine Freundin hat und eigentlich nur etwas trinken wollte. Abby war am Boden zerstört, als wir ihr das sagten, gab aber zu, dass wir recht haben könnten und sich David deshalb nicht mehr meldete. Und tatsächlich hörte sie nie wieder etwas von ihm.

Vielleicht denken Sie jetzt: »Natürlich würde ich einen Mann nie so ansprechen wie Abby – ich würde nicht einmal einen Mann anrufen, weil das zu aggressiv wirkt –, aber eine SMS ist doch etwas anderes. Heutzutage schreibt jeder SMS.« Das verstehen wir, und Sie können einem Mann natürlich eine SMS zurückschicken, wie Sie in *Regel Nummer 3* noch erfahren werden, aber Sie dürfen einem Mann nicht *zuerst* eine SMS schicken.

Und führe dich nicht in Versuchung ...

Klar, ihr *denkt*, ihr würdet einem Jungen nie eine SMS schreiben, aber wenn ihr euch an einem Freitagabend einsam fühlt und im Fernsehen eine romantische Komödie mit Katherine Heigl läuft, kann die Versuchung schon enorm sein, das kennen wir! Um gegen den Wunsch anzukommen, der einen jedes Mal überfällt, wenn man seine Nummer in den Kontaktdaten sieht, schlagen wir einen einfachen Trick vor: Ändert einfach seinen Namen. Es fällt euch vielleicht schwer, euch eine kleine Flirtbotschaft an »Jake« oder »Ethan« zu verkneifen, wenn ihr aber »FINGER WEG!« oder »DU KLAM-MERST!« lest, ist es schon wesentlich leichter! Wenn diese Taktik nicht funktioniert – zum Beispiel an gewissen Abenden, an denen ihr auf keinen Fall allein sein wollt –, solltet ihr einfach seine Nummer löschen! Damit hat sich die Sache erledigt und ihr wahrt euren Ruf, cool und locker zu sein. Eine weitere Möglichkeit besteht darin, etwas zu finden, das euch beschäftigt und ablenkt. Geht ins Fitnessstudio, gönnt euch eine Mani- oder Pediküre oder ruft eine Freundin an und amüsiert euch! Wenn man zu viel daheim herumhockt, kommt man schnell ins Grübeln und hat zu viel Zeit, sein Telefon anzustarren und »aus Versehen« eine SMS wegzuschicken. Ihr werdet es nie bereuen, dass ihr ihm *nicht* geschrieben habt, umgekehrt sieht es dagegen anders aus, wahrscheinlich wird es euch irgendwann einmal leidtun, dass ihr euch die SMS nicht verkniffen habt.

Werfen wir nun einen Blick auf die bereits erwähnte zweite Absicht, die man mit einer SMS verfolgt. Was ist, wenn ein Mann Sie zuerst angesprochen, Sie zuerst angerufen und Sie auch ausgeführt hat, Sie aber dann nichts mehr von ihm hören? Wäre es da nicht in Ordnung, ihm eine kurze Nachricht zu senden, etwas wie: »Hey, war ein schöner Abend mit dir. Wie geht's dir? Wie lief's mit deiner Beförderung?« Nein. Eine solche SMS würde nur allzu deutlich zeigen, dass Sie Kontakt aufnehmen wollen und darauf warten, dass er wieder mit Ihnen ausgeht. Seien Sie ehrlich mit sich und *schicken Sie ihm auch nach der ersten Verabredung keine SMS!*

Ob es Ihnen nun gefällt oder nicht, Sie müssen nach der ersten Verabredung warten, bis sich der Mann erneut meldet und Sie bittet, wieder mit ihm auszugehen. Sie dürfen ihn nicht daran erinnern, dass Sie auch noch da sind. Wenn Sie ihm eine SMS schicken, ohne dass er sich zuerst gemeldet hat, ziehen Sie eine Beziehung in die Länge, die eigentlich schon vorbei ist. Wenn er Sie nicht nach der ersten Verabredung anruft oder Ihnen eine SMS schickt, liegt das nicht daran, dass er bei der Arbeit zu viel zu tun hat, sein Hund krank ist, er gerade umzieht oder seinen Vetter im Krankenhaus besuchen muss – er hat einfach kein Interesse. Also, verzichten Sie lieber auf die SMS, sie führt zu nichts.

Sie könnten jetzt fragen, woher er denn wissen soll, dass Sie ihn mögen, wenn Sie ihm nach einer Verabredung keine SMS schicken dürfen? Ganz einfach: Er weiß, dass Sie ihn mögen, weil Sie mit ihm ausgegangen sind und auf *seine* SMS reagieren. Wenn Sie zuerst eine SMS schicken, geht der Kontakt von Ihnen aus. Das schmeichelt ihm vielleicht, aber er wird sich schon bald wieder langweilen und nach der nächsten Frau Ausschau halten, die ihm besser gefällt und der er schon eine SMS geschickt hat.

Verliebte Frauen sind unglaublich kreativ, wenn es darum geht, Gründe zu finden, einem Mann zuerst eine SMS zu schicken. Sie wollen ihm für Drinks und Essen danken. Sie wollen ihn einladen, weil die Band eines Freundes in einem Klub spielt. Sie haben *zufällig* zwei richtig gute Karten für ein Spiel seiner Lieblingsmannschaft im Basketball oder für eine Show am Broadway, die er beiläufig erwähnte. Sie sind demnächst in der Gegend und könnten bei ihm daheim oder an seinem Arbeitsplatz vorbeischauen. Sie überlegen, Mitglied in seinem Fitnessklub zu werden, und wollen ihn bitten, sie herumzuführen. Ihre Freunde geben eine Party für sie zum 30. Geburtstag und sie wollen ihm eine Einladung per Mail schicken. Sie wollen ihm eine gute Reise wünschen, wenn er bald nach Kalifornien fliegt. Die Liste ließe sich noch endlos fortsetzen. Wir aber sagen: Halten Sie sich zurück, es gibt *keinen* Grund, einem Mann zuerst eine SMS zu schicken. Damit stellen Sie ihm nach, das funktioniert nicht und ist reine Zeitverschwendung.

Die 26-jährige Krankenschwester Mandy fragte uns in einer E-Mail, ob sie einem Mann eine SMS schicken könnte, mit dem sie seit einem Jahr immer mal wieder zusammen war (kein Mädchen, das die *Regeln* einhält, würde sich darauf einlassen!), um ihm zu sagen, dass ihre gemeinsame Lieblingsband in Atlantic City spielte. »Ich werde ihn nicht anrufen, aber kann ich ihm nicht schnell eine kurze SMS schicken? Wäre das so schlimm? Bald ist Silvester, da will ich auf keinen Fall allein zu Hause hocken.« Gemeinsam gingen wir die ganze Beziehung durch. Die beiden wurden einander bei einer Party vorgestellt und redeten gleich drei Stunden lang miteinander. Er erzählte ihr, dass er gerade eine Beziehung hinter sich habe und »nichts Ernstes« wolle. Danach trafen sie sich etwa acht Mal, verabredeten sich immer ganz kurzfristig zum Abendessen oder zum Sex. Das letzte Mal hatte sie vor zwei Monaten von ihm gehört, als er sich wegen seiner Ex bei jemandem ausheulen musste. Danach hatten sie Sex.

Natürlich durfte sie ihn auf keinen Fall kontaktieren! Ihre SMS würde unweigerlich eine ganze Reihe freundlicher Nachrichten und Verabredungen in letzter Minute nach sich ziehen – aber eine ernsthafte Beziehung würde sie bei ihm nicht finden. Außerdem war offensichtlich, dass die SMS nur ein Vorwand war, Kontakt aufzunehmen, weil es nur noch zwei Wochen bis Silvester waren und Mandy noch keine Verabredung hatte. Außerdem, erklärten wir ihr, würde sie, wenn sie ihm eine SMS schickte und er zurückschrieb, einen falschen Eindruck bekommen und denken, er habe Interesse. Ihre Phantasiebeziehung würde sich fortsetzen und sie davon abhalten, Männer zu treffen, die sich wirklich für sie interessierten und jede Woche mit ihr ausgingen. Mandy stimmte uns zu, fragte dann aber, ob sie ihm wenigstens eine letzte SMS schicken könnte, um ihm zu sagen, dass die Beziehung für sie nicht funktioniere und er sich nicht mehr bei ihr melden solle.

Noch einmal nein! Schlussmachen ist ein weiterer Vorwand für Frauen, Kontakt zu einem Mann aufzunehmen, verstößt aber ebenfalls gegen die *Regeln*. Ob Sie es glauben oder nicht, Sie müssen warten, bis ein Mann Ihnen eine SMS schickt, bevor Sie ihm einen Korb geben oder mit ihm Schluss machen können. Mandy wehrte sich tapfer, aber schließlich räumte sie ein, dass sie wirklich die Strategie verfolgen sollte, sich rar zu machen. Aber man kann sich bei einem Mann nicht rar machen, wenn er kein großes Interesse hegt. Nach unserem E-Mail-Austausch verzichtete Mandy darauf, ihrem Phantasiemann zu schreiben, wurde stattdessen Mitglied in einem Fitness-studio und meldete sich bei einer Partnervermittlung im Internet an. Letzten Endes war es befreiend für sie, ihm nicht zu schreiben: Sie gab eine schlechte Angewohnheit auf und machte Platz für etwas Besseres.

Schlussmachen ist einer der häufigsten *falschen Gründe*, die Frauen anführen, um Kontakt zu einem Mann aufzunehmen, mit dem sie nie eine ernsthafte Beziehung hatten. Sie haben sich ein paar Mal mit ihm verabredet und dann über Wochen oder Monate nichts mehr von ihm gehört – wahrscheinlich geht er längst mit einer anderen –, aber trotzdem wollen sie mit ihm Schluss machen. (In unserem ersten Buch und in *Regel Nummer 6* erklären wir, wann man per Anruf oder SMS Schluss machen kann.) Für einen Mann ist eine Trennung ganz einfach; er ruft eine Frau einfach nie wieder an, schickt keine SMS mehr und trifft sich nicht mehr mit ihr. Er braucht kein abschließendes klärendes Gespräch oder eine SMS mit Gründen für das Ende der Beziehung. In seiner Vorstellung ist es einfach vorbei – das reicht ihm schon. Aber für viele Frauen ist eine Beziehung erst dann vorbei, wenn sie sich alles von der Seele geredet haben. Wir kennen eine Frau, die einem Mann, nachdem er ihre einmonatige »Beziehung« beendet hatte, per SMS mitteilte, sie fühle sich benutzt. Außerdem warf sie ihm vor, er habe sie hingehalten, obwohl er ihr nie gesagt hatte, dass sie die einzige Frau in seinem Leben sei oder dass er sie liebe. Sie hatte das Gefühl, dass sie ihm das sagen musste, sonst hätte sie keinen Schlussstrich unter die Beziehung setzen können. Wir hätten ihr geraten, das alles zwar zu schreiben, aber nicht zu verschicken.

Wenn Sie aufhören, Vorwände dafür zu finden, einem Mann unbedingt eine SMS schreiben zu müssen, sind Sie auf dem besten Weg zum Rules-Girl. Zuerst fühlen Sie sich vielleicht leer; ähnlich, wie wenn man es endlich schafft, seine Diät einzuhalten und auf das Dessert verzichtet, aber gleichzeitig fühlen Sie sich auch stark, weil Sie der Versuchung widerstehen und frei sind. Sie können sich und wohlmeinenden Freundinnen etwas vormachen und alle möglichen Gründe für eine SMS an einen Mann finden, aber ein Rules-Girl würde Ihnen das nie abkaufen. Es ist einfach viel besser, eine SMS von einem Mann zu bekommen, anstatt ihm eine zu schicken!

Regel Nummer 4

Fordern Sie einen Mann nicht auf, mit Ihnen auszugehen, weder per SMS noch per Facebook, Google Talk oder auf eine andere Art

Diese Regel kann hart sein, weil wir Ihnen damit raten, sich bei Verabredungen passiv zu verhalten, obwohl Sie vielleicht in vielen anderen Bereichen Ihres Lebens das Sagen haben. Sie haben vielleicht einen Universitätsabschluss und ein eigenes Spesenkonto. Sie sind Präsidentin Ihrer Studentinnenverbindung. Sie haben Ihren eigenen Blog und Hunderte Follower bei Twitter. Sie sitzen im Vorstand der Eigentümergemeinschaft Ihres Apartmenthauses. Auf Geschäftsreisen fliegen Sie Business-Class.

Und dann sagen wir Ihnen, dass Sie einen Mann nicht einmal zu einem Kaffee einladen dürfen! Vergessen Sie nicht, die *Regeln* basieren darauf, dass Männer und Frauen unterschiedlich gestrickt sind, was die Partnersuche angeht. Männer lieben die Herausforderung und das Gefühl, auf der Jagd zu sein. Eine Frau kann so klug wie ein Mann sein oder auch klüger; sie kann so viel verdienen wie er oder sogar mehr; sie kann heute jeden Beruf ergreifen, den sie will – aber bei der Partnersuche kann sie nicht die aktive Rolle übernehmen, ohne es später einmal bereuen zu müssen. Ähnlich, wie wenn Sie einen Mann ansprechen oder ihm eine SMS schicken, erstickt auch die Aufforderung an ihn, mit Ihnen auszugehen, seinen Jagdinstinkt und funktioniert einfach nicht, denn Männer wissen genau, welcher Typ Frau ihnen gefällt, und diesem Typ stellen sie nach. Wenn Sie einen Mann auffordern, mit Ihnen auszugehen, ist er vielleicht einverstanden, weil er höflich sein will, weil er sich Sex erhofft oder weil ihm langweilig ist, aber irgendwann wird er sie wegen einer anderen, die ihm wirklich gefällt, sitzen lassen.

Die meisten Frauen würden uns zustimmen, dass es wenig feminin und sogar peinlich ist, einen Mann zu einer offiziellen Verabredung am Samstagabend einzuladen, finden aber viele Gründe dafür, einen Mann an anderen Abenden in der Woche zu fragen, vor allem, wenn die Sache nicht nach einer richtigen Verabredung aussieht. Ein Mädchen könnte einem Jungen und seinen Freunden eine SMS schicken und vorschlagen: »Hey, warum kommt ihr nicht alle vor dem Spiel noch bei mir vorbei?« Ihrer Meinung nach hat das nichts mit einem Date zu tun. Aber insgeheim gibt sie die Party vor dem Spiel oder organisiert die Geburtstagsparty für ihre beste Freundin nur, um ihren Schwarm einladen zu können. Oder sie schickt dem süßen Typen aus dem Seminar über Englische Literatur eine E-Mail und fragt: »Wie wäre es, wenn wir unsere Essays zusammen durcharbeiten würden?« Oder sie weiß, dass er Fan einer bestimmten Mannschaft ist, und schlägt vor: »Wir schauen uns nachher zusammen bei Maggie das Spiel der Giants an – willst du nicht auch kommen?« Klar, das ist keine richtige Verabredung, die Einladung hat einen speziellen Grund und man trifft sich zusammen mit anderen, aber das alles ändert nichts an der Tatsache, dass die Initiative von *der Frau* ausgeht.

Frauen finden immer einen Vorwand, einen Mann zu treffen, der ihnen gefällt. Sie geben eine Party zum Superbowl, obwohl sie sich zuvor noch nie ein Footballspiel angeschaut haben. Sie organisieren eine Oscar-Party in ihrer Wohnung oder eine Spendenaktion für eine seltene Krankheit. Bei ihr ist der Strom ausgefallen und sie hat Angst. Ob er nicht schnell vorbeikommen könnte? Der Computer ist abgestürzt oder sie kann ihren Drucker nicht anschließen, vielleicht könnte er kurz nachsehen, was nicht stimmt? All das sind Versuche, einen Mann zu sich zu locken; sie sind vielleicht nicht so offensichtlich wie der Vorschlag, zusammen etwas trinken oder essen zu gehen, funktionieren aber trotzdem nicht. Manche Frauen telefonieren stundenlang mit ihren Freundinnen und hecken Pläne aus, wie sie einen Mann auf sich aufmerksam machen oder unauffällig einladen können!

Es gibt heutzutage durchaus viele Frauen, die Männer auffordern, mit ihnen auszugehen, und dabei ganz cool und locker tun. Die 30-jährige Amber lernte den 33-jährigen Jeremy auf einer Party kennen. Jeremy sprach sie an, fragte sie nach ihrer Telefonnummer und schickte ihr eine SMS, ob sie sich ein paar Tage später mit ihm auf einen Drink treffen wolle. Außerdem freundete er sich bei Facebook mit ihr an. Sie gingen zusammen etwas trinken, doch danach hörte sie nichts mehr von ihm. Amber fand Jeremy sehr sympathisch und wollte unbedingt eine Möglichkeit finden, wieder Kontakt zu ihm aufzunehmen; es sollte aber auch nicht zu offensichtlich wirken. Sie wusste, dass sie ihn nicht auffordern konnte, mit ihr auszugehen, dachte aber, eine Nachricht auf Facebook, dass ihre Freundin eine tolle Weihnachtsparty gebe, könne nicht schaden. Natürlich hatten die beiden die Weihnachtsparty nur geplant, damit Amber ihn wiedersehen konnte. Sie schrieb: »Danke für die Drinks. Ich weiß ja nicht, ob du Freitagabend schon etwas vorhast, aber meine Freundin gibt eine große Party. Melde dich, wenn du kommen willst – aber fühl dich zu nichts verpflichtet!« Amber hatte eine halbe Stunde lang mit ihrer besten Freundin an der Nachricht herumgefeilt, damit sie nicht klang, als ob sie sich mit ihm verabreden wolle! Zwei Minuten später meldete sich Jeremy: »Cool, komme gern.« Er kam tatsächlich und die beiden amüsierten sich prächtig – aber danach hörte sie nie wieder etwas von ihm.

Nun wandte sich Amber Hilfe suchend per E-Mail an uns. Wir erklärten ihr, dass die Beziehung bereits vorbei war, als sie nach der ersten Einladung auf ein Getränk nichts mehr von ihm gehört hatte. Eine Nachricht auf Facebook mit der Einladung zu einer Party war eine Verabredung, die von ihr ausging, und verstieß damit gegen die *Regeln*. Nur weil sie übers Internet angefragt und Jeremy nicht gleich zu einer Verabredung am Samstagabend aufgefordert hatte, entsprach Ambers Manöver noch lange nicht den *Regeln*. Wenn er nicht von selbst darauf kommt, geht die Initiative von Ihnen aus. Schlimmer noch, Sie ziehen die Geschichte unnötig in die Länge, obwohl sie eigentlich längst zu Ende wäre.

Seien wir ehrlich! Wenn Sie überlegen müssen, wie Sie einen Mann dazu bringen, mit Ihnen zusammen zu sein, wird die Beziehung nicht lange halten. Amber fand später – über Facebook – heraus, dass Jeremy und seine Exfreundin wieder zusammen waren und er sie *deswegen* nicht mehr gebeten hatte, mit ihm auszugehen. Es gibt immer einen Grund, und deshalb verzichtet ein Rules-Girl darauf, alle Hebel in Bewegung zu setzen!

Keine Spielchen

Falls man etwas aus romantischen Filmkomödien lernen kann, dann die Regel, dass Männer keine Frauen mögen, die Spielchen spielen. Heutzutage gibt es da sicher noch mehr Möglichkeiten als früher, aber die Regel gilt nach wie vor. Ihr denkt vielleicht, es wäre doch nichts dabei, mit dem süßen Typen aus dem Chemiekurs ein bisschen »Draw Something« zu spielen. Vielleicht seid ihr einfach nur neugierig, wie groß sein, ähem, Wortschatz ist, und denkt, ein paar Runden »Words with Friends« wären ein guter Test. Aber wie ihr ja wisst, sollte ein Mädchen nie den ersten Schritt machen – selbst wenn es sich dabei nur um elektronische Buchstabenklötzchen handelt. Wie beim Flirten und beim Verschicken von SMS-Nachrichten ist es immer am besten zu warten, damit er zeigen kann, dass er Interesse an euch hat, daher solltet ihr auch keine mobilen Spiele vorschlagen. Der beste Rat wäre ohnehin, gar keine Spiele zu spielen – wir reden natürlich von Spielen auf dem Handy. Ein Rules-Girl verplempert seine Zeit nicht mit Scramble – wir sind viel zu sehr mit dem wahren Leben beschäftigt, das sich nicht auf dem Smartphone abspielt, und verabreden uns mit Jungs, die wirklich fragen! Wenn ein Junge eure Aufmerksamkeit haben will, kann er euch anrufen, eine SMS schicken oder euch direkt fragen, ob ihr mit ihm ausgehen wollt.

Sicher, kurzfristig betrachtet erreichen Sie Ihr Ziel und der Mann geht mit Ihnen auf eine Party, ins Kino oder auf eine Studientagung. Aber er kommt nicht *Ihretwegen!* Männer durchschauen solche konstruierten Einladungen irgendwann und halten Sie dann für verzweifelt oder aufdringlich. Sie wollen ein Mädchen, das zu beschäftigt ist, um sie einzuladen, ein Mädchen, das sie kaum zu bemerken scheint!

Vergessen Sie nicht, ein Mann hat konkrete Vorstellungen von seiner Traumfrau, die Sie durch die Einladung zu einem Basketballspiel oder einer Party nicht beeinflussen können. Wenn Sie sein Typ sind und für ihn eine gewisse Herausforderung darstellen, wird er Kontakt zu Ihnen aufnehmen und Sie fragen, ob Sie mit ihm ausgehen wollen. Er kann Sie durchaus hübsch finden und sich trotzdem nicht für Sie interessieren, weil Sie einfach nicht seinem Typ entsprechen. Je früher Sie das akzeptieren, desto schneller werden Sie ein Rules-Girl!

So ungerecht und unemanzipiert das klingen mag, eine Frau kann absolut nichts unternehmen, um eine Beziehung in Gang zu bringen. Uns ist klar, dass das frustrierend für eine Frau ist, vor allem für energische Frauen, die sonst die Dinge selbst in die Hand nehmen. Manche fragen: »Was soll schon passieren? Im schlimmsten Fall bekomme ich eben einen Korb.« Falsch. Das Schlimmste wäre, wenn er *Ja* sagen und mit der Frau ausgehen würde, mit ihr Sex hat und sie in dem Glauben wiegt, sie hätten eine Beziehung. Denn irgendwann wird er sie sitzen lassen, weil er das Mädchen kennenlernt, das wirklich sein Typ ist. Dann hat sie viel Zeit verschwendet und sich das Herz brechen lassen. Wir können es gar nicht oft genug betonen: Männer sind dazu geboren, die Initiative zu ergreifen!

Wenn Sie also mit dem Gedanken spielen, einem Mann per E-Mail oder SMS eine Einladung zu schicken, ihn und seine Freunden nach der Arbeit zu treffen und noch etwas zu trinken, überlegen Sie sich das gut – und dann lassen Sie es! Die Energie, die Sie darauf verwenden, Männer zu manipulieren, damit sie sich mit Ihnen treffen, sollten Sie sinnvoller einsetzen und beispielsweise ein Online-Profil bei einer Partnervermittlung im Netz erstellen oder in Klubs, Bars, auf Partys und zu Singleveranstaltungen gehen, wo Sie Männer treffen können, die den ersten Schritt machen. Ob es Ihnen gefällt oder nicht, nur so funktioniert es mit Männern: Die Initiative darf nicht von Ihnen, sondern muss vom Mann ausgehen!

Regel Nummer 5

Setzen oder stellen Sie sich nicht zuerst neben einen Mann. Auch beim Flirten darf die Initiative nicht von Ihnen ausgehen

Einen Mann zuerst anzusprechen oder ihm eine SMS zu schicken, ist also eindeutig zu aufdringlich und verstößt gegen die *Regeln*, das hätten wir geklärt. Aber vielleicht fragen Sie sich nun, ob es in Ordnung ist, sich in der Vorlesung neben einen Mann zu setzen, der Ihnen gefällt, oder sich in einer Bar oder bei einer Party neben einen Mann zu stellen oder mit ihm zu flirten? Eigentlich wäre es doch relativ harmlos, sich ganz »unschuldig« neben ihn zu stellen oder zu setzen, in seine Richtung zu schlendern oder Blickkontakt herzustellen? Nein! Damit zeigen Sie mehr Interesse, als Sie denken!

Derartige Flirtversuche sind sinnlos und reine Zeitverschwendung. Sie müssen ihn nicht auf sich aufmerksam machen. Bei den *Regeln* geht es darum, dass der Mann Sie zuerst bemerken muss. Wenn es umgekehrt läuft, werden Sie aller Wahrscheinlichkeit nach verletzt. Bei unseren Beratungsgesprächen haben uns viele Frauen gesagt, sie hätten nicht gewusst, dass Flirtversuche, die von ihnen ausgingen, der Grund ihres Problems seien. Jahrelang gingen sie zum Therapeuten und redeten über Männer und verstanden einfach nicht, warum ihre Partner sie so schlecht behandelten und irgendwann die Beziehung beendeten. Wir erklärten ihnen, woran es lag: Die Initiative war von ihnen ausgegangen. Plötzlich war alles klar, und sie konnten das Problem zu dem Moment zurückverfolgen, als sie den Mann kennengelernt und mit ihm geflirtet hatten!

Wenn Sie jemanden im Zug fragen, ob er mit Ihnen den Platz tauscht, damit Sie neben einem Mann sitzen können, den Sie sympathisch finden, verschwenden Sie nur Ihre Zeit. Sie werden nie erfahren, ob er den Platz getauscht hätte, um neben Ihnen zu sitzen, und geben damit vielleicht den Startschuss für eine Beziehung, die nie hätte sein dürfen. Ein Mann weiß innerhalb von Minuten oder sogar Sekunden, nachdem er in einen Zug gestiegen ist oder sich unter die Gäste einer Party gemischt hat, neben wem er sitzen oder wen er ansprechen will; er braucht dabei keine Hilfe. Selbst wenn Sie neben ihm sitzen oder über den Gang hinweg Blickkontakt aufnehmen, wird er nur das Mädchen ansprechen, das ihm gefällt oder sein Typ ist.

Frauen schaffen gern Situationen, in denen sie subtil flirten können. Sie greifen im Supermarkt nach demselben Gemüse, sie warten neben einem bestimmten Mann an der Bar, um zu bestellen, sie streifen ihn absichtlich bei einer Party, wenn es ein bisschen enger zugeht, oder sie nehmen den Fahrstuhl nach oben, obwohl sie eigentlich nach unten wollen. Sie können den ganzen Tag neben ihm im Fitnessstudio stehen und so tun, als ob Sie darauf warten würden, dass der Ellipsentrainer frei wird, und ihm dabei stumme Botschaften senden, er wird trotzdem zu der Frau hingehen, die ihm gefällt, sie ansprechen, sich sogar ihr Handy schnappen und sich selbst anrufen, damit sie auf jeden Fall seine Nummer hat. Also sparen Sie sich die Mühe! Wenn Sie einen Mann sehen, der Ihnen gefällt, müssen Sie warten, bis er auf Sie zukommt. Nur so funktioniert es mit Männern!

Sie wundern sich jetzt wahrscheinlich, wie er Sie denn finden soll, wenn Sie nicht neben ihm sitzen oder stehen, keinen Blickkontakt herstellen und ihm auch kein Lächeln zuwerfen dürfen. Viele Frauen fragen uns nach Flirttechniken und anderen Möglichkeiten, um einen Mann auf sich aufmerksam zu machen. Wir glauben nicht ans Flirten oder an Blickkontakte, weil Sie damit einseitig Interesse signalisieren – und überhaupt keine Herausforderung mehr für ihn sind. Ein Mann weiß, dass Sie sich für ihn interessieren, wenn Sie ihm auf seine Bitte hin Ihre Nummer geben oder bereit sind, mit ihm auszugehen. Ganz ehrlich, Männer brauchen niemanden, der ihnen auf die Schulter tippt oder auch nur in ihre Richtung blickt.

Sie könnten jetzt einwenden: Aber was ist, wenn er schüchtern ist? Ich könnte mich doch neben ihn stellen, wenn er mehr der passive Typ ist, und es ihm leichter machen? Nein! Wir haben festgestellt, dass selbst ein schüchterner Mann eine Möglichkeit findet. Er bittet einen gemeinsamen Freund, ihn mit dem »süßen Mädchen da drüben« bekannt zu machen. Er wird auf sie zeigen und sagen: »Das ist die Richtige«, und dann wird sein Freund die beiden zusammenbringen. Oder er wird so tun, als ob er bei einer Party die Knabberbrezeln besonders mag, neben denen seine Traumfrau steht. Er wird eine Möglichkeit finden, sie kennenzulernen, selbst wenn er ihr ein Bein stellen muss, um sie auf sich aufmerksam zu machen!

Sie sollten aber nicht nur auf Flirtversuche verzichten, sondern sogar so tun, als ob Sie Ihren Traummann gar nicht bemerken würden. Schauen Sie am besten in die andere Richtung oder gehen Sie weg, denn eine Frau kann manchmal schlecht verbergen, dass ihr ein Mann gefällt. Das steht Ihnen vielleicht regelrecht ins Gesicht geschrieben! Und wenn ihm auffällt, dass Sie ihn anstarren, weiß er, dass Sie ihn mögen. Dann ordnet er Sie womöglich als »leicht zu kriegen« ein und verliert das Interesse.

Wir denken uns das alles nicht einfach aus! Wir haben unzählige Geschichten über Frauen gehört, die die ganze Nacht neben einem Mann an der Bar standen und hofften, dass er sie bemerken würde. Manchmal bringt das eine Verabredung aus Mitleid ein, aber dann schickt der Mann nur eine SMS, wenn er Sex haben oder über eine andere Frau reden will, die nicht mit ihm ausgeht oder ihn betrogen hat. Er will das Mädchen, das ihn nicht die ganze Zeit beobachtet! Wenn Sie sich bei einer Party oder in einem Klub neben einen Mann stellen, werden Sie automatisch zu seinem Trostpreis oder seiner kostenlosen Therapeutin – aber nicht zu seiner Freundin. Manchmal ergibt sich aus einem Flirt eine längere Beziehung, der jedoch normalerweise ein grundlegendes Problem anhaftet. Es gibt Streit, Missverständnisse und Probleme mit der Intimität.

Die 26-jährige Lexi erklärte uns, sie würde nie einen Mann in einer Bar ansprechen, aber was sei falsch daran, »neben ihm zu stehen und sich zur Musik hin und her zu wiegen«, um ihn auf sich aufmerksam zu machen? Lexi hatte in einem Klub einen Mann entdeckt, der aussah wie Matt Damon und genau ihr Typ war. Sie dachte, mit ihren Tanzbewegungen könnte sie seinen Blick auf sich lenken. Sie tanzte 15 Minuten um ihn herum, während er sich in aller Ruhe im ganzen Raum umsah. Endlich schaute er in ihre Richtung und fragte sie, ob sie etwas trinken wolle. Triumphierend sagte sie: »Na klar.« Sie war stolz auf sich, weil sie ihn nicht zuerst angesprochen hatte, und überzeugt, dass er sich für sie interessierte. Er redete den ganzen Abend über seine Exfreundin und bat sie am Schluss um ihre Nummer. Er versprach, er würde sich bald melden. Aber das tat er natürlich nie. Nun wollte sie wissen, woran es gelegen hatte. Wir erklärten ihr, dass er von Anfang an kein Interesse an ihr gehabt habe – er war einfach nur gelangweilt. Lexis Tanzen führte zu einem Gespräch, das sonst nie stattgefunden hätte. Dadurch machte sie sich Hoffnungen, obwohl sie nur ihre Zeit verschwendete. Er redete mit ihr wie mit jemandem, neben dem man im Flugzeug oder im Wartezimmer eines Arztes sitzt: aus reiner Höflichkeit.

Falls Sie denken, Sie könnten das Herz eines Mannes gewinnen, indem Sie neben ihm herumstehen, sollten Sie sich die Sache noch einmal gut überlegen. Falls Sie dazu erst noch in seine Richtung gehen müssen, können Sie es gleich vergessen. Er soll Sie bemerken und Sie von sich aus finden. Der Mann, der Sie sympathisch findet, wird fragen, ob der Platz neben *Ihnen* noch frei ist oder ob er die Plätze mit jemandem tauschen kann. Er wird deutlich zeigen, dass Sie ihm gefallen, Sie müssen sich nicht fragen, ob Sie sein Verhalten richtig deuten. Er wird sich neben Sie stellen oder setzen, so tun, als ob er Kaffee mögen würde, damit er bei Starbucks in der Schlange neben Ihnen stehen und Sie nach Ihrem Namen und Ihrer Nummer fragen kann. Überlegen Sie es sich daher gut, bevor Sie sich »ganz unschuldig« neben einen Kommilitonen in der Vorlesung setzen oder mit einem Mann bei einem Seminar oder im Museum flirten. Ein Rules-Girl wartet, bis ein Mann sich neben sie setzt oder stellt. Wir erzwingen nichts und verschwenden keine Zeit, und Sie sollten das auch nicht!

Warten Sie mindestens vier Stunden, bis Sie die erste SMS eines Mannes beantworten. Später warten Sie 30 Minuten

Jetzt fragen Sie sich wahrscheinlich, wie und wann Sie reagieren sollen, wenn Ihnen ein Mann *zuerst* eine SMS schickt. Die bei Weitem häufigste Frage unserer Klientinnen und Leserinnen lautet: »Ich habe gerade eine SMS von einem Mann bekommen, der mir gefällt. Wann schreibe ich zurück und vor allem, was? *Bitte melden Sie sich so bald wie möglich.*«

Vom Verstand her wissen wir, dass das keine dringende Frage ist. Wir hatten schon viel eiligere Notfallberatungen, bei denen es darum ging, dass eine Klientin eine SMS von einer anderen Frau auf dem Handy eines Mannes fand oder dass der Freund nach einem Streit seine Sachen packte. In einem solchen Fall lassen wir natürlich alles stehen und liegen und helfen unseren Klientinnen. Aber auch wenn es sich nicht um einen Notfall handelt, ist die erste SMS eines attraktiven Mannes ein besonderer Moment. Da hat man schon das Gefühl, dass die SMS ganz dringend beantwortet werden sollte! Wir leben in einer Gesellschaft, in der alles sofort geschehen muss, und die SMS ist dafür ein Paradebeispiel.

Wer sich an die *Regeln* hält, weiß, dass eine Frau Männer nicht anruft und auch nur selten zurückruft. Diese Regel gilt nach wie vor. Aber die Technik hat sich in den letzten 15 Jahren so massiv gewandelt, dass man eine SMS nicht immer wie ein Telefongespräch behandeln kann. Nach Diskussionen mit unseren Töchtern und vielen Beratungsgesprächen haben wir einige wichtige Unterschiede ausgemacht. Wenn ein Mann Sie telefonisch nicht erreicht, ruft er einfach noch einmal an, aber eine SMS ist eine Art Anruf, der Sie jederzeit erreicht: Für die Beteiligten gibt es nie einen ungünstigen Zeitpunkt, außerdem wirkt eine SMS auch nie aufdringlich. Wenn Sie auf eine SMS überhaupt nicht reagieren, ist dem Mann vielleicht nicht klar, dass Sie auf eine weitere SMS oder sogar einen Anruf warten. Er könnte Ihr Schweigen als Ablehnung interpretieren – als ob Sie »Nein danke« sagen würden. Oder er denkt, Sie würden Spielchen mit ihm spielen.

Wenn Sie auf die SMS eines Mannes nicht reagieren oder sich zu lange Zeit lassen, schrillen bei ihm sofort die Alarmglocken, schließlich leben wir in einer Welt, in der jeder an seinem Handy klebt. Hat sie etwa die *Regeln* gelesen? Hat sie kein Interesse? Oder tut sie nur so, als ob sie kein Interesse hätte? Solche Probleme wollen wir natürlich vermeiden.

Vor dem Erscheinen unseres ersten Buchs dachte sich kein Mann etwas dabei, wenn eine Frau erst nach Stunden oder sogar Tagen zurückrief – wenn sie überhaupt zurückrief. Doch seitdem ist viel Zeit vergangen, und unser Buch ist unglaublich populär und hat Eingang in die Kultur und den Wortschatz der USA gefunden – die *Regeln* werden in Sitcoms, Talkshows, in Zeitschriften und Zeitungen erwähnt. Daher werden Männer manchmal misstrauisch und denken, dass Sie mit ihnen spielen, wenn Sie sich nicht nach einer bestimmten Zeit bei ihnen melden. Deshalb raten wir davon ab, eine SMS komplett zu ignorieren oder erst nach mehreren Tagen zu beantworten. Sie dürfen nicht *unmöglich* zu erreichen sein. Sie sollten Männern keinen Grund geben, Sie schon vor der ersten Verabredung als unhöflich oder zickig einzustufen. Wir haben mit verschiedenen Männern über dieses Thema gesprochen und erfahren, dass sich die meisten nicht davon abhalten lassen, sich mit einer Frau zu verabreden, selbst wenn sie ein paar Stunden lang nichts von ihr hören. Allerdings waren die Männer auch der Meinung, es sei ärgerlich, wenn eine Frau überhaupt nicht reagiere, und ein Zeichen, dass sie kein Interesse habe oder eine bestimmte Strategie verfolge. Doch wie sagte Oprah Winfrey in ihrer Sendung so schön: »Männer mögen Rules-Girls, ihnen gefällt nur der Gedanke nicht, dass sie ein Buch gelesen haben.« Wir wollen Frauen natürlich nicht beibringen, wie man Männer kränkt oder vor den Kopf stößt!

Unsere Empfehlung auf die Frage, wann eine Frau auf die erste SMS eines Mannes reagieren sollte, liegt bei vier bis 24 Stunden, je nach Alter der Frau. Vier Stunden gelten für die Jüngeren – für Studentinnen und Frauen Anfang bis Mitte 20, die mit SMS und Facebook aufgewachsen sind. Je älter Sie sind, desto länger sollten Sie warten. Eine 30-Jährige sollte länger als zwölf Stunden warten und eine über 40-Jährige sich einen Tag Zeit lassen.

In der Praxis ist die Sache natürlich etwas komplizierter. Wenn ein Mann Ihnen beispielsweise um neun oder zehn Uhr morgens zum ersten Mal eine SMS sendet, antworten Sie ihm nicht genau vier Stunden später, wenn Sie in der Schule, an der Uni oder bei der Arbeit sind und dort theoretisch nicht den ganzen Tag ihr Handy kontrollieren können. Sie sollten warten, bis Sie Feierabend haben und heimgehen, wann immer das ist. Wenn unser vorgeschlagenes Zeitlimit mitten am Tag endet, müssen Sie sich noch ein bisschen gedulden! Schließlich handelt es sich um eine *Mindestzeit,* außerdem kann er nicht erwarten, dass Sie den ganzen Tag auf Ihr Smartphone starren – oder bereit sind, diesen Eindruck zu vermitteln.

Wenn ein Mann Ihnen am späten Nachmittag zum ersten Mal eine SMS schickt, sagen wir um 15 oder 16 Uhr, sollten Sie sich erst später am Abend melden, etwa zu der Zeit, wenn Sie von einem Essen mit Freunden oder der Happy Hour in einer Bar zurück wären. Sie können auch bis zum nächsten Morgen warten – Sie könnten ja auch im Kino in der Spätvorstellung gewesen und spät nach Hause gekommen sein. So vermitteln Sie den Eindruck, dass Sie ausgehen und Spaß haben, anstatt daheim zu hocken und Trübsal zu blasen.

Wenn ein Mann Ihnen nach acht Uhr abends eine SMS schickt, sollten Sie ihm nicht vier Stunden später um Mitternacht zurückschreiben, selbst wenn Sie einer jüngeren Altersgruppe angehören. Warten Sie lieber bis zum nächsten Tag, anstatt spätnachts eine SMS zu versenden. Melden Sie sich am nächsten Morgen auf dem Weg zur Arbeit.

Die Wartezeiten gelten nicht fürs Wochenende, vor allem nicht für den Freitag- und Samstagabend ab 18 Uhr; diese Zeiten sind »Sperrfristen«. Ähnlich wie es bei Fluggesellschaften Sperrfristen gibt, in denen Sie Ihre Bonusmeilen nicht einsetzen können, haben auch Rules-Girls Sperrfristen! Am Wochenende herrscht absolute Funkstille. Sie sind unerreichbar, stehen nicht zur Verfügung, sind beschäftigt und nicht aufzufinden! Aber regen Sie sich nicht auf, wenn er samstags eine SMS schickt. Vielleicht wurde er von anderen Frauen verdorben, die sich nicht an die *Regeln* hielten und am Wochenende zu wahren SMS-Orgien bereit waren oder sie sogar initiierten – Sie sind natürlich ganz anders! Machen Sie ihm aber keine Vorwürfe im Stil von: »Warum schickst du mir samstags eine SMS?«, sondern antworten Sie ihm einfach das ganze

Wochenende über nicht. So zeigen Sie ihm stillschweigend, dass Sie nicht zur Verfügung stehen und er in Zukunft langfristiger planen muss. Sie können ihm sonntagabends zurückschreiben: »Danke, klang gut, aber ich hatte schon andere Pläne.« Die *einzige* Ausnahme besteht darin, dass er Sie spätestens am Mittwoch um eine Verabredung für Samstag gebeten hat und sich zwischendurch noch einmal mit konkreten Vorschlägen meldet. Ansonsten sind Sie für beiläufiges SMS-Geplauder am Wochenende nicht zu erreichen.

Es gibt jedoch noch eine weitere Ausnahme: Wenn er eine schnelle Antwort benötigt, weil er Konzertkarten kaufen oder sonst etwas buchen will, wofür er den genauen Zeitpunkt wissen muss und sicherstellen will, dass Ihnen der Termin passt, können Sie rasch zurückschreiben: »Hey, der 14. um 8 passt perfekt, danke!« Aber nutzen Sie diese Ausnahme *nicht* aus und verwenden sie Sie auch nicht als Vorwand, ein unnötiges längeres Gespräch zu beginnen.

Die meisten Frauen, vor allem Frauen, die nicht wissen, dass man bei der Partnersuche strategisch vorgehen muss, reagieren auf die SMS eines Mannes innerhalb von Sekunden. Daher haben wir einen vernünftigen Plan für die Reaktionszeiten entwickelt, den Frauen jeden Alters nutzen können, um ihre natürliche Neigung zu unterdrücken, zu schnell zu reagieren und mehr zu schreiben als er. Auf ein »Hi, hier Steven von gestern Abend, wie geht's?«, reagiert eine Frau normalerweise sofort mit: »Wie nett, dass du dich meldest! Ich habe gerade Mittagspause und bin unterwegs in die Bibliothek, um mir ein Selbsthilfebuch zu leihen, von dem mir eine Freundin erzählt hat – LOL. Mein Auto musste zur Inspektion und ist jetzt in der Werkstatt, deshalb bin ich heute zu Fuß unterwegs. Und wie läuft's bei dir?« Solche Frauen verwöhnen die Männer noch mehr als früher. Es geht hier um die erste SMS eines Mannes, den sie erst kürzlich kennengelernt hat! Er schrieb nur: »Wie geht's?« Er hat sie nicht um ihre Lebensgeschichte gebeten. Wenn sie vier Stunden gewartet und ihm dann eine kurze Antwort geschickt hätte, wäre das völlig ausreichend gewesen. Mit anderen Worten: Unterbrechen Sie nicht Ihren Versuch im Chemielabor, den Yogaunterricht oder die geschäftliche Besprechung, um seine SMS zu beantworten. Sie kann warten! *Er* kann warten. Warum wollen Sie ihm unbedingt sofort Ihre halbe Lebensgeschichte simsen? Damit ein anderes Mädchen ihn nicht mit ihrer schnellen und witzigen Antwort begeistern kann? Wenn Sie warten, wird er denken, dass Sie beschäftigt sind und/oder es noch andere Männer gibt, die sich für Sie interessieren – und das wäre doch eine gute Sache.

Sie sollten wissen, dass eine SMS für einen Mann nicht ganz so weltbewegend ist wie für eine Frau. Er tippt womöglich eine SMS, während er an der Tankstelle darauf wartet, dass sein Tank voll wird. Für Männer ist der Austausch von SMS reine Unterhaltung, ähnlich wie Sport oder Videospiele. Doch für ein Mädchen ist eine SMS von einem niedlichen Typen etwas Besonderes und fast so bedeutend wie ein Lotteriegewinn. Unter 20 anderen Nachrichten von Freundinnen, Kolleginnen, Eltern und der Schwester sticht die eine SMS von ihrem Traumprinzen heraus. Sofort kann sie an nichts anderes mehr denken.

Wenn sie unser Buch nicht kennt, schreibt sie binnen Sekunden zurück. Nach einer Stunde des flotten Austauschs wissen die beiden mehr voneinander, als sie bei ihrer ersten Verabredung preisgegeben hätten. In einer Pause geht sie alles noch einmal durch und analysiert jedes einzelne Wort von ihm – vielleicht schickt sie auch alles an ihre Freundinnen weiter, damit ihr ja nicht entgeht, was er gemeint haben könnte. Sie studiert seine

Sätze wie ein Lehrbuch oder die Bibel. Normalerweise entsteht daraus eine SMS-Orgie, die aber nicht zu einer Verabredung führt – schon gar keiner Verabredung für Samstagabend –, und dann wendet sich die Betroffene Hilfe suchend an uns. Sie versteht nicht, warum aus ihren Bekanntschaften nichts Festes wird oder warum ihre Beziehungen immer so schnell wieder vorbei sind, obwohl sie vielversprechend damit anfingen, dass er sie angesprochen hat. Sie denkt, sie sollte erreichbar sein und einem Mann jederzeit per SMS antworten, damit sein Interesse nicht erlischt. Falsch! Genau *deshalb* haben wir unser Buch geschrieben. Sie sollten eine SMS nicht wie einen Notruf behandeln, auf den Sie sofort reagieren müssen. Lesen Sie dieses Kapitel, dann wissen Sie, dass Sie von einer Antwort-SMS binnen Sekunden die Finger lassen sollten, ähnlich wie Sie es vermeiden, einen heißen Herd anzufassen!

Die Regel umfasst noch eine andere entscheidende Vorschrift: Nach Ihrer Antwort sollten Sie den Austausch auf 15 Minuten oder 10 Botschaften insgesamt beschränken. Dank dieser Strategie fragt er sich, was Sie machen, wodurch eine gewisse Spannung entsteht, die ihn zwingt, sich möglichst bald mit Ihnen zu verabreden, woraus sich dann wiederum eine Beziehung entwickelt. Ende gut, alles gut, Sie müssen also kein schlechtes Gewissen haben, wenn Sie eine SMS spät beantworten!

Die 22-jährige Brittany lernte auf einer Party einen Mann kennen, der gleich auf sie zukam – ein vielversprechender Auftakt! Er bat sie um ihre Nummer und schickte ihr am nächsten Tag eine SMS: »Hallo, bin echt froh, dass wir uns gestern getroffen haben. Wie geht es dir denn heute so?« Was tat sie? Vier Stunden später schrieb sie: »Hat mich auch gefreut, dich kennenzulernen! Bei der Arbeit läuft's gut, aber unglaublich viel zu tun!« Eigentlich wollte sie ihn fragen, wie sein Tag war, aber wir rieten ihr davon ab und erinnerten sie daran, dass sie ihn dazu bringen wollte, mit ihr auszugehen. Sie sollte witzig sein, aber sich kurz fassen und endloses Geplauder vermeiden. Er fragte fünf Minuten später: »Was machst du beruflich?« Sie antwortete nach einer halben Stunde: »Ich bin Pharmavertreterin.« Drei Minuten später fragte er schon wieder: »Bekommst du dann kostenlos Medikamente und darfst sie ausprobieren? Grins.« Sie schrieb nach 20 Minuten zurück: »LOL, nein.« Zwei Minuten später kam schon wieder eine SMS von ihm: »Und was machst du gern in deiner Freizeit? Vielleicht könnten wir zusammen ins Kino. Hast du am Samstag schon was vor?« Sie reagierte 30 Minuten später: »Ja, das wäre toll.« Ziel erreicht! Keine Plauderorgie, dafür aber eine Verabredung!

Die 24-jährige Stacey musste sich ein bisschen mehr anstrengen, bis ihr ein Mann ins Netz ging. An einem Dienstagabend bekam sie um acht Uhr eine SMS von einem Mann, den sie in einer Bar kennengelernt hatte: »War toll, dich gestern zu treffen. Dort gibt es auch echt leckere Appetithäppchen. Wie geht's dir? Schon Pläne fürs Wochenende?« Sie analysierte seine SMS zunächst einmal für sich, denn sie war sich nicht hundertprozentig sicher, ob er sich nur die Zeit vertreiben oder sich wirklich mit ihr verabreden wollte. Angesichts seiner Fragen im Plauderton vermutete sie, dass daraus nur ein endloser SMS-Austausch werden würde, bei dem keine Verabredung heraussprang. *Eigentlich* wollte sie ihm schreiben: »Nein, bin am Wochenende noch völlig frei. Warum, was hast du vor?« Aber das durfte sie natürlich auf keinen Fall! Zum einen fragte er sie nicht direkt, ob sie mit ihm ausgehen wolle, und schlug auch keinen konkreten Abend vor, daher wäre es vermessen, gleich von einem Date auszugehen. Da er ihr erst nach 19 Uhr geschrieben hatte, wartete sie bis zum nächsten Morgen und antwortete dann: »Ja, nett, dich kennenzulernen ... habe noch keine definitiven Pläne fürs Wochenende!«

Zwei Minuten später meldete er sich erneut: »Ich dachte, wir könnten vielleicht etwas zusammen machen.« Stacey wartete 30 Minuten und schrieb: »Klar, klingt gut!« Er antwortete: »Woran hast du gedacht? Wann passt es dir?« Nach 20 Minuten schrieb Stacey: »Wann hast du denn gedacht?« Fünf Minuten später schlug er vor: »Essengehen am Samstagabend?« Dieses Mal wartete Stacey 30 Minuten und antwortete dann: »Okay, wunderbar!«

Zusammengefasst heißt das: Gehen Sie nie davon aus, dass ein Mann mit Ihnen ausgehen will, wenn er sich unklar ausdrückt. Geben Sie nicht gleich Ihren Terminplan preis. Bringen Sie ihn dazu, Ihnen einen bestimmten Abend vorzuschlagen. Und natürlich schreiben Sie ihm nicht sofort zurück, sondern warten ein bisschen, sprechen keine neuen Themen an und antworten kürzer als er (siehe Tabelle auf Seite 87).

Wie gesagt, alle Antworten, vor allem die auf die erste SMS eines Mannes, sollten kürzer ausfallen als seine. Wenn er zum Beispiel schreibt: »Hallo, wie läuft's? Sollen wir mal was zusammen machen?«, antworten Sie: »Klar, klingt gut.« Schreiben Sie nicht: »Klar, das wäre toll. Habe zurzeit echt viel zu tun, aber am Donnerstagabend würde es passen, außerdem am Wochenende. Ich kenne eine richtig gute Bar mit Happy Hour.« Das wären viel zu viele Worte und würde zu eifrig klingen. Aus irgendeinem Grund sind Frauen weitaus gesprächiger als Männer, um es einmal vorsichtig zu formulieren. Wenn Sie mehr schreiben als der Mann, wirken Sie interessierter, obwohl das Interesse doch eigentlich von ihm ausgehen sollte. Je mehr Wörter Sie verwenden, desto eifriger und verfügbarer wirken sie. Weniger ist mehr! Vergessen Sie nicht: Am Anfang wollen Sie sehr beschäftigt wirken,

Sie haben keine Zeit, ihm sofort zu antworten oder viele Worte zu verlieren, deshalb muss er sich anstrengen und sich um Sie bemühen.

Wenn wir Frauen beim Verfassen von Antworten helfen, fragen wir sie, wie sie und der Mann sich kennengelernt haben, wie alt sie sind, ob sie mit dem Mann ausgehen oder nur Kurznachrichten schreiben, wie lange sich die beiden schon kennen und wie der aktuelle Stand der Beziehung ist. Doch unabhängig von den Umständen sollten Sie, wenn Sie sich an die *Regeln* halten wollen, immer mindestens 30 Minuten mit einer Antwort warten, je nach Alter auch bis zu drei Stunden. Wir betonen: Mindestens! Selbst wenn ein Mann mit seiner SMS die Verabredung mit Ihnen nur noch einmal bestätigen will, können Sie sich Zeit lassen und eine Stunde warten. Schließlich sind Sie nicht nur für Ihr Handy da – Sie haben auch noch ein reales Leben!

Reaktionszeiten auf eine SMS

Sie wissen nicht, wie lange Sie warten sollen, bis Sie die SMS eines Mannes beantworten dürfen? Keine Sorge! Wir haben eine Tabelle mit den Mindestwartezeiten erstellt, gestaffelt nach Alter und mit ausführlichen Erklärungen.

Diese Reaktionszeiten beziehen sich nicht auf die Beantwortung der ersten SMS eines Mannes. Bei ihr sollten Sie *immer* mindestens vier Stunden oder länger warten. Wenn es dann aber zu einem »Gespräch« per SMS kommt, müssen Sie sich nicht sklavisch an die Wartezeiten für Ihre Altersgruppe halten. Das würde zu lange dauern, außerdem wäre das schnell durchschaubar. Sie müssen ein bisschen variieren, damit er nicht ahnt, dass Sie eine bestimmte Strategie verfolgen. Wenn Sie 20 Jahre alt sind, können Sie nach der ersten Antwort schon nach 30 Minuten auf seine nächste SMS reagieren, dann nach

Alter	Mindestwartezeit, um eine SMS zu beantworten	Warum?
18 bis 22 Jahre	30 Minuten. Wollen Sie seine volle Aufmerksamkeit? Dann warten Sie eine Stunde!	Wenn Sie zwischen 18 und 22 Jahren alt sind und eine feste Beziehung haben, sollten Sie trotzdem 30 Minuten mit Ihrer Antwort warten; Sie können jedoch häufiger eine SMS senden als bei einem Mann, den Sie erst vor Kurzem kennengelernt haben. Sie sollten sich aber weiterhin ein bisschen geheimnisvoll geben und immer zuerst aufhören.
23 bis 25 Jahre	Eine Stunde. Wollen Sie seine volle Aufmerksamkeit? Dann warten Sie zwei Stunden!	Frauen zwischen 23 und 25 sind normalerweise beruflich stark ausgelastet und leben in einer eigenen Wohnung. Sie haben wichtige geschäftliche Besprechungen, pendeln zur Arbeit und müssen sich um den privaten Alltagskram kümmern, daher ist es völlig realistisch, eine Stunde zu warten, bis Sie sich bei einem Mann melden, und es wäre auch gar nicht schlecht, wenn er sich zwei Stunden gedulden müsste! Rules-Girls schauen nicht mitten in einer Besprechung oder auf dem Heimweg von der Arbeit, ob sie neue Nachrichten auf dem Handy haben. Bei der Arbeit wäre das nicht klug, beim Autofahren sogar gefährlich.
26 bis 30 Jahre	Zwei Stunden. Wollen Sie seine volle Aufmerksamkeit? Dann warten Sie drei Stunden!	Frauen zwischen 26 und 30 haben nicht nur ein aufreibendes Arbeits- und aufregendes Privatleben, sondern auch mehr Verantwortung als direkt nach dem Studium. Vielleicht haben Sie eine Sekretärin oder mehrere Mitarbeiter unter sich und daher Wichtigeres zu tun, als eine SMS zu beantworten. Außerdem gehen Sie hoffentlich häufig auf Partys und in Klubs und treffen viele Leute, daher können Sie wirklich nicht den ganzen Tag SMS beantworten.
31 Jahre und älter	Drei Stunden. Wollen Sie seine volle Aufmerksamkeit? Dann warten Sie vier Stunden!	Die meisten Frauen über 31 wollen heiraten. Sie haben interessante Jobs und zahlreiche andere Verpflichtungen und Interessen und daher keine Zeit, Männern eine SMS zu schicken, die nur plaudern, aber sich nicht mit ihnen für den Samstagabend verabreden wollen.

5 Minuten und dann vielleicht wieder nach 10 bis 20 Minuten. Wenn er dann nach 20 Minuten mit der nächsten SMS rechnet, legen Sie eine einstündige Pause ein, um unberechenbar zu bleiben. Er soll ständig erwartungsvoll auf sein Handy schauen! Beim ersten oder zweiten Mal ist ein Mann vielleicht noch überrascht, dass Sie nicht sofort antworten, aber danach wird er es akzeptieren, weil er denkt, dass Sie viel zu tun haben und sich gern Zeit lassen. Er wird sich ausmalen, warum Sie nicht schneller antworten. Und er wird vorwurfsvoll sagen: »Das ist ja schlimm, wie selten du auf dein Handy schaust!«

Wenn sich ein Mann nicht meldet oder nicht antwortet, finden Frauen immer eine Erklärung oder Entschuldigung für ihn: »Oh, er hat sicher bei der Arbeit viel zu tun« oder »Er schaut sich wahrscheinlich gerade ein Fußballspiel an« oder »Der Akku ist bestimmt leer«. Aber wenn *sie* nicht gleich zurückschreibt, meint sie sofort, sie wäre unhöflich oder kalt oder würde mit ihm spielen. Aber Sie haben doch auch ein Leben? Sie sind doch beruflich auch im Stress? Wie soll ein Mann Ihnen denn nachweisen, ob Sie unsere Strategie anwenden oder tatsächlich beschäftigt sind? Eben. Gar nicht.

Wenn Sie Programme wie den Blackberry Messenger, Nachrichtendienste wie iMessage oder Ähnliches verwenden, kann es sein, dass ein Mann sieht, ob und wann Sie seine Nachricht gelesen haben. Wenn Sie dann nicht nach ein paar Minuten antworten, könnte er gekränkt sein, dass Sie seine Nachricht zwar gelesen, aber nicht beantwortet haben. In einem solchen Fall sollten Sie seine Nachricht erst lesen, wenn Sie sie auch beantworten wollen.

SMS oder Anrufen: Eine welt-bewegende Frage?

Natürlich gibt es nichts Respektloseres, als per SMS Schluss zu machen (hoffentlich passiert euch so was nie!), aber gilt das auch für eine Verabredung per SMS? Die Vorstellung, dass ein Typ ein Mädchen per SMS fragt, ob es mit ihm ausgeht, wirkt vielleicht ein bisschen kindisch – ähnlich wie die Zettel, die man sich in der Schule zuschob: »Willst du mit mir gehen?« mit Ja- und Nein-Kästchen zum Ankreuzen –, aber wir sehen das anders. Heutzutage spielt es keine Rolle, ob ein Junge anruft, eine SMS schickt oder eine E-Mail schreibt, wenn er mit einem Mädchen ausgehen will, es kommt nur darauf an, dass er richtig fragt. Und wenn die beiden sowieso schon miteinander gechattet haben (was, seien wir ehrlich, ganz sicher der Fall sein wird), muss er nicht erst anrufen, um sie zu fragen, ob sie mit ihm ausgehen will. Ganz ehrlich, wäre das nicht sogar ein bisschen peinlich? Wer telefoniert heutzutage überhaupt noch?! Wichtig ist, dass er mit dem Mädchen ausgehen will – da können wir nur gratulieren!

Sara, eine 27-jährige Sprachtherapeutin aus Seattle, lernte in einer Bar einen attraktiven Immobilienmakler kennen. Er sprach sie an, fragte sie nach ihrer Nummer und schickte ihr am nächsten Tag eine SMS, einen Tag später meldete er sich erneut und auch am Tag darauf, fragte sie aber nicht, ob sie mit ihm ausgehen wolle. Sie dachte, sie würde sich an die *Regeln* halten, und verstand nicht, was schiefgelaufen war, daher schickte sie uns den SMS-Austausch:

Er: Toll, dass wir uns gestern Abend kennengelernt haben. Wie gefällt dir Seattle? Was ganz anderes als Florida, oder?

Sie: Mir gefällt's sehr gut – an jeder Ecke gibt's einen Starbucks!

Er: Ich gehe nicht oft in Bars, wollte nur ein bisschen mit Freunden chillen, aber dann habe ich glücklicherweise dich getroffen.

Sie: Danke. Bin auch nicht so oft in Bars unterwegs.

Er: Du siehst toll aus. Du hast bestimmt keine Probleme, Männer kennenzulernen.

Sie: Danke für das Kompliment. Sorry, da kommt gerade ein Anruf rein, muss jetzt weiterarbeiten.

Er: Wir sollten uns mal treffen ...

Sie: Klingt gut!

Am nächsten Tag

Er: Hey, du hast gesagt, dass du Sushi magst. Wir könnten doch mal Sushi essen gehen.

Sie: Klar!

Er: Gut zu wissen, ich suche schon lange jemanden, mit dem ich Sushi essen kann. Du hast gestern auch gesagt, dass du eine Schwester in L. A. hast. Tolle Stadt. Warst du in letzter Zeit mal dort?

Sie: Ja, ich war letzten Monat in L. A. und Arizona.

Er: Cool. Was hast du da gemacht?

Sie: Wir waren am Strand. Da kommt der nächste Kunde ... muss aufhören!

Er: O.K., melde mich später wieder.

Einen Tag später

Er: Und was machst du, wenn du nicht arbeitest?

Sie: Filme ausleihen, trainieren, Freunde treffen ...

Er: Hast du den neuen *Mission Impossible* gesehen? Fand ich super.

Sie: Ja! Ich mag Tom Cruise, er ist so witzig.

Er: Ich hab den Job hier satt. Habe bald ein Gespräch mit einem Headhunter.

Sie: Viel Glück. Da kommt mein Chef ...

Er: Lass uns mal was ausmachen.

Sie: Klingt gut!

Obwohl der Immobilienmakler Sara zuerst ansprach, sie um ihre Nummer bat und ihr die erste SMS schrieb und ihre Antworten den *Regeln* entsprachen, mit dem nötigen Abstand kamen und kürzer als seine Nachrichten waren, haben wir ein typisches Beispiel dafür, dass der SMS-Dialog ausufert, ohne irgendwohin zu führen. Wir sagten Sara, die einzige Möglichkeit, dass er sich mit ihr verabrede, bestehe darin, dass sie seine Nachrichten völlig ignoriere. Sie war schockiert: »Ich dachte, ich dürfte ein bisschen plaudern. Wäre es nicht unhöflich, ihn völlig zu ignorieren?« Nein, das wäre es nicht, Sara ist einfach beschäftigt und hat noch ein Leben neben dem SMS-Schreiben. Wenn ein Mann ihr all die Fragen zu Los Angeles und Filmen stellen will, kann er das bei einer Einladung zum Sushi tun!

Sara erklärte sich bereit, es auszuprobieren. Als der attraktive Immobilienmakler am nächsten Morgen schrieb: »Hey, wie läuft's bei dir heute?«, antwortete sie nicht. Am Nachmittag meldete er: »Treffe mich mit Headhunter. Wünsch mir Glück!«, doch auch diese SMS ignorierte sie. Am Abend fragte er: »Was ist los?«, doch sie reagierte wieder nicht. Am nächsten Morgen fragte er endlich: »Hallo, schöne Fremde, vielleicht können wir am Wochenende Sushi essen gehen?« Sie wartete zwei Stunden und schrieb dann: »Klar, das klingt gut!« Schon zwei Minuten später fragte er: »Wie wäre es am Freitag nach der Arbeit?« Nach 30 Minuten antwortete sie: »Perfekt.« Und das war es dann. Die beiden hatten endlich ihre erste Verabredung, der noch viele weitere folgten.

Wenn ein Mann Ihnen häufig eine SMS schreibt, sie aber nicht bittet, mit ihm auszugehen, müssen Sie ihn ignorieren, bis er kapiert, dass Sie zu beschäftigt für endlose Plaudereien sind. Bei dieser Strategie geht es nicht darum, mit ihm zu spielen, sondern um Grenzen, Selbstachtung und Ihr Selbstwertgefühl. Männer nehmen Ihre komplette Zeit in Anspruch, wenn Sie es zulassen! Viele Frauen vergeuden Stunden oder Tage damit, Männern freundliche SMS zurückzuschreiben, haben dann aber trotzdem am Samstagabend keine Verabredung. Rules-Girls lassen sich nicht auf zielloses Geplauder ein. Denken Sie immer daran, beim SMS-Austausch mit einem Mann geht es darum, dass er sich mit Ihnen verabredet und sich daraus eine feste Beziehung entwickelt – nicht nur um endlosen Smalltalk. Aber was ist, wenn ein Mann keine SMS mehr schreibt und Sie nicht um eine Verabredung bittet, weil sie nicht jede SMS beantwortet haben? Haben Sie dann etwas falsch gemacht? Nein, er war nur nicht ganz so verrückt nach Ihnen – mit ihm haben Sie nur Ihre Zeit verschwendet. Der Nächste bitte!

Wir wissen, dass das Warten nicht immer einfach ist. Und es kann sogar noch schwieriger werden, wenn Sie eine feste Beziehung haben und Ihr Partner Ihren Tagesablauf kennt oder sieht, dass Sie die SMS-Nachrichten Ihrer Freundinnen innerhalb von zwei Minuten beantworten. Wir schlagen daher vor, dass Sie, wenn Sie mit einem Mann zusammen sind, Ihr Telefon in der Tasche lassen und es nicht die ganze Zeit in der Hand haben. Er darf nicht denken, dass Sie förmlich am Handy kleben. Lassen Sie also Ihr Telefon in Ruhe. Ganz schlecht sind Begeisterungsausbrüche über eine SMS und spitze Freudenschreie im Stil von: »Oh mein Gott, meine beste Freundin hat mir gerade ein unglaublich lustiges Foto geschickt!« Wenn es glaubhaft wirken soll, dass Sie sich mit der Beantwortung Ihrer Nachrichten Zeit lassen, dann dürfen Sie nicht besessen von Ihrem Telefon sein.

Wir raten Ihnen nicht, unaufrichtig zu sein, aber wenn Sie wollen, dass ein Mann sehnsüchtig auf sein Handy starrt und hofft, dass Sie sich endlich melden, wenn ein Mann von Ihnen träumen und überlegen soll, was Sie wohl machen, wenn Sie nicht mit ihm zusammen sind, wenn Sie wollen, dass ein Mann Herzklopfen hat, während er auf eine SMS von Ihnen wartet, dann dürfen Sie seine SMS einfach nicht zu schnell beantworten. Wenn er warten muss, bis er von Ihnen hört, wird er *mehr* an Sie denken, nicht weniger. Und ist das nicht genau das, was Sie wollen?

Regel Nummer 7

Talk To You Later: **Sie beenden alles zuerst oder: Der elegante Abgang!**

In unserem ersten Buch rieten wir den Frauen, ein Telefongespräch immer als Erste zu beenden – und zwar spätestens nach zehn Minuten. Diese Regel gilt auch für all die neuen Kommunikationsformen. Wir nennen das den »eleganten Abgang«. Warum? Damit Sie nicht zu viel reden und er sich beim Abschied schon auf das nächste Mal freut! Manchmal funktioniert umgekehrte Psychologie am besten. Wenn Sie mehr von einem Mann wollen, geben Sie ihm weniger. Wenn Sie sehr beschäftigt wirken, macht ihn das umso neugieriger und steigert sein Interesse.

Bei jeder Form der Kommunikation – ob mit neuer Technik oder ganz herkömmlich, vom Handy übers Festnetz bis zum Chatten mit Webcam oder SMS oder Skype – geht es darum, einen Mann mit Ihrer Persönlichkeit zu faszinieren und ihm zu zeigen, wie schlagfertig und witzig Sie sind. Genauso wichtig ist es jedoch, sich nach 10 oder 15 Minuten Unterhaltung wieder zu verabschieden, damit er gezwungen ist, mit Ihnen auszugehen, wenn er das Gespräch fortsetzen will. Google Talk und FaceTime gelten nicht als Verabredung!

Manche Frauen empfinden es als unhöflich oder unaufrichtig, wenn sie ein Gespräch zuerst beenden, aber hier geht es nicht um Spielchen. Damit zeigen Sie, dass Sie viel zu tun haben und diszipliniert sind. Sind Sie gerade bei einer Freundin, in einer Besprechung, beim Sport, bei einer Fortbildung oder einem Treffen Ihres Bücherklubs? Ein Mann, der sich fragt, wo Sie gerade sind, neigt eher dazu, sich wieder bei Ihnen zu melden und Sie zu bitten, mit ihm auszugehen, selbst wenn er behauptet, dass er eigentlich Frauen mag, die gern plaudern und viel von sich erzählen.

Wenn Sie befürchten, dass er Sie für schroff halten könnte, weil Sie sich abrupt verabschieden, sollten Sie bedenken, dass ein Mann keine Probleme hat, ein Gespräch als Erster zu beenden. Sie können sich gerade wunderbar unterhalten und urplötzlich sagt er, er müsse jetzt los, das Fußballspiel fange gleich an oder sein Mitbewohner sei heimgekommen. Das ist nicht unbedingt zu Ihrem Vorteil. Er kann ein Gespräch abrupt beenden, Ihnen nie wieder eine SMS schreiben oder Sie niemals fragen, ob Sie mit ihm ausgehen. Dagegen können Sie sich schützen, wenn Sie sich als Erste verabschieden.

Seien wir ehrlich. Es ist ja nicht so, dass Sie ein Gespräch oder einen Chat nicht zuerst beenden *können,* Sie *wollen* nur nicht. Sie fühlen sich so wohl, dass Sie regelrecht in Trance fallen. Vielleicht sitzt schon Ihre beste Freundin neben Ihnen und ruft: »Hör sofort auf!« Sie versucht, Ihnen das Handy aus der Hand zu reißen, hat aber keine Chance. Oder Sie holen sich das Telefon zurück und schreiben weiter. Solche Frauen ignorieren ihre Freundinnen und Familienmitglieder komplett und tippen heimlich SMS unter dem Tisch im Restaurant oder chatten auf dem Klo. Und irgendwann hat ihre Familie oder ihre Freundin die Nase voll.

Frauen reden sich ein, Sie würden einen Mann verlieren, wenn Sie einen Chat zu schnell beenden. Sie fürchten, sie wären nicht mehr interessant und der Mann würde sich der nächsten Frau zuwenden, wenn sie sich zu schnell losreißen. Dabei ist natürlich das Gegenteil der Fall. Wenn einem Mann Ihr Aussehen gefällt, wenn er Sie zuerst angesprochen hat und Ihnen zuerst eine SMS sendet oder Sie anruft, und wenn Sie sich nach 10 oder 15 Minuten aktivem Hin und Her zuerst verabschieden, wird er es erneut versuchen oder Sie gleich um ein Rendezvous bitten. Wenn er sich *wirklich* nicht mehr meldet, liegt das nicht daran, dass Sie das Gespräch beendet haben, sondern weil er Sie nicht genug mochte. Aber Sie wollen doch auch nicht endlos mit jemandem plaudern, der nicht genügend Interesse an Ihnen hat, um sich später noch einmal zu melden!

Sagen Sie einfach, ihr Akku sei bald leer oder sie müssten noch lernen oder im Büro sei heute die Hölle los oder Ähnliches. Sie brauchen nicht den perfekten Schlusssatz – es ist vollkommen egal, wie Sie das Gespräch beenden! Und Sie müssen auch kein schlechtes Gewissen haben. Selbst Therapeuten schauen auf die Uhr und sagen einem Patienten, der sich gerade die Augen aus dem Kopf weint: »Ihre Zeit ist um.« Warum sollen Sie nicht ein lockeres Gespräch als Erste beenden? Wenn Ihnen nichts Kreatives einfällt, schreiben Sie einfach: »Sorry, muss los!« Und dann schalten Sie für ein paar Minuten Ihr Telefon aus, um sich ein bisschen Luft und Abstand zu verschaffen – in unserem ersten Buch rieten wir zu einer Eieruhr, um ein Telefongespräch rechtzeitig zu beenden. Wenn Sie sich nicht in der Lage fühlen, ein Gespräch zu beenden, bitten Sie eine Freundin, Ihnen eine Erinnerungs-SMS zu schicken. Und wenn Sie wissen, dass Sie sich selbst nicht trauen können, antworten Sie ihm am besten gar nicht. Lassen Sie das Handy in der Tasche, im Auto oder in einem anderen Raum.

Und warten Sie nicht auf den perfekten Moment oder eine Gesprächspause. Wer weiß, wann der richtige Augenblick kommt? Behalten Sie einfach die Zeit im Auge und verabschieden Sie sich – »Ich muss los!« –, riskieren Sie nicht, dass er zuerst aufhört. Sonst fragen Sie sich, warum er losmusste, und machen sich die verrücktesten Gedanken. Dabei soll er sich doch Ihretwegen den Kopf zerbrechen! Wenn er zuerst aufhört, sind Sie vielleicht verunsichert und lassen sich dazu hinreißen, ihm später eine SMS zu schicken und zu fragen, ob alles in Ordnung ist. Dann haben Sie gleich *zwei Regeln* gebrochen! Dabei funktioniert das wie Magie: Wenn Sie nicht zulassen, dass er das Gespräch zuerst beendet, schlagen Sie ihn in Ihren Bann und er wird nicht genug von Ihnen kriegen.

Hier sind einige Tipps, wie Sie sich kurz fassen: Schreiben Sie immer weniger als er. Stellen Sie nicht zu viele Fragen. Versuchen Sie, seine Fragen in einem Satz oder höchstens zwei Sätzen zu beantworten, aber seien Sie witzig! Sprechen Sie nicht zu viele neue Themen an, damit daraus keine SMS-Orgie wird. Wenn Frauen versuchen, einen Mann für sich zu interessieren oder sein Interesse wachzuhalten, ziehen sie oft das Gespräch in die Länge, indem sie seine Fragen sehr ausführlich beantworten, ihm Fragen stellen und viele neue Themen anschneiden. Hier ist ein Beispiel, wie Sie es *nicht* machen sollten:

Er: Hey, wie läuft's?

Sie: Bin am Lernen, habe morgen einen Test in Bio. Meiner Mitbewohnerin geht's schlecht. Sie hat am Wochenende viel zu viel getrunken. Hat den neuen Teppich im Bad vollgekotzt. Ich habe ihr gesagt, dass sie nicht so viel trinken soll, aber sie hört ja nie auf mich!

Er: Der Horror. Wen hast du in Bio?

Sie: Rinaldi. Der ist echt der Schlimmste. Meine Freundin Jackie ist auch in seinem Kurs und hasst ihn genauso. Kennst du Jackie?

Er: Er ist so eine Nervensäge. Ich hatte ihn letztes Jahr.

Sie: Oh ja. Ich hätte den Kurs wechseln sollen. War ein

Riesenfehler. Vielleicht kannst du mir beim Lernen helfen?

Er: Du bist heute also noch ziemlich lange auf?

Sie: Oh ja, sieht aus, wie wenn ich durchmachen müsste. Und wie läuft's bei dir?

Er: Prüfungen, aber alles im grünen Bereich. Das Footballspiel am Sonntag ist ein härterer Brocken. Wir spielen gegen die Boise State Broncos.

Sie: Das werde ich mir ansehen. Wann fängt das Spiel an?

Er: 15 Uhr. Muss jetzt in den Kraftraum!

Sie: O.K., bis dann! Wann ist die Parkplatz-Party?

Sie hat sich nicht zuerst verabschiedet und viel zu viel geschrieben, dabei hat er nicht einmal konkrete Pläne, sich mit ihr zu treffen. Was für eine Zeitverschwendung! Hier kommt ein viel besseres Beispiel, was aus einem SMS-Austausch entstehen kann:

Er: Wie läuft's?

Sie (30 Minuten später): Muss lernen.

Er: Oh ja, ich auch. Bio bringt mich um. Was steht am Wochenende an? Machen wir was zusammen?

Sie (10 Minuten später): Klar, klingt gut! O.K., muss wieder an meine Bücher ...

Unsere Regel gilt nicht nur für Anrufe, SMS und andere Formen der modernen Kommunikation, sondern auch für das gute alte Gespräch bei einer Verabredung. Die erste Verabredung geht für ein Rules-Girl nicht länger als ein oder zwei Stunden. Man trifft sich auf einen Kaffee oder ein anderes Getränk oder lernt zusammen in der Bibliothek, geht aber nicht stundenlang wandern oder Rad fahren und verbringt auch nicht den ganzen Tag zusammen am Strand. Zu viel Zweisamkeit zu einem zu frühen Zeitpunkt tut keiner Beziehung gut. Außerdem kann man ein Treffen zum Kaffee oder auf einen Drink nach einer Stunde leichter beenden als einen Tag am Strand. Deshalb lehnen wir bei einer ersten Verabredung höflich ab, wenn er nach dem Essen noch ins Kino will oder einen Ausflug in einen Freizeitpark vorschlägt.

Normalerweise gibt ein Mann am Anfang richtig Gas und versucht, die erste oder zweite Verabredung endlos auszudehnen, wenn Sie das zulassen. Aber selbst wenn die Initiative für eine solche Marathonverabredung von ihm ausgeht, wird er bei der dritten Verabredung vielleicht schon denken, Sie seien leicht zu kriegen oder zu eifrig, und sich langweilen – wenn es überhaupt zu einem dritten Date kommt. Sie müssen das Tempo bestimmen und dafür sorgen, dass er Sie nur allmählich kennenlernt; er darf nicht zu viel zu früh erfahren, sonst zieht er weiter zur Nächsten. Also, auch hier geht es darum, sich zu entziehen und sich rar zu machen.

Wenn ein Mann fürs erste Date vorschlägt, in einem Park zu picknicken und anschließend noch etwas zu trinken, danach essen zu gehen und noch ein bisschen zu tanzen, sagen Sie: »Etwas trinken gehen? Das klingt gut!« Nach ein oder zwei Stunden schauen Sie auf die Uhr und sagen: »Es ist wirklich ganz wunderbar mit dir, aber ich muss los.« Wenn er fragt, warum, können Sie einfach sagen, Sie hätten morgen einen richtig anstrengenden Tag. Sie müssen nicht sagen, was Sie vorhaben – das geht ihn nichts an. Wenn Sie das Gefühl haben, sich irgendwie rechtfertigen zu *müssen*, können Sie sagen, Sie müssten noch viel für die Uni oder fürs Büro machen oder Sie hätten am nächsten Morgen einen frühen Termin mit Ihrem Personal Trainer. Seien Sie so geheimnisvoll wie möglich! Wenn Sie noch studieren und Ihre Verabredung darin besteht, gemeinsam auf eine Party zu gehen, brechen Sie auf, bevor er sich verabschiedet. Ziehen Sie eine Verabredung nie in die Länge, indem Sie vorschlagen, noch in einen Klub zu gehen oder in eine andere Bar. Und selbst wenn der Vorschlag von ihm kommt, sollten Sie ablehnen. Wenn Sie sich nicht an die *Regel* halten, sich zuerst zu verabschieden, stellen Sie keine Herausforderung für ihn dar. Wenn er mehr Zeit mit Ihnen verbringen will, kann er sich wieder mit Ihnen verabreden – und das wird er auch!

Die zweite Verabredung sollte drei oder vier Stunden dauern, am besten lassen Sie sich zum Abendessen ausführen. Bei der dritten Verabredung können Sie nach dem Essen noch zusammen ins Kino gehen, das wären dann insgesamt etwa fünf Stunden. Das vierte Date wären beispielsweise ein Abendessen, ein Musical und danach noch ein Getränk, was um die sechs Stunden ergäbe. Aber Sie verabschieden sich *immer* zuerst – Sie machen den Abgang!

Wahrscheinlich würden Sie am liebsten genau das Gegenteil tun. Wenn Sie Ihren Traummann kennenlernen, dürfte das Gespräch oder die Verabredung, wenn es nach Ihnen ginge, am liebsten nie enden! Sie wollen alles über ihn wissen, am besten sofort – was er studiert oder wo er arbeitet, was für ein Auto er fährt, welche Lieblingsmannschaft er hat, was er in seiner Freizeit macht, warum seine letzte Beziehung nicht funktionierte, was er für die nächsten fünf Jahre geplant hat und vor allem, was er für Sie empfindet – und Ihre Lebensgeschichte möchten Sie ihm natürlich auch noch erzählen. Aber bei so einer Marathonverabredung verpufft Ihre geheimnisvolle Aura sofort. Bringen Sie ihn dazu, dass er Ihnen immer wieder Fragen stellen muss – und wieder mit Ihnen ausgehen muss! –, um mehr über Sie zu erfahren!

Regel Nummer 8

Beantworten Sie keine SMS oder andere Nachrichten nach Mitternacht

Bei den *Regeln* geht es unter anderem darum, Männern beizubringen, Sie zu respektieren – und das heißt, Grenzen zu setzen, vor allem, was Ihre Erreichbarkeit betrifft. Anrufe oder Nachrichten nach Mitternacht sollten Sie prinzipiell nicht beantworten, weil Sie viel zu tun haben oder Ihren Schönheitsschlaf brauchen oder ganz ehrlich, ihn das überhaupt nichts angeht, was Sie um diese Zeit tun! Wenn ein Mann wissen will, was Sie machen, muss er sich mit Ihnen verabreden. Wir haben festgestellt, dass sich Klientinnen, die auch nach Mitternacht auf jede Nachricht reagieren, nur Probleme einhandeln: Die Männer rufen dann jederzeit an, sogar um ein oder zwei Uhr nachts, manchmal auch noch betrunken. Sie dagegen sind ein Rules-Girl. Sie haben ein ausgefülltes Leben und stehen nicht rund um die Uhr zur Verfügung!

Wenn die Uhr schlägt Mitternacht ...

Klar sind wir abends lange auf, weil wir uns amüsieren, mit Freundinnen auf der Couch lümmeln oder noch schnell einen Essay für den Englischkurs schreiben müssen. Ein Kumpel von uns hat uns mal gestanden, dass er und seine Freunde sich einen Spaß daraus machen, fünf verschiedenen Mädchen nach Mitternacht eine SMS zu schicken, um zu sehen, wer die schnellste Antwort bekommt – und dann wetten sie, wer zuerst ein Mädchen ins Bett kriegt. Die Erfolge melden sie sich dann, und der Sieger bekommt von den Verlierern jeweils einen Sixpack! Pfui ... schämt euch, Jungs! Also, nach Mitternacht wird jede Nachricht IGNORIERT! Selbst wenn ihr in ihn verknallt seid und furchtbar gern noch mitten in der Nacht per SMS plauscht – wir haben euch gewarnt! Und wenn er ein mieser Typ ist und so was macht, ist er für euch ohnehin erledigt.

Wir sind ja auch nicht völlig aus der Zeit gefallen. Wir wissen, dass Männer, vor allem im Studium und Anfang 20, gern noch nachts aktiv sind und Anrufe und SMS-Nachrichten zu später Stunde die Regel und nicht die Ausnahme sind. Aber Sie müssen stark sein und ihn nach Mitternacht ignorieren, sonst wird daraus schnell eine schlimme Chat-Orgie.

Denn es ist nun einmal so: Aus solchen Gesprächen nach Mitternacht entsteht selten etwas Gutes. Die Männer suchen schnellen Sex – egal, ob Sie sie persönlich treffen oder nur bei einem Chat. In unserem ersten Buch rieten wir Frauen, wenn sie in eine Bar oder einen Klub gehen, der um 21 Uhr aufmacht, oder auf eine Party, die erst spät beginnt, um 22 Uhr zu kommen und gegen Mitternacht wieder zu gehen. Frauen, die bis zwei oder vier Uhr bleiben, treffen normalerweise auf Betrunkene, Männer, die irgendwie hängen geblieben sind, und Typen, die auf einen One-Night-Stand aus sind. Das gilt auch für

SMS-Nachrichten, Anrufe, Instant Messages und E-Mails nach Mitternacht.

Wir wissen, dass es nicht leicht ist, diese Regel einzuhalten, weil die Partnersuche heutzutage dank der Smartphones viel lockerer abläuft. Aber wenn sich ein Mann nach Mitternacht bei Ihnen meldet, sucht er keine feste Partnerin – sondern einfach nur schnellen Sex. Er hat es wahrscheinlich schon bei all den anderen Mädchen probiert, die er wirklich mag, und Sie sind jetzt seine letzte Chance. Vielleicht hat er denselben Text schon an zehn andere Mädchen geschickt! So ein Mann lässt Sie natürlich kalt. Ein Rules-Girl ist sich viel zu schade für ein Sexabenteuer und will auf keinen Fall als Lückenbüßer herhalten.

Natürlich ist heutzutage jeder stets und ständig erreichbar, sei es telefonisch, online oder sonst wie – aber soll ein Mann, der Ihnen nach Mitternacht eine SMS schickt, wirklich wissen, dass Sie nichts Besseres zu tun haben? Also antworten Sie einfach nicht. Wenn Sie nur einmal darauf reagieren, wird er denken, dass er Ihnen *immer* zu verrückten Zeiten eine Nachricht schicken kann. Und wenn Sie mehrmals zurückschreiben, wird er denken, dass Sie sich langweilen oder einfach langweilig sind – dass Sie nichts Besonderes sind, dabei wollen Sie doch den Eindruck vermitteln, dass Ihre Abende ausgefüllt sind und Sie sich prächtig mit Freundinnen und eventuell auch anderen Männern amüsieren. Wenn Sie seine Anrufe oder Nachrichten entgegennehmen, führt das womöglich zu einer Chat-Orgie, bei der er sie überzeugt, sich doch noch mit ihm auf einer Party oder gleich zum Sex zu treffen! Das wollen Sie sicher nicht, lassen Sie sich daher gar nicht erst in Versuchung führen. Wenn Sie *nicht* reagieren, nimmt er schlimmstenfalls an, dass Sie schon schlafen.

Selbst wenn Sie seine Nachricht über den Blackberry Messenger oder per iMessage gelesen haben und er das sieht, was soll's? Sie müssen nicht jede Nachricht beantworten, schon gar nicht bis spät in die Nacht. Vielleicht müssen Sie auf eine Klausur lernen oder eine wichtige Besprechung für den nächsten Tag vorbereiten. Gehen Sie nicht ans Telefon! Und lassen Sie sich eins sagen: Ein Mann hat überhaupt keine Probleme damit, eine nächtliche Nachricht – oder irgendeine Nachricht – zu ignorieren.

Ein Rules-Girl ist ein bisschen wie Cinderella. Wenn Sie das nächste Mal in Versuchung geraten, spätabends auf eine Nachricht zu reagieren, denken Sie daran, dass sich Ihr Ballkleid nach Mitternacht in Lumpen und Ihre goldene Kutsche in einen Kürbis zurückverwandelt, das heißt, aus der Beziehung wird nichts.

Schreiben Sie selten auf seine Pinnwand und andere Regeln für soziale Netzwerke

Viele Frauen sind verständlicherweise unsicher, wie sie sich bei sozialen Netzwerken verhalten sollen; sie wollen mitmachen, aber nicht zu viel über sich verraten. Sich geheimnisvoll zu geben und rar zu machen, ist seit der Verbreitung der sozialen Netzwerke deutlich schwieriger oder fast unmöglich geworden. Schließlich geht es bei Facebook darum, Informationen von sich preiszugeben – dank Statusmeldungen, Benachrichtigungen und markierter Fotos scheint die ganze Welt zu wissen, was Sie tun und was mit Ihnen los ist! Bei den *Regeln* geht es jedoch darum, eine Herausforderung zu sein. Gibt es eine Lösung für dieses Dilemma? Eine Frau soll zwischen den Verabredungen untertauchen, damit der Mann nicht weiß, was sie in der Zeit macht, die er nicht mit ihr verbringt. Facebook verfolgt das Ziel, Menschen zusammenzubringen; die *Regeln* schreiben vor, sich rar zu machen. Das passt nicht so recht zusammen. Facebook ist wie ein Spielplatz für Erwachsene, wo es keine Grenzen gibt, während es bei den *Regeln* um Selbstdisziplin geht. Wie kann man sich also an die *Regeln* halten und gleichzeitig bei Facebook aktiv sein?

Die Tipps in diesem Kapitel befassen sich mit dieser

Zwickmühle. Die *Regeln* für Facebook und andere soziale Netzwerke unterscheiden sich im Grunde nicht allzu sehr von den Regeln für Bars, Partys und andere Situationen im echten Leben: Sie wollen geheimnisvoll wirken und dafür sorgen, dass er sich um Sie bemüht! Weniger ist immer mehr, das gilt für Ihr Profil wie für Ihre Fotos, Nachrichten auf der Pinnwand, »Gefällt mir«-Einträge, Kommentare und Chats. Sie sollten sich allerdings darüber im Klaren sein, dass es *immer* eine Möglichkeit gibt, gegen die *Regeln* zu verstoßen, sei es nun, dass Sie sich mit einem Mann bei Facebook anfreunden, seine Fotos mit »Gefällt mir« versehen, spätabends chatten oder sich mit seinen Freunden anfreunden. Aber wenn Ihnen klar ist, dass Sie mit solchen Aktionen die Initiative ergreifen und Sie dadurch eine Beziehung in die Wege leiten, die den *Regeln* widerspricht, begreifen Sie auch, dass es klüger ist, sich ein bisschen zurückzuhalten. Fürs bessere Verständnis haben wir dazu mehrere einfache Regeln formuliert, die Sie leicht einhalten können.

♥ Freunden Sie sich nie mit einem Mann zuerst an, der Ihnen gefällt. Wenn Sie sich auf Facebook mit einem Mann anfreunden, ist das ähnlich, wie wenn Sie ihn ansprechen würden. Er weiß dann, dass Sie sich für ihn interessieren, und damit ist jeglicher Reiz für ihn dahin. Sich bei Facebook mit einem Mann anzufreunden, verstößt absolut gegen die *Regeln*: Die Initiative geht von Ihnen aus, Sie machen den ersten Schritt, Sie versuchen, sich in seine Welt zu drängen. Die einzige Ausnahme sind Männer, mit denen Sie wirklich nur befreundet sein wollen ... also Männer, an denen Sie *absolut* kein Interesse haben!

♥ Warten Sie 24 bis 48 Stunden, bevor Sie die Freundschaftsanfrage eines Mannes bestätigen, der Ihnen gefällt. Reagieren Sie nicht binnen Sekunden, wenn Sie die

Nachricht auf Ihrem Smartphone erreicht, wie Sie das vielleicht bei einer Freundin tun würden. Er soll denken, dass Sie viel zu tun haben und oft unterwegs sind (was Sie auch sein sollten, aber dazu später mehr). Sie denken vielleicht, dass Sie die Freundschaftsanfrage eines Mannes, mit dem Sie ausgehen, *ablehnen* sollten, damit er nicht zu viel über Sie erfährt. Aber wir finden das ein bisschen extrem, damit würden Sie die *Regeln* falsch interpretieren. Sie versuchen nicht, es ihm *unmöglich* zu machen, etwas über Sie zu erfahren, Sie machen es ihm nur ein bisschen schwer! Eine Freundschaftsanfrage abzulehnen, ist ähnlich, wie einem Mann einen Korb zu geben, der mit Ihnen ausgehen will: Sie sagen ihm damit, dass er sich keine Hoffnungen machen darf, dabei wollen Sie doch eigentlich vermitteln, dass Sie sich überzeugen lassen, wenn er sich ordentlich um Sie bemüht. Außerdem kann eine solche Ablehnung schwierig werden, vor allem, wenn Sie jung sind! Wenn Sie mit Facebook aufgewachsen sind, sind praktisch alle, die Sie kennen, Mitglied bei Facebook, daher würde es ein Mann wohl nicht verstehen, wenn Sie seine Anfrage ablehnen. Wir wollen nicht, dass Sie sich dem Fortschritt verschließen, sondern Ihnen zeigen, wie Sie auch *mit* der neuen Technik erfolgreich auf Partnersuche gehen, ohne dabei alles von sich preiszugeben. Über die Einstellungen zur Privatsphäre haben Sie immer die Möglichkeit, bestimmte Informationen vor ihm zu schützen.

♥ Schreiben Sie möglichst selten auf die Pinnwand eines Mannes – dazu gehören auch »Gefällt mir«-Kommentare und das Markieren von Fotos. Mit einer Nachricht auf der Pinnwand teilen Sie praktisch der ganzen Welt mit, dass Sie Interesse haben. Da könnten Sie gleich rufen: »Er gehört mir, er gehört mir!« Das ist so offensichtlich, als ob Sie all seinen Bekannten, vor allem den Frauen in seinem Leben, mitteilen wollten, dass er mit *Ihnen* ausgeht und damit praktisch vergeben ist. Warum mieten Sie nicht gleich eine Reklametafel und lassen ein Herz mit Ihrem und seinem Namen draufschreiben? Warum unnötig für Aufmerksamkeit und Dramatik sorgen? Außerdem wird er dann wissen, dass Sie an ihn gedacht und in seinem Profil herumgestöbert haben.

Sollen Sie denn überhaupt Nachrichten auf seiner Pinnwand hinterlassen? Sicher! Sie können ihm zum Geburtstag oder zum bestandenen juristischen Examen oder zur Beförderung gratulieren. Aber schreiben Sie einfach nur: »Happy Birthday! Genieß deinen Tag!« oder »Glückwunsch!«. Auf keinen Fall so etwas wie: »Happy Birthday, du bist der wunderbarste Mann der Welt und einfach unglaublich sexy. Ich liebe dich!!!!!!!« Fassen Sie sich kurz und verwenden Sie nicht mehr als zwei oder drei Ausrufezeichen. Sie wollen doch nicht wirken wie ein Cheerleader auf Speed. Die *Regeln* haben sich nicht geändert, nur weil Sie jetzt übers Internet kommunizieren. Es geht nach wie vor darum, selten zu antworten und so gut wie nie die Initiative zu ergreifen!

Bei einer Verabredung oder am Telefon sollten Sie nicht seine Facebook-Seite erwähnen; er könnte sonst denken, Sie hätten sie gründlich studiert, selbst wenn Sie das gar nicht haben. Sagen Sie nicht: »Du schreibst, du magst *Entourage*. Hast du die erste Staffel gesehen?« Tabu sind auch Bemerkungen wie »Ich habe deine neuen Fotos auf Facebook gesehen. Das ist so lustig, was dein Freund dazu geschrieben hat« oder »Dein Halloween-Kostüm war zum Brüllen komisch«. Wenn Sie über seine Facebook-Seite reden, ist das wie Stalking!

Vergessen Sie nicht, alles, was Sie bei Facebook in

Zusammenhang mit ihm machen, ob Sie » Gefällt mir «
anklicken oder einen Kommentar abgeben oder ein
Foto markieren, bedeutet, dass Sie die Initiative ergreifen. Versuchen Sie nicht, sich in seine Welt zu drängen.
Wenn Sie und er bereits eine Beziehung haben, können
Sie ab und zu auf eine Nachricht an seiner Pinnwand
antworten oder ein Filmchen einstellen, über das Sie
sich beide bei einer Verabredung amüsiert haben. Aber
wir meinen wirklich nur *ab und zu!*

♥ Reagieren Sie nicht auf jede Nachricht, die er auf Ihrer
Pinnwand hinterlässt. Und wenn Sie antworten, warten Sie mindestens 30 Minuten oder am besten ein paar
Stunden, je nach Alter, wie wir bereits im vorherigen Kapitel erklärt haben. SMS, Facebook und andere
Kommunikationsformen unterscheiden sich in dieser
Hinsicht nicht sonderlich. Fassen Sie sich immer kurz
und schreiben Sie auf jeden Fall weniger als er. Wenn
er einen Scherz macht, können Sie einfach nur » Kicher «
oder » LOL « zurückschreiben. Wenn ein Mann ein Bild
von Ihnen mit » Super Foto! « kommentiert, müssen
Sie gar nicht reagieren, aber wenn Sie unbedingt wollen, können Sie seinen Kommentar mit einem » Gefällt
mir « versehen. Wenn ein Mann sich beschwert, dass
Sie sich so selten melden, können Sie ihm einfach sagen,
Sie seien nicht so oft auf Facebook oder Sie hätten
seine Nachricht nur kurz auf Ihrem Smartphone angeschaut, aber vergessen, zurückzuschreiben.

♥ Halten Sie sich mit Informationen zurück. Ein Mann
sollte keine Ahnung haben, was Sie zwischen den Verabredungen tun und mit wem Sie unterwegs sind. Stän-
dige Statusaktualisierungen nehmen Ihnen alles Geheimnisvolle, obwohl doch gerade Geheimnisse nötig
sind, damit eine Beziehung aufregend bleibt! Wenn
heutzutage jeder alle fünf Sekunden mitteilt, was er
gerade macht, wird das Leben zu einem offenen Buch.

Ein Rules-Girl posaunt nicht den ganzen Tag herum, womit es beschäftigt ist – ein oder zweimal die Woche reicht bei Weitem – und fast nie am Wochenende (Freitag 18 Uhr bis Sonntag 18 Uhr). Am Wochenende herrscht Funkstille.

Einer der größten Fehler, den Frauen auf Partnersuche heutzutage machen, ist der, dass sie ständig langweilige Meldungen über ganz gewöhnliche Tätigkeiten in Umlauf bringen. Da liest man dann: »Sehe mir *Friday Night Lights* an und liebe Tim Riggins!« oder »Bereite mich auf eine wichtige Besprechung mit dem Chef vor« oder »Treffe mich am Freitag mit meiner früheren Mitbewohnerin vom College« und so weiter. An diesen Plänen ist nichts Aufregendes oder Geheimnisvolles, sie klingen eher wie eine To-do-Liste. Warum sollten Sie aller Welt – einschließlich Ihrer potenziellen Verehrer und Freunde – von Ihrem normalen Tagesablauf erzählen? Ohne Ihren Rapport kann er sich vorstellen, dass Sie zwischen den Verabredungen interessante Dinge vorhaben, etwa auf Partys gehen oder sich mit anderen Männern treffen. Warum wollen Sie das mit stündlichen Aktualisierungen ruinieren? Ihr Leben ist bunt, ausgefüllt und absolut fabelhaft – Sie haben doch gar keine Zeit, ständig von sich zu erzählen!

Verzichten Sie außerdem auf Lebensweisheiten oder Kommentare, die Einblick in Ihr Gefühlsleben geben oder zu negativ klingen, etwa »Wer Wind sät, wird Sturm ernten!« oder »Das Leben ist so ungerecht!«. Das klingt, als ob Sie verletzt worden wären oder zu viele Lebensratgeber gelesen hätten. Schreiben Sie auch nicht »Mir ist sooo langweilig« oder »Der Tag schleppt sich nur so dahin«, denn damit zeigen Sie, dass mit Ihnen nicht viel los ist! Sie berichten natürlich auch nicht, dass Sie krank sind, sich über etwas ärgern, einen Autounfall hatten oder auf dem Arbeitsamt ewig warten mussten. Sie können erwähnen, dass Sie zur Party einer Studentenverbindung, von Freunden oder von Kollegen eingeladen wurden, aber schreiben Sie nicht, ob Sie wirklich hingehen, oder wo und wann die Party stattfindet. Sie können sich mit Freunden austauschen und witzige Kommentare schreiben, beschränken Sie sich dabei aber auf drei Sätze.

Geben Sie bei Ihrem Profil in den Kategorien Ausbildung, Beruf, Vorlieben und Interessen so wenig Informationen wie möglich preis. Sie sind zu beschäftigt, um lange Abhandlungen über sich selbst zu verfassen. So etwas können Sie einem Mann persönlich bei einer Verabredung erzählen!

Leider betrachten viele Frauen, die auf Partnersuche sind, soziale Netzwerke als eine Art Ersatz für eine Gruppentherapie. Ein Mann, der sich Ihre Pinnwand ansieht, wird von zu vielen Informationen eher abgeschreckt und findet Sie dann nicht mehr faszinierend oder geheimnisvoll und verliert schnell das Interesse. Er hat Sie gerade erst kennengelernt und weiß schon, dass Sie Ihren Job hassen und was Sie sonst so denken und fühlen. Da sucht er schnell das Weite! In einem öffentlichen Forum Ihr Seelenleben offenzulegen und tägliche Höhen und Tiefen auszubreiten, ist riskant und kann sogar regelrecht gefährlich werden. Würden Sie denn andere Leute auffordern, Ihr Tagebuch zu lesen?

♥ Ein weiteres Tabu sind unvorteilhafte Fotos – Sie mit Zuckerwatte, die überall in Ihrem Gesicht klebt, oder mit einem Handtuch um den Kopf und einer Schlammpackung im Gesicht. Stellen Sie keine derartigen Fotos von sich ein und löschen Sie Markierungen für Fotos, die andere von Ihnen zeigen, wenn Sie darauf beispielsweise in der Jogginghose zu sehen sind, wie Sie im Keller einer Freundin eine Riesenpizza verdrücken. Das sind vielleicht lustige Erinnerungen, die Sie zum Lachen bringen, aber überlegen Sie mal, wie Sie aus dem Zusammenhang gerissen auf einen Mann wirken, den Sie gerade erst kennengelernt haben. Sehen Sie darauf seltsam oder langweilig aus? Sie wollen sich doch auf Facebook von Ihrer attraktivsten Seite zeigen! Da müssen wir wohl nicht eigens darauf hinweisen, dass Sie ein Foto, auf dem Sie nicht gut aussehen, wieder löschen müssen. Solche Fotos wollen Sie bestimmt nicht aller Welt zeigen – und schon gar nicht Ihrem neuen Verehrer! Also keine Fotos, auf denen Sie Alkohol trinken (etwa Sie mit vollem Glas bei einer Verbindungsparty) oder betrunken aussehen. Das wirkt denkbar uncool!

Wenn andere ein Foto von Ihnen einstellen, sollten Sie nicht diejenige sein, die den Mann markiert, mit dem Sie ausgehen. Er soll *Sie* markieren, nicht umgekehrt, denn damit gibt *er* Ihre Beziehung bekannt. Wenn Sie einen Mann markieren, mit dem Sie ausgehen, wollen Sie damit durchs Hintertürchen mitteilen, dass Sie mit ihm zusammen sind. Das ist ähnlich, wie wenn Sie bei einer Party nach seiner Hand greifen, um mit ihm Händchen zu halten, oder ihm den Arm um die Schulter legen – das wirkt besitzergreifend und kann ihm unangenehm sein.

Und noch etwas: Übertreiben Sie es nicht mit Bildunterschriften. Wenn Sie zu jedem Bild eine lange Geschichte erzählen, zeigt das nur, dass Sie zu viel Zeit haben. Sie sind beschäftigt, das reale Leben zu genießen, nicht damit, es bei Facebook herumzuposaunen!

♥ Ein Facebook-Chat sollte nie von Ihnen ausgehen. Sie können natürlich auf einen Chat eingehen, aber Sie sollten bei einem Mann, den Sie erst vor Kurzem kennengelernt haben, mindestens vier Stunden warten, bis Sie reagieren. Da bei Facebook ein Chat gespeichert wird, können Sie einfach am nächsten Tag darauf zurückkommen, ähnlich wie auf eine Nachricht. Beim zweiten Chat sollten Sie ebenfalls etwas warten, je nach Alter 30 Minuten bis zu drei Stunden (hier hilft wieder unsere Tabelle). Ein Mann sollte Sie nie sofort erreichen. Etwas, was leicht und schnell zu bekommen ist, wissen Männer einfach nicht zu schätzen; wenn ein Mann Sie binnen Sekunden überall erreichen kann, verliert er schnell das Interesse.

Wie bei den Kurznachrichten sollte ein Chat nicht länger als 10 bis 15 Minuten dauern. Wenn er fragt: »Hey, wie läuft's?«, können Sie sich ebenfalls mit »Hey« melden. Sie sollten ihm die Themenwahl überlassen, weniger schreiben als er und sich zuerst verabschieden. Wenn sich ein Mann auf Facebook mit Ihnen verabreden will, können Sie durchaus zusagen, er muss Sie allerdings bis Mittwoch gefragt haben, wenn er samstags mit Ihnen ausgehen möchte. Auch unter der Woche sollte er drei Tage vorher fragen.

♥ Seien Sie vorsichtig mit Ihrem Beziehungsstatus. Wenn Sie keinen Partner haben, sollten Sie sich trotzdem nicht als Single bezeichnen – das geht niemanden etwas an. Warum groß darauf hinweisen? Verzichten Sie besser darauf, Ihren Status anzugeben, schließlich wollen Sie kein großes Interesse an dem ganzen Thema signalisieren. Außerdem werden all Ihre Freunde benachrichtigt, wenn Sie Ihren Beziehungsstatus ändern, und das könnte peinlich werden.

Wenn Sie mit jemandem zusammen sind, sollten Sie den Beziehungsstatus erst ändern, nachdem er es getan hat. Auch ein Foto von Ihnen beiden in trauter Zweisamkeit sollten Sie erst einstellen, wenn er schon eins zeigt. Wir sind ohnehin der Ansicht, dass Sie die Information »in einer Beziehung mit« weglassen können, solange er Sie nicht darauf anspricht oder darauf besteht. Wenn die Initiative von Ihnen ausgeht, könnte das so wirken, als ob Sie zu großen Wert darauf legen würden. Außerdem wären dann diejenigen alarmiert, die Ihre Beziehung vielleicht sabotieren wollen. Seine Exfreundinnen könnten sich daran stören, dass er mit Ihnen glücklich ist, und versuchen, Ihnen Steine in den Weg zu legen, indem sie ihm Nachrichten auf der Pinnwand hinterlassen oder ihn auf Fotos markieren. Das alles lässt sich vermeiden, wenn Sie sich ein bisschen geheimnisvoll geben. Sie sollten sich nicht durch Facebook-Kategorien festlegen lassen.

Freunden Sie sich bei Facebook nicht zuerst mit seinen Freunden oder Familienmitgliedern an. Durch Facebook und andere soziale Netzwerke haben Sie heutzutage leicht Zugang zu all seinen Bekannten. Dennoch sollten Sie das nicht als Vorwand nehmen, sich in seine Welt zu drängen. (Wir werden auf dieses Thema noch näher in *Regel Nummer 17* »Stellen Sie einen Mann nicht zuerst Ihren Freunden vor« eingehen.) Das wirkt aufdringlich und könnte einen Mann abschrecken! Auch seinen Bekannten könnte das missfallen, außerdem erhalten sie dadurch zu viele Informationen über Sie! Das wäre, wie wenn Sie sich selbst zum Familienpicknick oder zur Hochzeit seiner Schwester einladen würden. Freundschaftsanfragen sollten immer von seinen Freunden und Verwandten ausgehen!

♥ Ihren Ex sollten Sie aus der Freundesliste löschen und oder blockieren, je nachdem, wie Ihre Beziehung endete. Wenn es zu sehr wehtut, Ihrem Exfreund im Netz zu begegnen oder überhaupt Kontakt zu ihm zu haben, sollten Sie ihn schon aus Selbstschutz blockieren. Manche Männer wollen auf Facebook Freunde bleiben, aber wir halten nicht viel davon, Verbindung zu einem Mann zu halten, der Ihnen das Herz gebrochen hat, weil das zu schmerzhaft ist, falsche Hoffnungen nährt und Ihnen die Zeit stiehlt, wenn Sie sich eigentlich schon wieder neuen Freundschaften zuwenden sollten. Wenn Sie ihn blockieren, werden Sie nicht über seine Aktivitäten informiert, falls Sie immer noch gemeinsame Freunde bei Facebook haben, und Sie müssen sich auch keine Fotos von ihm (wahrscheinlich zusammen mit einer anderen Frau) oder andere Informationen von ihm ansehen, die er öffentlich kundtut und die Sie verärgern könnten. Wenn die Beziehung schlimm endete, stellt er vielleicht Informationen und Fotos auf seine Seite, die Sie ärgern sollen, oder nimmt als Profilfoto eins, das ihn mit einer Frau zeigt, deretwegen Sie eine Auseinandersetzung hatten, was ebenfalls schmerzlich sein kann. Damit Sie all das nicht sehen müssen, blockieren Sie ihn am besten. Außerdem sollten Sie vielleicht sämtliche Fotos entfernen, auf denen Sie zusammen mit ihm zu sehen sind. Widerstehen Sie der Versuchung, seine Seite über gemeinsame Freunde auszuspionieren. Natürlich sind Sie auch nur ein Mensch und neugierig, wie es ihm geht, aber Sie werden sich nur noch schlechter fühlen, wenn Sie auf seine Seite gehen – ähnlich, wie wenn Sie sich ungeschminkt und in Jogginghose Websites von Prominenten anschauen und dabei einen Kübel Häagen-Dazs leer löffeln. Wer braucht das schon? Müssen Sie wirklich wissen, dass er eine Woche, nachdem er Ihnen an Ihrem Geburtstag den Laufpass gegeben hat, mit einer hübschen Blondine einen Bootsausflug gemacht hat? Sicher nicht. Blockieren Sie ihn, das ist die beste Voraussetzung für ein neues Leben ohne ihn! Durch Facebook ist heutzutage jeder ein Prominenter, dessen Beziehungsdramen öffentlich gemacht werden – inklusive der Demütigung, dass sämtliche Freunde und Bekannte alles hautnah mitbekommen.

Man könnte einwenden, dass Sie Ihre Wut und Ihren Groll verraten, wenn Sie ihn blockieren, aber unserer

Erfahrung nach ist es besser, einen Ex aus dem eigenen Leben zu verbannen, als sich Gedanken darüber zu machen, was er und andere Leute darüber denken. Wenn allerdings *Sie mit ihm* Schluss gemacht haben und weiterhin mit ihm bei Facebook befreundet bleiben wollen, haben wir nichts dagegen.

Die 31-jährige Amy hatte in der Beziehung zu ihrem Freund so viele unserer *Regeln* gebrochen, dass er sie verließ. Nun wandte sie sich an uns und fragte, wie sie sich ihm gegenüber bei Facebook verhalten sollte. Wir rieten ihr, die Freundschaft zu beenden und ihn sofort zu blockieren, damit sie nicht fünfmal am Tag auf seiner Seite nachsah, mit wem er sich verabredete und was er machte. Wir empfahlen ihr auch, ein attraktiveres Foto von sich anstelle des »lustigen« Bildes einzustellen, auf dem sie eine Grimasse schnitt, und weniger über ihre alltäglichen Tätigkeiten zu schreiben, um aufregender und geheimnisvoller zu wirken. Bevor sie sich an uns wandte, hatte sie sich nichts dabei gedacht, ständig die banalsten Details aus ihrem Leben zu schildern, darunter so dröge Meldungen wie »Gehe gleich zum Yoga« oder »Wir sind fast eingeschneit« oder »Kennt jemand ein gutes Rezept für Eggnogg?«. Außerdem gab sie Kommentare über ihre letzte Beziehung ab (»Ich hasse Männer!«). Wir brachten sie dazu, sämtliche langweiligen oder negativen Posts zu löschen!

Einen Monat später mailte uns Amy glücklich, dass der ältere Bruder einer Collegefreundin gefragt habe, ob sie ihn als Freund bei Facebook führen wolle. Wir rieten ihr, 48 Stunden anstelle der sonst üblichen fünf Minuten zu warten und dann anzunehmen. Kurz darauf schickte er ihr eine Nachricht: »Du bist wirklich hübsch! Danke fürs Adden. Vielleicht können wir am Dienstagabend etwas trinken gehen?« Auf unseren Rat hin wartete sie vier Stunden und antwortete dann: »Das wäre toll.« Sie hielt sich auch weiterhin an die *Regeln* und beendete die erste Verabredung nach ein bis zwei Stunden, anstatt sie wie früher auf vier bis fünf Stunden auszudehnen.

Am nächsten Tag meldete sich Matt schon wieder bei Amy und bat sie um ein weiteres Date am Montagabend. Da seine Anfrage am Samstagnachmittag kam, rieten wir ihr, weder am Samstag noch am restlichen Wochenende zu reagieren, weil ein Rules-Girl am Wochenende keine Zeit hat zu antworten – am Wochenende herrscht absolute Funkstille. Amy wartete also bis Sonntagabend und lehnte dann höflich ab, weil es sich um die dritte Verabredung handelte (hier zählt seine Anfrage auf Facebook als erstes Date), und die muss bei einem Rules-Girl am Samstagabend sein. Zehn Minuten später meldete sich Matt: »Ich bin völlig flexibel. Wie wäre es mit Donnerstag-, Freitag- oder Samstagabend?« Amy hielt sich wieder an unsere Reaktionszeiten (siehe Tabelle auf Seite 87) und schrieb drei Stunden später zurück: »Samstagabend klingt super!«

Indem Amy nicht sofort auf seine Nachrichten reagierte, vermied sie eine Flut von Nachrichten, durch die sie viel zu leicht erreichbar gewirkt hätte. Sie wollte vermitteln, dass sie etwas Besonderes ist – ihr Leben ist eben kein offenes Buch auf Facebook, sie tauchte zwischen den Verabredungen ab. Das weckte sein Interesse und gab ihm das Gefühl, mit einem wirklich begehrten Mädchen auszugehen!

Nach sechs aufeinanderfolgenden Verabredungen am Samstagabend bat Matt Amy, seine feste Freundin zu werden. Sie war einverstanden, änderte jedoch nicht ihren Beziehungsstatus bei Facebook und bat ihn auch nicht, seinen zu ändern. Wir rieten ihr, keine Nachrichten auf seiner Pinnwand zu hinterlassen und ihn nicht nach seinen Freundinnen bei Facebook zu fragen. Sie willigte ein, überlegte aber, ob sie ein Foto von sich und Matt bei einer Party im Büro als Profilfoto einstellen sollte, um zu zeigen, dass sie jetzt fest mit ihm zusammen war. Wir rieten ab, weil das sehr besitzergreifend gewirkt hätte. Selbst wenn die Initiative von ihm ausgegangen war, könnte ihm die öffentliche Verkündigung ihrer Beziehung das Gefühl geben, sie würde ihn bedrängen. Und wenn die Beziehung in die Brüche gehen sollte, wäre es peinlich für sie, das Foto wieder entfernen zu müssen; vermutlich müsste sie dann auch viele Fragen nach dem Warum und Weshalb beantworten, sie sollte daher besser warten, bis er ein Foto von ihnen beiden bei sich einstellte oder seinen Beziehungsstatus änderte und »in einer Beziehung« angab.

Amy gestand, dass sie nicht daran gewöhnt war, sich in einer Beziehung so passiv zu verhalten, sah aber ein, dass Matt sich umso mehr um sie bemühen würde, je weniger aggressiv oder besitzergreifend sie sich verhielt. Außerdem stellte sie fest, dass sie mehr Zeit für ihre Freunde, Familie, ihren Beruf und ihre Hobbys hatte, weil sie sich nicht voll und ganz auf ihre Beziehung konzentrierte und auch nicht ständig darüber berichtete.

Soziale Netzwerke bieten eine großartige Möglichkeit, Kontakt zu Freunden zu halten und sich über die Ereignisse in deren Leben auf dem Laufenden zu halten, sie können aber eine romantische Beziehung ruinieren, wenn eine Frau alles in ihrem Leben offenlegt und zu häufig Kontakt zu Männern oder sogar zu ihrem Partner pflegt. Ein Mann sollte sich immer fragen, was Sie gerade machen und mit wem Sie sich wo die Zeit vertreiben … also seien Sie kein offenes Buch auf Facebook!

Regel Nummer 10

Finger weg von seinem Facebook-Profil!

Facebook kann man wie einen Klatsch-Blog über Prominente lesen: Wer hat gerade mit wem Schluss gemacht, welches Pärchen nimmt gerade eine Auszeit und so weiter – das alles liefert Stoff für eine gehörige Portion Drama. Die Gerüchteküche brodelt und bringt so schnell neue Nachrichten hervor wie Ihr Newsfeed. Das kann aber auch schnell zu viel werden! Zu viele Informationen sind nicht immer gut. Facebook und andere soziale Netzwerke sind großartig, um sich untereinander auszutauschen, sie können aber auch Verwirrung stiften und für Missverständnisse sorgen. Was Sie sehen – vor allem das, was ein Mann auf seiner Seite schreibt –, ist nicht immer das, was er tatsächlich erlebt.

Wir verstehen, dass Sie über einen attraktiven Mann so viel wie möglich wissen wollen. Sie wollen in seinem Verbindungshaus oder seinem Büro vorbeischauen, sie wollen wissen, wie seine Exfreundin aussieht, sie wollen sein LinkedIn-Profil lesen, seine Tweets und alles andere, was Ihnen Aufschluss über seine Persönlichkeit gibt. Sein Facebook-Profil ist quasi Ihre neue Bibel. Sie wollen alles anschauen, was er je eingestellt hat oder was über ihn im Netz geschrieben wurde. Sie wollen ihn ausspionieren!

Doch dabei erfahren Sie vielleicht auch Dinge, die Sie stören könnten, etwa wenn Sie feststellen, dass zahlreiche

Mädchen auf seiner Pinnwand Nachrichten hinterlassen oder seine Fotos markieren. Sie erfahren von einer Party, zu der Sie nicht eingeladen worden sind, oder sehen, was er letzten Freitagabend gemacht hat, ohne Ihnen etwas davon zu erzählen. Was war denn das für eine Geschichte im Whirlpool nach dem Snowboarden? Warum hat er den Arm um dieses Mädchen gelegt? Natürlich sind solche verräterischen Fotos nicht schön, sie bedeuten aber nicht immer, dass er Sie betrügt oder dass Sie sich Sorgen machen müssen. Es gibt nun einmal Mädchen, die sich nicht an die *Regeln* halten und Männer für ein Foto umarmen oder den Eindruck erwecken wollen, dass da mehr läuft. Ihr eigenes Leben füllt sie nicht aus, deshalb sehnen sie sich nach 15 Minuten Ruhm bei Facebook – die Sie ihnen aber nicht gönnen! Glauben Sie nicht alles, was Sie lesen oder sehen. Es gibt intrigante Frauen, die ein Foto von sich mit Ihrem Schwarm nur posten, um Sie zu provozieren. Aber immer mit der Ruhe. Meistens steckt hinter einer solchen Geschichte viel weniger, als Sie denken!

Wenn's bei Facebook schiefläuft

Kuschelt euch in eure Lieblingsdecke und nehmt euren Teddy fest in den Arm, denn jetzt kommt eine Facebook-Horrorgeschichte aus dem wahren Leben: Für Jordan und Laura lief anfangs alles ganz wunderbar. Ein paar Wochen nach dem ersten Date gab Jordan ihre Beziehung offiziell bei Facebook bekannt und wählte sogar ein tolles Foto von sich und Laura als Bild für sein Profil. Aber irgendwie nahm die Geschichte dann eine ungute Wendung.

Alles fing damit an, dass Laura jeden Tag einen lieb gemeinten » Guten-Morgen-Gruß « an Jordans Pinnwand schrieb. Schon bald war seine Wand voll mit schmalzigen Liebesbotschaften und romantischen Musikvideos, die sie auf YouTube gefunden hatte. Jordans Freunde zogen ihn gnadenlos damit auf und hinterließen ähnlich überzogene Kommentare, um sich über Laura lustig zu machen. Nach einer Weile wurde Jordan das alles zu viel und er machte Schluss – *über Facebook*. Und als ob das nicht schon peinlich genug für Laura gewesen wäre, versahen viele Freunde von Jordan die Trennung auch noch mit einem » Gefällt mir «! Laura hätte ihre privaten Gefühle für Jordan nicht so öffentlich machen sollen. Auch Jungs können emotional sein, sind aber nicht ganz so überschwänglich – und vor allem nicht vor aller Augen.

Nehmen wir einmal an, Sie würden in einer Zeit leben, in der Sie von einem Mann nur das wissen, was Sie bei einem Treffen mit ihm erfahren. Sie hätten keine Informationen von Facebook. Sie würden keine Kommentare auf seiner Pinnwand hinterlassen und wären auch nicht süchtig danach, ständig nachzuschauen, ob es etwas Neues über ihn gibt. Selbstverständlich schauen Sie sich heutzutage sein Profil an, aber jetzt kommt der Trick: Achten Sie darauf, dass Sie nichts darüber verraten, wenn Sie mit ihm zusammen sind. Erwähnen Sie seine Facebook-Seite besser gar nicht und verkneifen Sie sich auf jeden Fall Kommentare wie: » Ich habe gesehen, dass Chelsea jetzt mit dir befreundet ist « oder » Da war ja mächtig was los bei eurem Skiausflug «. Mit solchen Äußerungen wirken Sie wie ein Stalker.

Brooke schrieb uns in ihrem dritten Jahr am College,

sie mache sich Sorgen, dass ihr Freund, der in einer anderen Stadt Medizin studierte, sie mit anderen Frauen betrügen würde, weil sie Fotos von ihm auf Facebook gesehen hatte, wie er mit anderen Mädchen Ski fuhr. Eigentlich lief die Beziehung streng nach den *Regeln,* daher waren wir zuversichtlich, dass sie keinen Grund zur Beunruhigung hatte. Wir rieten Brooke, die Sache ihm gegenüber gar nicht zu erwähnen. Ein paar Tage später hatte er solche Sehnsucht nach ihr, dass er ein Flugticket kaufte und sie übers Wochenende besuchte. Ein Mann kann mit einer Frau eben auch einfach nur befreundet sein!

Ausschlaggebend ist das Verhalten eines Mannes, nicht das, was auf seiner Pinnwand steht. Manche Frauen sind so gemein, dass sie Fotos von sich an einen Mann verlinken und dazu schreiben: »War schön letzte Nacht« oder »Hallo Süßer«, nur um ein bisschen Ärger zu machen. Sie dürfen sich auf solche Dummheiten gar nicht erst einlassen und sollten Ihre Beziehung nicht auf Pinnwandkommentaren aufbauen.

Regel Nummer 11

Schreiben Sie einem Mann nicht zuerst eine E-Mail und fassen Sie sich kurz (keine E-Books!)

Die meisten *Regeln* für Kurznachrichten gelten auch für E-Mails. Schreiben Sie einem Mann nie zuerst eine E-Mail, bleiben Sie stets bei einem leichten und lockeren Ton und lassen Sie sich mit der Antwort auf seine Mails immer ein bisschen Zeit. Anders als eine SMS, die naturgemäß kurz ist und schnell zur Sache kommt, bergen E-Mails deutlich mehr Risiken. Aus einer E-Mail wird schnell ein umfangreicher, tagebuchartiger Erguss. Manche Frauen können dem leeren Bildschirm einfach nicht widerstehen und müssen ihn füllen – sie schreiben gleich ein ganzes E-Book anstelle einer Mail und schlagen so den Mann in die Flucht! Wir haben schon gehört, dass Frauen ihrem Schwarm Zeilen aus ihrem Lieblingsgedicht schicken, Passagen aus dem Roman, den sie gerade lesen, oder einen Persönlichkeitsindikator nach Myers Briggs zusenden, um herauszufinden, ob ein Mann introvertiert oder extrovertiert ist, außerdem Links zu Artikeln im Netz oder einen Beziehungstest aus der *Cosmopolitan*, YouTube-Videos, Kettenbriefe, die er an zehn Freunde weiterleiten muss, und noch Schlimmeres! Das entspricht natürlich überhaupt nicht den *Regeln!*

Ein solches Mitteilungsbedürfnis ist super, wenn Sie

sich mit Ihrer besten Freundin austauschen wollen, bedeutet aber den Tod für jede Beziehung, vor allem, wenn Sie einen Mann erst seit ein paar Monaten kennen. Selbst wenn er Ihnen offene Fragen mit vielen Antwortmöglichkeiten stellt, etwa, wie es bei der Arbeit läuft, sollten Sie so kurz wie möglich antworten, ähnlich wie bei einer SMS. Schreiben Sie einfach: »Richtig viel zu tun!« Erzählen Sie ihm nicht, dass Ihre Assistentin gerade gekündigt hat und Sie jetzt deren Aufgaben auch noch übernehmen müssen, außerdem der Abgabetermin für Ihr Projekt drei Tage vorverlegt wurde und Sie bereits ein Karpaltunnelsyndrom vom vielen Tippen haben. (Wenn Ihr Handgelenk schmerzt, ist das vielleicht auch ein deutliches Zeichen dafür, dass Sie zu lange E-Mails schreiben!)

Warum überhaupt E-Mails?

Seit sich Tom Hanks und Meg Ryan in *E-M@il für Dich* per Mail ineinander verliebten, ist viel Zeit vergangen. Heutzutage sind E-Mails an einen Jungen, der euch gefällt, ein bisschen altbacken, ihr könnt also gut darauf verzichten. E-Mails sind toll, wenn ihr eine Fernbeziehung habt und euch zwischen den Skype-Gesprächen auf dem Laufenden halten wollt, aber ansonsten sollte ein Mädchen nicht mit einem Jungen flirten, der sich hinter einem Alias mit .com versteckt. Sollte der unwahrscheinliche Fall eintreffen, dass ein Junge euch mailt, könnt ihr natürlich antworten, aber dann solltet ihr euch an die *Regeln* halten, euch mit der Antwort Zeit lassen und nicht zu ausführlich werden. Wenn

er fragt, wie es bei euch läuft, widersteht dem
Drang, ihm auch noch das unbedeutendste Detail
aus eurem Leben zu schildern, auch wenn der leere
Bildschirm vor euch danach schreit, vollgeschrie-
ben zu werden. Außerdem solltet ihr euch vor eurer
Antwort fragen, warum der Typ nicht wie alle anderen eine SMS schickt oder über Facebook Kontakt mit euch aufnimmt.

Wir kennen die Versuchung, ganze Romane zu schreiben.
Wenn man wie viele Frauen heute ständig am Rechner
sitzt oder das Smartphone parat hat, neigt man dazu, sich
per E-Mail alles von der Seele zu schreiben, vor allem,
wenn bei der Arbeit nicht viel los ist, man gerade bei Starbucks den Koffeinpegel auftankt oder am Flughafen her-
umsitzt und auf einen Anschlussflug wartet. Sie können
dann gern Ihren Freundinnen Ihr Herz ausschütten, aber
nicht Ihrem Schwarm oder dem Mann, mit dem Sie zurzeit ausgehen. Lange und/oder häufige E-Mails wirken
abschreckend. Nur die wenigsten Männer wollen seiten-
lange Ergüsse über die Gefühle, Gedanken, Bedürfnisse
und Wünsche einer Frau lesen. Ein Mann könnte sich
verpflichtet fühlen, alles stehen und liegen zu lassen – sei
es nun bei der Arbeit, beim Lernen auf eine Klausur oder
beim Fußballschauen mit seinen Freunden –, um Ihnen
zurückzuschreiben. Aber Sie wollen nicht, dass sich ein
Mann Ihnen gegenüber verpflichtet fühlt. Außerdem zeigen solche E-Mails deutlich, dass Sie alles andere als ein
ausgefülltes Leben haben, sondern in Ihrer Freizeit die
ganze Zeit an ihn denken!

Wir haben uns mit zahllosen Männern über dieses
Thema unterhalten und immer wieder gehört, dass sie
lange und/oder häufige E-Mails von Frauen lästig finden.
Ein solcher Mailwechsel erinnert an ein schlechtes Tisch-

tennisspiel, das sich unnötig in die Länge zieht, ein ewiges Hin und Her – »Ich war einmal mit einer Frau zusammen, die mir ständig E-Mails schrieb. Sie hat mich den ganzen Tag mit E-Mails überschwemmt, ich hatte für nichts mehr Zeit!«, erzählte uns ein Mann. Dann habe er ein Rules-Girl kennengelernt, das sich mit den Antworten auf seine E-Mails einen halben Tag Zeit gelassen habe. »Das war so erholsam. Ich will nicht den ganzen Tag mit meiner Freundin kommunizieren. Ich muss meine Arbeit machen, aber natürlich will ich trotzdem eine Beziehung. Ist das denn zu viel verlangt?«

Selbstverständlich nicht! Mädels, hört auf das, was die Jungs sagen, und mailt einem Mann nicht zuerst und schon gar nicht den ganzen Tag! Wie jede andere Kommunikationsform können auch ausufernde E-Mails lästig und aufdringlich wirken, also verzichtet eine kluge Frau darauf, auch wenn sie ihrem Traummann noch so interessante Dinge mitzuteilen hätte, sei es nun ein Clip auf YouTube, ein toller neuer Song oder die Speisekarte des neuen italienischen Restaurants, das sie gerne ausprobieren würde. Mit solchen Mails buhlen Sie viel zu offensichtlich um Aufmerksamkeit (»Denk an mich! Vergiss mich nicht!«) und Sie flirten. So etwas würde ein Rules-Girl nie tun! Eine Frau, die sich an unsere *Regeln* hält, muss nicht um Aufmerksamkeit betteln; sie bekommt sie von selbst, weil sie ein ausgefülltes Leben hat – zu ausgefüllt, um Männern lange Mails zu schreiben.

Sie sollten also weder zuerst eine E-Mail schreiben noch sofort auf seine antworten. Warten Sie beim ersten Mal mit ihrer Antwort mindestens ein paar Stunden und reagieren Sie auch auf seine späteren E-Mails mit einer Verzögerung von 30 Minuten bis zu drei Stunden. Eine Orientierungshilfe bietet unsere Tabelle mit den Reaktionszeiten auf Seite 87. Die Wochenenden (Freitag

18 Uhr bis Sonntag 18 Uhr) sind tabu, schließlich wollen Sie den Eindruck vermitteln, dass Sie unterwegs sind und sich amüsieren und keine Zeit haben, am Computer zu hocken. Auf eine E-Mail am Wochenende dürfen Sie nur reagieren, wenn es um Terminplanungen geht, wenn Sie also beispielsweise schon ein Date vereinbart haben und er Sie fragt, ob er Sie auch schon um 19 Uhr anstatt um 20 Uhr abholen darf, damit er mit Ihnen vor dem Essen noch in eine Karaoke-Bar gehen kann, wenn Sie Lust haben. In einem solchen Fall können Sie 30 Minuten warten und dann kurz und knapp antworten, etwa: »Sicher, gern.« Unterhalten können Sie sich immer noch, wenn Sie ihn treffen!

Unseren Klientinnen, die im Internet auf Partnersuche gehen, schlagen wir vor, die Antworten auf die E-Mails eines Mannes kurz, locker und leicht zu halten. Auch wenn er in seiner Mail vielleicht seine ganze Lebensgeschichte vor Ihnen ausgebreitet hat, einschließlich seiner drei letzten gescheiterten Beziehungen sowie seiner politischen und religiösen Ansichten. Den Brief kann er einmal entworfen und an 30 verschiedene Frauen verschickt haben, solche Ergüsse müssen nicht unbedingt etwas bedeuten. Schreiben Sie einfach zurück: »Hi, das klingt interessant.« Wenn er mit Ihnen ausgeht, können Sie sich direkt mit ihm über seine Interessen und seine Lebensgeschichte unterhalten.

Wenn sich ein Mann, den Sie online oder durch die Vermittlung einer Freundin kennengelernt haben, mit Ihnen verabreden will, aber immer wieder den Termin verschiebt oder seine Pläne ändert, schreiben Sie möglichst kurz zurück. Einen Mann, der Ihnen nur die Zeit stiehlt, müssen Sie nicht auch noch ermutigen. Wir hatten einmal eine Klientin, deren neuer Bekannter bereits die erste Verabredung auf einen Drink verschob: »Tut mir leid, muss unser Date absagen. Bin gerade erst aus L. A.

von einer Geschäftsreise zurückgekommen. Ich hoffe, du akzeptierst meine Entschuldigung, wir sehen uns bestimmt demnächst.« Eigentlich wollte sie ihm nach fünf Minuten zurückschreiben: »Willkommen daheim. Wie war das Wetter in L. A.? Habe natürlich vollstes Verständnis. Lass uns nach den Osterfeiertagen was ausmachen.« Das wäre viel zu viel gewesen! Wir sagten ihr, dass sie sich erst drei Tage später melden (nicht nur einen Tag später, denn er hatte sehr kurzfristig abgesagt) und nur schreiben sollte: »Kein Problem!«

Eine besonders kurze Antwort ist angebracht, wenn er per E-Mail mit Ihnen Schluss macht. Wenn ein Mann die Dreistigkeit besitzt, eine Beziehung derart herzlos zu beenden, sollten Sie nur zurückschreiben: »Kein Problem!« Bitte keine Tiraden, wie sehr er Sie verletzt hat, dass Sie ja keine Ahnung hatten und was er alles falsch gemacht hat, was Sie womöglich falsch gemacht haben oder Sie beide zusammen. Ein Mann, der per E-Mail Schluss machen kann, braucht keine Abschiedsworte – und hat sie auch nicht verdient. Wir sagen dazu nur: Der Nächste bitte!

E-Mails haben durchaus Vorteile und können sinnvoll eingesetzt werden. Sie sind nicht so persönlich wie ein Telefongespräch, was Sie sich zunutze machen können. Wenn ein Mann, mit dem Sie ausgehen, eine Nachricht auf der Mailbox Ihres Handys hinterlässt, können Sie ihm eine E-Mail schicken. Wir würden davon abraten, zurückzurufen, weil Sie eventuell einen ungünstigen Zeitpunkt erwischen. Eine E-Mail ist in einem solchen Fall nie aufdringlich. Außerdem verläuft ein Gespräch immer besser, wenn er Sie anruft, weil Sie dann wissen, dass er Lust hat, mit Ihnen zu sprechen. Also raten wir unseren Klientinnen, einfach nur zu antworten: »Hey, komme erst jetzt dazu, mich zu melden. Hatte den ganzen Tag furchtbar viel zu tun!« Dann kann er wieder anrufen.

Vergessen Sie nicht: Aus den E-Mails und Anrufen soll sich eine Verabredung ergeben – Sie wollen nicht endlos E-Mails mit ihm wechseln!

Regel Nummer 12

Tauchen Sie zwischen den Verabredungen unter: Wie Sie sich Instant Messages entziehen

AIM, Google Chat, iChat und Facebook Chat – aufgrund der Instant Messages ist es heutzutage sehr schwer, sich an die *Regeln* zu halten. Wie können Sie einen Mann dazu bringen zu warten, bis er Sie von Angesicht zu Angesicht trifft oder sich mit Ihnen unterhält, um sich ein Urteil über Sie zu bilden, wenn Sie online praktisch rund um die Uhr erreichbar sind? Mit den Instant Messages verhält es sich ähnlich, wie wenn Sie mit einem Mann auf dem Gang in der Schule oder an einer Straßenecke zusammenstoßen oder ihn am Kaffeeautomaten im Büro treffen und sich eine Stunde lang mit ihm unterhalten. Wie schwer sind Sie zu kriegen, wenn ein Mann Sie jederzeit anquatschen kann und weiß, dass Sie sofort darauf eingehen? Haben Sie nichts Besseres zu tun? Zumindest sollten Sie so tun als ob.

Selbst wenn Sie daheim sitzen und Däumchen drehen, muss ein Mann das ja nicht unbedingt erfahren. Er weiß es aber, wenn Sie binnen Sekunden auf seine Instant Message reagieren. Wie bei jeder anderen Kommunikationsform muss sich ein Mann ein bisschen gedulden, bis er von Ihnen hört. Er sollte nie so richtig wissen, woran er mit Ihnen ist; die Beziehung sollte für ihn ähnlich spannend sein wie ein Bungeesprung. Zerstören Sie diese Illusion nicht, indem Sie sofort auf seine Instant Message reagieren und dann stundenlang mit ihm chatten!

Wir wissen, dass ein Mann sehr hartnäckig sein kann, wenn eine Frau ihm gefällt, und alles über sie wissen will. Männer freuen sich, wenn sie eine Frau online erwischen und sie dann direkt ausfragen können. Sie bombardieren sie mit Fragen, als ob sie bei *Jeopardy* oder *Wer wird Millionär* wäre. Es geht zu wie bei einem Verhör: » Hey, wie läuft's? Wie war dein Wochenende? « Und wenn Sie zehn Minuten später sagen, Sie müssten los, heißt es: » Warum musst du schon aufhören? Wohin gehst du? Warum die Eile? Ich dachte, du hättest um drei Uhr Training. Jetzt ist es erst zwei. Was läuft denn da noch? Du bist gar nicht mehr bei Google Chat. Oder blockierst du mich? Was ist los? Du bist so schwer zu erreichen … « Wenn Sie online viel mit einem Mann chatten, heißt das nicht automatisch, dass er sich irgendwann mit Ihnen verabredet. Manche Frauen lernen das erst mühsam aus eigener Erfahrung: Die 25-jährige Lynnie, eine Softwarevertreterin, erzählte uns, sie habe die Nase voll davon, eine Stunde lang mit einem Mann zu chatten, ohne dass je etwas dabei herauskomme, obwohl sie sich gut mit ihm verstanden hätte. Manchmal hat eine Frau Glück und der Mann fragt sie, ob sie mit ihm ausgehen will, aber er versucht auch, sie mit ständigen Instant Messages völlig in Beschlag zu nehmen, was es unsereins sehr schwer macht, sich an die *Regeln* zu halten und nicht 24 Stunden am Tag mit ihm zu plaudern. Wenn Sie ihm zu schnell zu viele Informationen geben, könnte er sich irgendwann langweilen und Sie fallen lassen.

Statusmeldungen und Abwesenheits-notizen

Wie ihr wahrscheinlich schon bemerkt habt, könnt ihr einem Jungen auch eine falsche Botschaft vermitteln, wenn ihr ihm nicht direkt gegenübersteht oder mit ihm redet. Selbst wenn ihr gerade nicht chattet, kann euch eine Abwesenheitsnotiz und/oder Statusmeldung zum Verhängnis werden. Jedes Mädchen ab der Mittelstufe sollte eigentlich wissen, dass man besser keinen melodramatischen Songtext von Taylor Swift als automatische IM-Antwort verschickt, trotzdem ist vielen nicht so recht klar, wie eine akzeptable Abwesenheitsnotiz aussehen sollte. Die Antwort lautet nämlich ganz schlicht: Es gibt keine. Schaltet einfach ab und gut! Ihr müsst nicht online bleiben, um zu verkünden, dass ihr gerade nicht am Computer sitzt. Die gleiche Regel gilt für persönliche Meldungen bei Google Talk und iChat: Verzichtet einfach darauf. Wenn ihr die Meldungen nutzen wollt, um eine Spendensammlung zu unterstützen, oder gelegentlich auf eine Veranstaltung eurer Studentinnenverbindung hinweist, ist das okay, aber ihr müsst der Versuchung widerstehen, die ganze Welt über eure Gefühle und Gedanken zu informieren. Das wirkt sonst so, als ob ihr nur noch am Bildschirm oder Smartphone kleben würdet – dabei sollt ihr doch ein bisschen geheimnisvoll wirken! Gebt den Jungs auf eurer Kontaktliste den Eindruck, dass ihr Besseres zu tun habt, auch wenn das ein bisschen geflunkert ist. Sie sollen sich ruhig das Hirn zermartern,

> wo ihr gerade seid und was ihr macht. Sie können
> euch ja eine SMS schicken und euch fragen, wenn
> sie es unbedingt wissen wollen.

Das Problem ist, dass wir heutzutage alle stets und ständig erreichbar sind – dennoch dürfen Sie nicht zulassen, dass ein Mann Sie ständig online erreicht! Wenn Sie auf jeden Chat eingehen, sind Sie nicht mehr die mysteriöse Frau, um die er sich bemühen muss, weil sie noch viele andere Männer trifft. Nein, Sie sind dann eine von vielen, die ständig am Computer kleben. Aber wie können Sie vermeiden, dass er das weiß, wenn Sie *tatsächlich* den ganzen Tag am Schreibtisch oder am Laptop sitzen und auch abends noch im Internet unterwegs sind?

Eine Möglichkeit ist die, sich » unsichtbar « zu machen. Dann erscheinen Sie nicht auf seiner Chatliste – oder auf der anderer Bekannter. Wenn Sie jemanden sehen, mit dem Sie gerne chatten (Ihre Mutter oder Ihre beste Freundin), können Sie trotzdem eine Instant Message schicken, ohne dabei von anderen gestört zu werden. Eine andere Möglichkeit besteht darin, als Status » beschäftigt « oder » nicht erreichbar « anzugeben. Das hält ihn dann vielleicht davon ab, Sie zu kontaktieren. Und Sie haben einen Vorwand, nicht zu reagieren, wenn er sich meldet. Aber ändern Sie nicht Ihren Status, sobald er Ihnen eine Instant Message geschickt hat, das wäre zu offensichtlich! Bei manchen Anbietern können Sie auch Ihre Privatsphäre-Einstellung so ändern, dass er keinen Zugriff hat. Allerdings kann er andere bitten, für ihn zu überprüfen, ob Sie online sind, oder sogar einen anderen Screenname benutzen, um herauszufinden, ob Sie sich nur vor ihm verstecken – diese Methode ist daher mit Vorsicht zu genießen!

Wenn Sie wissen, dass Sie der Versuchung nicht widerstehen können, sollten Sie sich einfach abmelden. Sie können sich auf diesen Websites auch aufhalten, ohne dass jemand davon weiß, dann sind Sie nicht so leicht erreichbar. Wenn er versucht, mit Ihnen zu chatten und Sie offline sind (oder zumindest den *Anschein* erwecken), wird die Instant Message in eine Nachricht oder E-Mail umgewandelt, die Sie dann entsprechend der *Regeln* mit der angemessenen Wartezeit beantworten können.

Wenn Sie sich nicht an unsere Ratschläge zum Chatten halten können oder wollen, sollten Sie sich einen »eleganten Abgang« überlegen. Das heißt, Sie können einen Chat auch einfach schnell wieder beenden – nach zehn Minuten oder noch früher. Wenn wir das einer Klientin vorschlagen, ist sie meistens sehr erstaunt. Viele Frauen finden es unhöflich und unfreundlich, einen Chat nach zehn Minuten zu beenden. Was ist, wenn der Mann gerade etwas ganz Wichtiges schreibt? Wir sind der Meinung, dass sich solche Frauen viel zu sehr nach anderen richten und es allen recht machen wollen. Sie haben auch Probleme, ein Telefongespräch mit einer Quasselstrippe zu beenden oder allgemein Nein zu sagen. Für uns heißt »Nettsein«, gemeinnützige Organisationen zu unterstützen oder sich bei der Obdachlosenhilfe zu engagieren, aber nicht, eine Stunde lang mit jemandem zu chatten, weil man ihn nicht abwürgen will. Damit dient man nur als seelischer Müllschlucker. Außerdem sollten Sie einen Chat lieber abbrechen, als einem Mann die Gelegenheit zu geben, Sie anzumachen, ohne Sie um eine Verabredung zu bitten!

Hier sind ein paar Vorschläge, wie Sie ein Gespräch beenden können, damit daraus kein stundenlanger Chat wird:

Ich muss los! (Dann melden Sie sich sofort ab, bevor Ihr Gesprächspartner die Möglichkeit hat zu fragen, wohin Sie gehen und was Sie machen. Das geht ihn nichts an. Wenn er mehr über Sie erfahren will, soll er Ihnen eine E-Mail oder SMS schicken oder Sie anrufen und Sie um eine Verabredung bitten. Ein Chat ist kein Date!)

Mein Pilates-Kurs fängt bald an – ich muss mich noch fertig machen.

Sorry, aber da kommt ein wichtiger Anruf …

Ich treffe mich mit einer Freundin auf einen Kaffee … und bin schon viel zu spät dran!

Mein Internet spinnt.

Irgendwas stimmt mit dem Programm nicht, ich werde dauernd rausgeworfen!

Da kommt mein Chef …

Sie verstehen, worauf wir hinauswollen? Tippen Sie einen abschließenden Satz und melden Sie sich ab. Nicht vergessen: Sie führen ein ausgefülltes Leben – Schule, Arbeit, Freunde, Hobbys, Sport und hoffentlich auch Verabredungen mit Männern –, deshalb haben Sie wirklich nicht mehr als zehn Minuten Zeit zum Chatten. Stellen Sie wenn nötig die Stoppuhr. Wenn ein Mann viel zu erzählen hat und Sie so viel fragen will, kann er das bei einer Verabredung tun!

Seien Sie in den ersten Wochen nicht zu auskunftsfreudig

Frauen sind oft verblüfft, wenn wir ihnen empfehlen, bei den ersten Verabredungen oder beim Chatten nicht zu viel von sich zu verraten. Sie wenden ein: »Aber wie soll er mich sonst kennenlernen? Wie soll er herausfinden, wie klug oder witzig ich sein kann? Und vor allem: Wie sollen wir uns näherkommen?« Dank der technischen Möglichkeiten gibt es heute reichlich Gelegenheiten, sich mit Männern zu unterhalten und gegen die *Regeln* zu verstoßen! Unser Rat lautet stets: *Schön langsam!* In der ersten Woche sollte ein Mann nur wenige Fakten über Sie wissen, etwa, wo Sie studieren oder arbeiten und was Sie in Ihrer Freizeit gerne machen. Im Laufe Ihrer Beziehung können Sie ihm ein bisschen mehr über sich erzählen und ihm ein paar Informationen über Ihre Familie und Freunde geben. Er sollte Ihnen viele Fragen stellen müssen, um etwas über Sie zu erfahren, Sie dürfen ihn nicht mit langen Geschichten langweilen. Wenn Sie zu viel von sich erzählen, zeigt das nur, dass Sie übereifrig oder nervös sind – und vielleicht schon lange keine Verabredung mehr hatten!

Wenn Sie sich eine feste Beziehung wünschen, sollten Sie weniger reden und schreiben und mehr lachen und ihm zuhören. Je weniger Sie reden, desto mehr wird er von sich erzählen und sich fragen, was Sie davon halten. Gute Zuhörer sind immer beliebt. Außerdem sind Männer daran gewöhnt, dass Frauen ihnen das Ohr abkauen! Er wird angenehm überrascht sein, wenn Sie nicht in die Kategorie Quasselstrippe, Marathon-SMS-Schreiberin oder Facebook-Junkie fallen ... egal, welcher Altersgruppe Sie angehören!

Und wie vermeiden Sie nun, zu viel von sich zu erzählen? Ganz einfach, indem Sie eine Verabredung möglichst kurz halten – wie bereits in *Regel Nummer 7* beschrieben. Bei einem Marathon-Date (Drinks in einer Kneipe, Apéritifs in einer Bar, Abendessen, Dessert, Kino, Party, Klub) erzählen Sie ihm im Lauf des Abends wahrscheinlich Ihre komplette Lebensgeschichte. Eine andere Möglichkeit ist die, dass Sie wenig oder gar nichts trinken. Alkohol löst nun einmal die Zunge, und nach zwei oder drei Gläsern erzählen (und tun) Sie vermutlich mehr, als Ihnen lieb ist! Das kann sehr peinlich werden, aber darauf kommen wir noch in einem späteren Kapitel zu sprechen.

Sie denken jetzt vielleicht, dass wir Ihnen zu einem oberflächlichen Verhalten raten, aber alles ist besser als ein Seelenstriptease. Viele Frauen machen den Fehler, viel zu früh viel zu viel von sich preiszugeben und verwechseln eine Verabredung mit einer Sitzung beim Therapeuten, weil Sie glauben, ihre Enthüllungen würden sie einem Mann näherbringen. Aber am Anfang ist der Mann, mit dem Sie ausgehen, noch nicht einmal ein Freund. Sie müssen sich erst ein paar Monate lang kennenlernen und er muss Ihnen sagen, dass er Sie mag und Sie gern zur festen Freundin hätte, erst dann können Sie ihm mehr erzählen, vorher gehen ihn Ihre Kindheitserlebnisse und innersten Gefühle nichts an. Aber selbst dann sollten Sie Gefühlsergüsse höchstens Ihren besten Freundinnen anvertrauen!

Bei jeder Form der Kommunikation, sei es per SMS, beim Chat oder im persönlichen Gespräch, gibt es einiges, was besser unerwähnt bleiben sollte. Wörter wie

Liebe, Ehe, Verlobung, Hochzeit oder Kinder sind tabu. Erzählen Sie ihm nicht, dass Sie sich gerade zum 15. Mal *Wie ein einziger Tag* angesehen haben. Schreiben oder sagen Sie ihm auch nicht, dass Ihre Zwillingsschwester bald heiratet und Sie noch einen Begleiter für die Hochzeit brauchen. Es interessiert ihn auch nicht, dass Ihre andere Schwester schwanger ist, es ein Mädchen wird und Sie es kaum erwarten können, Tante zu werden. Schicken Sie ihm auch keine Nachricht auf Facebook, dass Ihr jüngerer Bruder gerade eine Entziehungskur in der Klinik macht und Sie ihn am nächsten Wochenende besuchen. Ihr neuer Schwarm will auch nicht wissen, dass Ihre Eltern sich scheiden ließen, als Sie fünf waren, und Sie keinen engen Kontakt zu Ihrem Vater haben, weil Sie ihm immer noch nachtragen, dass er Ihre Mutter wegen einer jüngeren Frau sitzen gelassen hat. Ebenso wenig müssen Sie ihm erklären, dass Sie immer noch Ihren Kredit fürs Studium abzahlen und finanziell gerade so durchkommen und sich deshalb auch nicht mit ihm die Rechnung fürs Restaurant teilen können. Sie beteiligen sich grundsätzlich nicht an der Rechnung, schließlich sind Sie ein Rules-Girl. Für einen Mann ist es ein Vergnügen, Sie auszuführen und die Rechnung zu bezahlen! Aber dazu später mehr. Eine Verabredung ist auch keine Podiumsdiskussion. Und kommen Sie nicht auf die Idee, Informationen von seiner Facebook-Seite zu verwenden, um das Gespräch in Gang zu bringen. Dadurch geraten Sie schnell in den Verdacht, in sozialen Netzwerken herumzuschnüffeln!

Erzählen Sie ihm auch nicht die weniger schmeichelhaften Ereignisse in Ihrem Leben, etwa, dass Sie in Physik durchgefallen sind oder dass Ihre Eltern Ihre Verbindungen spielen ließen, um Ihnen einen Job zu beschaffen. Dass Sie sich mit Ihrer Mitbewohnerin gestritten haben und woanders schlafen müssen, geht ihn ebenfalls nichts an. Wir sagen nicht, dass Sie lügen und behaupten sollen, Sie hätten in Harvard studiert, wenn Sie das gar nicht haben, aber Sie müssen ihm auch nicht gleich die unrühmlichsten Episoden ihres Daseins auf die Nase binden.

Auch Traumata aus der Kindheit sind kein guter Gesprächsstoff. Er muss nicht gleich erfahren, dass Sie in Therapie sind oder zur Lebensberatung gehen. Anders ausgedrückt: Meiden Sie tiefgründige Themen. Eine zu große Intensität schreckt einen Mann in den ersten Monaten einer Beziehung eher ab.

Reden Sie mit ihm nicht über frühere Beziehungen. Was damals falsch lief und wie Sie sich jetzt eine Beziehung vorstellen, will er gar nicht wissen. Erzählen Sie ihm auch nicht, wie und wann Sie Ihre Jungfräulichkeit verloren haben oder dass Ihr Ex Sie betrogen hat oder was Sie sonst für negative Erfahrungen mit Männern gemacht haben. Manche Frauen glauben, Sie müssten vor einer Verabredung quasi ein Wahrheitsserum schlucken, und erzählen einem Mann ungefragt, sie hätten seit drei Jahren keinen Freund und keinen Sex mehr gehabt. Das will er definitiv nicht hören! Noch schlimmer als persönliche Gespräche sind in solchen Fällen Chats oder Facebook. Wenn Sie Details aus Ihrem Privatleben offengelegt haben, kursieren sie im Netz und können nicht wieder gelöscht werden.

Fühlen Sie sich auch nicht verpflichtet, Gesprächspausen zu überbrücken. Das wirkt schnell verzweifelt und viel zu bemüht. Scherze oder der Versuch, ihn mit witzigen Geschichten und Anekdoten zu unterhalten, künden von zu viel Interesse. Er soll nicht wissen, wie viel Sie ihm bedeuten, und er soll Sie auch nicht witzig, sondern mysteriös und faszinierend finden. Wenn er schweigt, kann das auch bedeuten, dass er gerade sinniert, wie hübsch Sie sind, wenn Ihnen Ihr Pony ins Gesicht fällt, oder sich sogar ausmalt, wie Sie nackt aussehen.

Am Anfang vermittelt ein Mann vielleicht den Eindruck, dass er gern ausführlich chattet, mailt und stundenlang SMS verschickt. Er unterhält sich mit Ihnen drei Stunden lang auf Skype, führt Marathon-Chats auf Facebook oder simst mit Ihnen bis tief in die Nacht. Sie sind dann überzeugt, dass er anders ist als alle Männer und wirklich gern plaudert. Aber da täuschen Sie sich. Irgendwann wird er Sie sitzen lassen oder Sie bei Facebook blockieren, und Sie haben keine Ahnung, warum – wir schon! Sie haben in den ersten Wochen zu viel mit ihm kommuniziert.

Allie, eine 23-jährige Studentin der Orientwissenschaften, lernte bei einem Praktikum einen attraktiven Israeli namens Ori kennen. Er sprach sie zuerst an, und innerhalb weniger Wochen wurde aus der Bekanntschaft eine intensive Beziehung. Oft diskutierten sie bis zwei Uhr nachts über Politik und Wissenschaft. Sie saßen stundenlang in Cafés und hatten phantastischen Sex. Als Allies Praktikum nach zwei Monaten beendet war und sie wieder zurück an ihre Universität musste, schlug er vor, in Kontakt zu bleiben und dass sie ihn in den Winterferien besuchen sollte. Allie interpretierte die stürmische Zweisamkeit als wahre Liebe. Als sie wieder zurück an ihrer Universität in Boston war, dachte sie nicht lange nach, sondern schickte ihm SMS-Nachrichten und E-Mails und chattete mit ihm auf Facebook.

Sie dachte: »Das ist wunderbar. Ich kann immer mit ihm reden, und auch noch über jedes Thema. Vielleicht ziehe ich sogar eines Tages nach Israel.« Sie unterhielten sich stundenlang auf Skype und schrieben sich ausführliche verliebte E-Mails. Er fragte sie nach ihren Lieblingsblumen, sie schrieben sich Gedichte, und sie schickte ihm Zeitungsartikel und Texte über Liebe und schrieb dazu »Happy Monday!«. Sie lud ihn sogar zu ihrer Geburtstagsparty ein, und als er nicht kommen konnte, schrieb sie: »Macht nichts, du kannst ja per FaceTime dabei sein.« Auf seine Facebook-Pinnwand schrieb sie: »Du machst mich glücklich!«

Doch bereits nach zwei Wochen reagierte Ori immer seltener auf Allies Nachrichten. Eines Tages meldete er sich überhaupt nicht mehr. Wenn Allie ihn anrief, antwortete jedes Mal die Mailbox. Auf ihre E-Mails reagierte er nicht. Als sie ihn auch auf Facebook nicht mehr fand, machte sie sich Sorgen. Sie dachte, er habe sich vielleicht abgemeldet, bat aber sicherheitshalber ihre Freundin, für sie nachzuschauen – und siehe da, es gab ihn noch, aber er hatte sie blockiert! Allie war so schockiert, dass sie uns anrief. Sie konnte nicht glauben, dass sie für jemanden, den sie für ihren Seelenverwandten gehalten hatte, nur eine flüchtige Affäre gewesen war. Wir sagten ihr, wenn sie nicht so oft über so viele verschiedene Kanäle mit ihm kommuniziert hätte, hätte sie schon früher gemerkt, dass er gar nicht so sehr interessiert an ihr war. Oder aber sie hätte sich an die *Regeln* halten und abtauchen müssen, dann hätte er sich mehr um sie bemüht. Wenn Sie gegenüber einem Mann, der Sie mag, anfangs zurückhaltend auftreten, hakt er schon bald nach: »Hey, ist bei dir alles okay? Und mit uns auch? Was ist los? Was machst du in den Winterferien? Ich habe zwei Wochen frei und jede Menge Bonusmeilen.«

Was lernen wir daraus? Aus stürmischen Affären wird fast nie eine richtige Beziehung. Wir sagten Allie das, was wir all unseren Klientinnen raten: Wenn Sie meinen, Sie hätten den Mann fürs Leben kennengelernt, sollten Sie zwischen den Verabredungen abtauchen und die Kommunikation leicht und locker halten. Wenn ein Mann fragt: »Was isst du am liebsten?«, schreiben Sie zurück: »Sushi. Und du?« So sind Sie höflich und erfahren gleichzeitig mehr über ihn. Stellen Sie ihm keine ernsten Fragen wie: »Warum hast du dich von deiner letzten Freundin getrennt?« oder »Wo siehst du dich nach dem Studium?«. Das zeigt zu deutlich, dass Sie ihn mögen und alles über seine Vergangenheit und Zukunft wissen möchten, um zu schauen, wie Sie in sein Leben passen.

Bei Männern ist weniger immer mehr! Sie können nach Herzenslust Ihre Freundinnen zutexten, Ihren Therapeuten, Life-Coach oder sogar die Kollegen bei der Arbeit oder Wildfremde im Fitnessstudio, aber einem Mann, für den Sie sich interessieren, dürfen Sie nicht zu viel erzählen, weder im Gespräch noch per Mail oder SMS, bei Twitter oder beim Chatten, sonst fühlt er sich überfordert und sucht sein Heil in der Flucht. Wenn Sie wollen, dass ein Mann Sie vermisst und sich um Sie bemüht, müssen Sie sich zwischen den Verabredungen in Luft auflösen!

Vermeiden Sie beiläufige oder häufige Treffen

Die schlichte Freizeitbeschäftigung, einfach Zeit miteinander zu verbringen oder zusammen »abzuhängen«, ist in den letzten Jahren immer populärer geworden und steht für einen zunehmend lockeren Umgang miteinander. Ein Mädchen und ein Junge schicken sich ein paar Kurznachrichten und vereinbaren dann, sich in einer Bar oder auf einer Party zu treffen. Beim nächsten Mal verabreden sie sich wieder ganz zwanglos oder haben Sex miteinander. Das kann über Wochen, Monate oder sogar Jahre so gehen. Sie haben vielleicht nie eine richtige Verabredung mit Abendessen im Restaurant und sind auch kein festes Paar. Solche lockeren Verabredungen findet man vor allem unter Studenten.

Für Mädchen, die keinen Wert auf feste Verabredungen oder eine ernsthafte Beziehung legen, ist das vielleicht in Ordnung, aber nicht für Rules-Girls. Eine Frau, die sich an unsere *Regeln* hält, will mehrere Tage vor einer Verabredung gefragt werden. Spontan Zeit miteinander zu verbringen, erfordert keine sonderliche Anstrengung vonseiten des Mannes und bedeutet daher gar nichts – Sie brauchen sich davon auch nicht geschmeichelt fühlen. Wenn er Ihnen schreibt: »Sehen wir uns nachher noch?«, müssen Sie ihm antworten: »Sorry, aber ich habe schon andere Pläne«, selbst wenn Sie nichts vorhaben und ihn wirklich mögen – vor allem, wenn Sie ihn mögen! Sie müssen durchhalten, bis er Ihnen ein richtiges Date vorschlägt – oder zumindest eine Verabredung, die er einige Tage im Voraus plant!

Sie halten diese Regel vielleicht für unaufrichtig und manipulativ, aber in Wirklichkeit geht es darum, dass Sie ein ausgefülltes Leben haben und nicht ständig zur Verfügung stehen. Machen Sie es ihm ein bisschen schwer, umso mehr respektiert er Sie! Wenn Sie immer in letzter Minute Zeit für ihn haben, werden Sie zum Lückenbüßer – und sind nicht die Frau, für die er im Restaurant den schönsten Tisch reserviert. Vergessen Sie nicht, ein Mann versucht immer, mit so wenig Aufwand wie möglich durchzukommen. Vielleicht will er Sie nur treffen, wenn er sich langweilt oder seine ursprünglichen Pläne geplatzt sind. Aber Sie wollen nicht als sein Plan B herhalten! Sie müssen einem Mann stillschweigend zeigen, dass er sich um Sie bemühen muss, und das erreichen Sie, indem Sie seine spontanen Vorschläge für ein Treffen ablehnen.

Die Collegestudentin Jackie erzählte uns, dass sich fast alle Mädchen in ihrem Wohnheim zwanglos mit Jungs die Zeit vertrieben, es aber ein Mädchen im zweiten Studienjahr gab, das Anfragen in letzter Minute konsequent ablehnte. Und schon bald hatte sie als Einzige einen festen Freund! »Sie hatte einfach etwas an sich, das einen Jungen dazu brachte, mit ihr auszugehen«, schrieb uns Jackie. Genau. Und dieses gewisse Etwas sind die *Regeln!*

Ein falscher Eindruck kann leicht dadurch entstehen, dass Sie einen Mann zu oft sehen, vor allem in den ersten wichtigen Monaten. Am Anfang sind die meisten Männer sehr eifrig. Wenn Sie einem Mann gefallen, will er Sie jeden Tag sehen, weil er Sie dann umso besser kennenlernt – und umso schneller Sex mit Ihnen hat. Aber wenn Sie einem Mann erlauben, Sie jeden Tag zu sehen, wird er sich irgendwann zwangsläufig langweilen und mehr Freiraum verlangen. Er erklärt dann etwa: »Ich will zurzeit eigentlich gar nichts Festes« oder »Ich habe bei der Arbeit gerade richtig Stress« und sagt Ihnen ab, obwohl doch *er* Sie andauernd treffen wollte! Vielleicht geht er dann auch wieder mit anderen Frauen aus, weil Sie keine Herausforderung mehr für ihn darstellen. Wir haben so etwas schon oft miterlebt. Vertrautheit schafft Geringschätzung, während Abwesenheit dafür sorgt, dass Sie ihm umso mehr ans Herz wachsen. Lassen Sie sich nicht von Männern in Versuchung bringen, die Sie die ganze Zeit sehen wollen oder sauer werden, wenn Sie ablehnen. Wenn ein Mann Sie wirklich sieben Tage die Woche um sich haben will, muss er Ihnen einen Antrag machen!

Die Sache hat allerdings einen Haken. Obwohl die Initiative beim Kennenlernen und bei Verabredungen vom Mann ausgeht, dürfen Sie es dem Mann keinesfalls überlassen, das Tempo vorzugeben – das müssen Sie übernehmen. Das heißt, Sie müssen eine stürmische Beziehung bremsen. Solche Beziehungen beginnen rasant und enden auch so, der große Knall am Schluss ist praktisch unausweichlich. Ein Blick nach Hollywood genügt: Wie viele Schauspieler sind sich am Filmset oder auf einer Party nähergekommen und waren das Traumpaar schlechthin, nur um sich ein paar Monate später wieder zu trennen? Einen Mann in den ersten drei Monaten einer Beziehung jeden Tag zu sehen, ist der reine Irrsinn, egal, ob Sie nun Schauspielerin oder Kellnerin sind. Eine Schauspielerin, die sich an unsere *Regeln* hält, wäre viel zu beschäftigt mit Proben und Vorsprechen und ihren Freundinnen, sie hätte gar keine Zeit für Verabredungen rund um die Uhr; ihr Verehrer würde sich daher vor Sehnsucht nach ihr verzehren. Zu viel Nähe und Vertrautheit führen unaufhaltsam in Richtung Überdruss. Vergessen Sie nicht: Bei

Männern ist weniger mehr! Außerdem können Sie in einem so kurzen Zeitraum unmöglich erfahren, wie ein Mann *wirklich* ist.

Wenn Sie das Tempo der Beziehung bestimmen, heißt das, dass Sie ihn im ersten Monat nur ein- oder zweimal die Woche sehen. Wenn sich daraus eine feste Beziehung entwickelt, darf es auch drei- bis viermal pro Woche sein, aber nicht mehr. Die nächste Phase wird dann hoffentlich von ihm eingeleitet, indem er Ihnen nämlich einen Verlobungsring präsentiert! Wir wissen, dass wir Ihnen damit einiges an Zurückhaltung abverlangen, vor allem, wenn Sie den Mann wirklich mögen und ihn eigentlich so oft wie möglich sehen möchten. Sie wollen alles über ihn wissen und ihm körperlich und emotional nahe sein. Sie würden viel lieber Ihren Freundinnen absagen, um ihn zu sehen, wollen nicht mehr ins Fitnessstudio gehen und nicht mehr lernen und könnten sich gut vorstellen, bei der Arbeit einen Tag krankzumachen, um bei ihm zu sein. Auf keinen Fall aber wollen Sie ihm sagen, dass Sie nicht mit ihm ausgehen können, vor allem nicht, wenn Sie schon lange keinen Mann mehr getroffen haben, der Ihnen so gut gefällt. *Aber Sie müssen!* Vermitteln Sie den Eindruck, dass Sie ein ausgefülltes Leben führen und sich auch ohne ihn gut beschäftigen können. Ein Mann sollte nie so wichtig für Sie sein; er ist Teil Ihres Lebens, das heißt aber nicht, dass er es vollkommen ausfüllt. Sie sollten weiterhin für Ihre Freunde da sein, studieren, arbeiten, sich um die Familie kümmern oder was auch immer Sie taten, bevor Sie ihn kennengelernt haben. Außerdem gibt es doch genug zu tun! Wie viele Verabredungen kann man innerhalb einer Woche planen? Wenn Sie die Verabredungen mit ihm begrenzen, ist das nicht nur gut für Ihre Beziehung, sondern auch für Sie. Wenn Sie bisher nichts zu tun hatten, sind Sie nun gezwungen, sich nach einer sinnvollen Beschäftigung umzusehen, beispielsweise könnten Sie einem Lesezirkel beitreten, mit Bowling, Golf oder Tennis anfangen.

Die 26-jährige Rachel machte gerade ihr Diplom als Wirtschaftswissenschaftlerin, als sie ihren späteren Freund auf einer Party kennenlernte. Sie fand ihn wirklich süß und wäre fast in Ohnmacht gefallen, als er sie bat, mit ihm auszugehen. Doch sie absolvierte gerade ein zweiwöchiges Prüfungsvorbereitungsprogramm und konnte sich nicht sofort mit ihm treffen. Früher hatte Rachel die Uni wegen eines Mannes gelegentlich vernachlässigt, es aber jedes Mal bereut. Obwohl sie befürchtete, dass sich ihr Traummann einem anderen Mädchen zuwenden könnte, sagte sie ihm, dass sie in den kommenden zwei Wochen keine Zeit habe. Er meinte daraufhin: »Du hast sicher schon viele Verabredungen. Aber vergiss mich nicht!« Sie lachte nur, stimmte ihm weder zu, noch widersprach sie ihm. Genau zwei Wochen später rief er sie an – und heute zieht er Rachel immer noch damit auf, dass sie ihn so lange schmoren ließ!

Rachels Geschichte beweist, dass ein Mann Sie nicht automatisch für unhöflich hält, wenn Sie ihm absagen, und er denkt auch nicht gleich, dass Sie lügen oder auf Spielchen aus sind – er meint vielmehr, dass Sie beliebt sind und schon Verabredungen mit anderen Männern haben! Ihm ungefragt Gründe zu nennen (»Ich muss für die Prüfung lernen und kann zurzeit nicht mit dir ausgehen«), ist weder notwendig noch vorteilhaft. Wenn Sie einem Mann gefallen und eine Herausforderung für ihn sind, malt er sich in seiner Phantasie immer etwas viel Interessanteres aus, als Sie ihm tatsächlich erklären!

Nehmen wir aber nun einmal an, Sie und der Mann, mit dem Sie ausgehen, gehen aufs gleiche College oder wohnen im selben Mietshaus oder arbeiten in derselben Firma. Wie bewahren Sie sich eine geheimnisvolle Aura oder sondern sich ab, wenn Sie ihm *jederzeit* begegnen können? Wir schlagen vor, ihm gelegentlich aus dem Weg zu gehen! Nehmen Sie eine andere Route zum Hörsaal oder gehen Sie in eine andere Cafeteria. Wenn Sie ihm immer um 11.30 Uhr in der Kantine begegnen, sollten Sie um 12.45 Uhr essen gehen. Abends gehen Sie mit Ihren Freundinnen weg oder bleiben daheim und lernen. Versuchen Sie, die Beziehung so gut wie möglich zu strukturieren, und schaffen Sie Gelegenheiten, bei denen er um Sie werben muss. Auf dem College geht es beispielsweise sehr locker zu, vielleicht müssen Sie dort sogar so tun, als ob Sie woanders studieren würden, um Ihr eigenes Leben zu führen.

Sind Treffen in der Gruppe überhaupt geeignet?

»Einfach nur abhängen« ist nicht unbedingt ideal für ein Mädchen, das versucht, sich einen Freund zu angeln, allerdings laufen mindestens 50 Prozent des gesellschaftlichen Lebens am College in der Gruppe ab, wenn nicht sogar mehr. Wenn ihr zusammen mit Freundinnen im Gemeinschaftsraum des Wohnheims sitzt und euch einen Film anseht oder zusammen in eine Bar geht, habt ihr natürlich keine Kontrolle darüber, ob euer Schwarm nicht auch vorbeischaut. Wenn ihr euch immer unter einem Vorwand verkrümelt, vergrault ihr wahrscheinlich irgendwann eure Freunde. Am besten bleibt ihr also, wo ihr seid, und verhaltet euch ganz natürlich. Starrt ihn nicht an und schaut auch nicht immer wieder zu ihm hin; ihr wollt ja nicht wirken, als ob ihr verzweifelt nach einem Freund sucht –

oder schlimmer noch, eine Klette wärt. Amüsiert euch, als ob er gar nicht da wäre, redet und lacht mit euren Freundinnen. Ihr wollt natürlich die Coolste von allen sein, das Mädchen, das er unbedingt ansprechen will. Wenn er sich dann tatsächlich mit euch unterhält, solltet ihr den Dingen einfach ihren Lauf lassen. Falls er sich noch nicht mit euch verabredet hat, bietet ein Treffen in der Gruppe eventuell sogar die perfekte Gelegenheit, die Grundlage für eine spätere Verabredung zu legen. Und dann dauert es nicht mehr lang, bevor ihr euch *gemeinsam* von der Gruppe absetzt, um allein zu sein.

Die 29-jährige Juliana schrieb uns vor Kurzem in einer E-Mail, dass der Mann, mit dem sie seit drei Monaten ausgehe, bis über beide Ohren in sie verliebt sei, was nur daran liegen könne, dass sie sich strikt an die *Regeln* halte. Die beiden hatten sich bei der Online-Kontaktbörse Match.com kennengelernt. Schon nach drei E-Mails verabredete er sich mit ihr auf einen Drink. Sie verstanden sich auf Anhieb, und am nächsten Tag schrieb er ihr in einer SMS: »Hallo meine Schöne, könnte ich dich denn heute Abend oder irgendwann diese Woche zum Essen ausführen?« Juliana war gerade arbeitslos und hatte absolut nichts vor – weder an diesem noch an einem anderen Abend der Woche. Aber sie war entschlossen, sich an die *Regeln* zu halten, und schrieb daher zurück, sie habe »die ganze Woche furchtbar viel zu tun«. Also fragte er, ob sie am darauffolgenden Samstagabend Zeit habe, und sie nahm seine Einladung an. Nach der dritten aufeinanderfolgenden Verabredung an einem Samstagabend fragte er: »Ist es dir noch zu früh für eine feste Beziehung? Ich möchte dich nicht mit anderen teilen.« Weil

Juliana ihm oft abgesagt hatte, nahm er an, dass sie noch andere Verehrer hatte, und wollte sie fest an sich binden. Wenn er sie heute Freunden vorstellt, sagt er immer noch: »Das ist das Mädchen, von dem ich euch erzählt habe, das Mädchen, das nicht mit mir ausgehen wollte.«

Wir haben uns mit Paaren unterhalten, die seit Jahrzehnten verheiratet sind. Die Ehemänner, die besonders verliebt in ihre Frauen sind, wissen immer noch, dass ihre spätere Frau es anfangs ablehnte, viel Zeit mit ihnen zu verbringen oder sie häufiger zu treffen, egal, ob absichtlich oder unabsichtlich. Steven erinnerte sich, wie er seine spätere Frau Alice bei einer Party von Freunden ansprach und sie ihn abserivierte. Alice hatte gerade erst eine Scheidung hinter sich und schreckte vor einer Verabredung zurück. Außerdem hatte sie gehört, dass er ein Schürzenjäger sei. Als er sie ansprach, sagte sie ihm sofort, dass sie frisch geschieden sei und ein kleines Kind habe, er müsse ihr also gar nicht erst die Zeit stehlen. Er meinte: »Ich dachte, wir könnten mal zusammen abhängen.« Sie sagte ihm klar und deutlich: »Ich hänge nicht ab.« Er ließ nicht locker: »Dann gehen wir eben zusammen essen.« Sie nahm seine Einladung an. Nach einem Jahr machte er ihr einen Heiratsantrag. Vor Kurzem feierten sie ihren 30. Hochzeitstag. Alice hielt sich nicht genau an die *Regeln* (damals gab es unser Buch noch nicht), sie war einfach vorsichtig. Doch dank ihrer Zurückhaltung wurde aus einem Schürzenjäger ein liebender Ehemann und Vater. »Ehrlich, ich wurde ihn einfach nicht mehr los!«, erzählte sie uns lachend.

Also, nicht vergessen, wenn er mit Ihnen ausgehen will, muss er sich um Sie bemühen!

Fernbeziehungen: Wenn er skypen oder Sie besuchen will, muss der Vorschlag von ihm kommen

Heutzutage gibt es Fernbeziehungen, bei denen sich die Partner praktisch nie von Angesicht zu Angesicht sehen. Es gibt heute so viele Möglichkeiten für die Videotelefonie: Skype, ooVoo oder Face Time. Wahrscheinlich werden bald noch viele weitere entwickelt. Aber ein Video-Chat ist noch keine Beziehung! Skype und Face Time sind im Grunde nichts anderes als bessere Telefongespräche – aber *keine* Dates. Ihr Verehrer führt Sie nicht zum Essen aus und muss auch sonst nicht viel tun. Er bemüht sich so gut wie gar nicht um Sie! Fühlen Sie sich also nicht geschmeichelt, wenn ein Mann jeden Tag stundenlang per Video-Chat mit Ihnen kommuniziert. Vielleicht ist er einfach nur gelangweilt oder einsam. Solange er Sie nicht jede zweite Woche besucht – mit dem Flieger, Zug oder Auto –, hat er entweder eine Freundin oder ist nicht richtig an Ihnen interessiert. Wenn einer von Ihnen beiden ein Auslandssemester einlegt oder Sie in verschiedenen Ländern leben, ist das natürlich etwas anderes – aber dazu wissen unsere Töchter mehr!

Ein Studium im Ausland

Ein Auslandssemester verleiht einer Fernbeziehung noch einmal eine ganz andere Wendung, daher gelten für einen Auslandsaufenthalt besondere Regeln. Im Gegensatz zu anderen Fernbeziehungen ist das Ende der Trennung absehbar, normalerweise geht es nur um ein oder zwei Semester. Es kann hart sein, wenn man den Freund zurücklassen muss oder er für ein paar Monate an einen exotischen Ort reist – vor allem, wenn es dort haufenweise dunkelhaarige, glutäugige Schönheiten gibt –, trotzdem ist es in solchen Situationen am besten, den anderen ein bisschen an der langen Leine zu lassen.

Manche Jungs schlagen vor, die Beziehung ruhen zu lassen, wenn ein Partner auswärts studiert oder gleich beide ins Ausland gehen. Also keine Panik, wenn euch das auch passiert. Unter normalen Bedingungen wäre ein solcher Vorschlag durchaus ein Grund zur Beunruhigung oder ein Hinweis, dass etwas nicht stimmt, aber die Regeln für ein Auslandsstudium sind nun einmal ein bisschen anders. Jungs reden sich oft ein, eine Beziehungspause wäre das Beste, weil sie dann die Zeit ohne euch optimal ausnutzen können. Das ist aber noch lange kein Grund, gleich die Vorratspackung Papiertaschentücher zu zücken. Seid cool und lasst euch darauf ein. Wenn ihr ihm wirklich etwas bedeutet, hält er es *niemals* vier Monate ohne euch aus – er wird euch schon bald eine SMS schreiben und Skype-Dates vorschlagen, lange bevor er wieder die Koffer packen und den Flieger nach Hause nehmen muss. Und wenn nicht? Tja, dann tut es uns leid, aber in dem Fall ist es an der Zeit, euch euren eigenen Latin Lover zu suchen!

Falls Sie unsicher sind, ob Ihre Fernbeziehung den Regeln entspricht, können Sie einfach so tun, als ob Sie in den Achtzigerjahren leben würden. Vor der Entwicklung der Videotelefonie musste ein Mann reisen, um seine Freundin zu sehen. Wir wissen bereits, dass zu viel Technik nicht immer gut ist. Lassen Sie sich also nicht sofort freudig auf lange Skype-Sitzungen morgens, mittags und abends ein. Melden Sie sich ab oder tun Sie so, als ob Sie kein ooVoo hätten. Lehnen Sie Face-Time-Einladungen gelegentlich ab, damit Sie nicht allzeit erreichbar sind. Wenn Sie skypen, beenden Sie den Chat nach 20 Minuten – Sie haben nicht endlos Zeit, vor dem Bildschirm zu hocken! Außerdem sollte ein Video-Chat nie von Ihnen ausgehen, hier gilt dieselbe Regel wie bei anderen Kommunikationsformen. Wenn Sie ihn zum Video-Chat auffordern, ist das sogar *noch schlimmer,* als ihm eine SMS zu schicken oder ihn anzurufen, weil Sie dafür am Computer sitzen müssen. Wie wollen Sie das machen, wo Sie doch so ein ausgefülltes, abwechslungsreiches Leben führen?

Eine Fernbeziehung darf sich nicht über einen zu langen Zeitraum hinziehen. Er sollte nach Möglichkeiten suchen, Sie häufiger zu sehen, und überlegen, wie Sie mehr Zeit miteinander verbringen können, egal, wer von Ihnen beiden dafür umziehen muss. Aber Sie ziehen natürlich nur um, wenn er Ihnen einen Heiratsantrag mit Ring gemacht hat und Sie den Hochzeitstermin bereits festgelegt haben! In einer Beziehung, die nach unseren *Regeln* funktioniert, will der Mann dieselbe Luft atmen wie Sie; er will nie lange von Ihnen getrennt sein. Wie wir schon in unserem ersten Buch schrieben, muss er Sie bei einer Fernbeziehung dreimal besuchen, bevor Sie zu ihm kommen. Das klingt jetzt vielleicht ulkig, aber die Last sollte ungleich verteilt sein. Wenn der Mann Ausflüchte findet, warum er Sie nicht jede Woche oder jeden Monat besuchen kann, führen Sie keine Fern-, sondern eine Phantasiebeziehung, die nur dank Internet und Video-Chat existiert. Glauben Sie uns, wir wissen Bescheid. Wir kennen viele Frauen, die mit Fernbeziehungen so ihre Erfahrungen gemacht haben.

Erica, eine 30 Jahre alte Galeristin, lernte Max, einen 35-jährigen Hochschullehrer, im Louvre in Paris kennen. Beide betrachteten die Mona Lisa, als Max plötzlich sagte: »Sie ist kleiner als gedacht, finden Sie nicht? Woher kommen Sie? Ich bin aus Chicago.« Erica musste lachen und sagte ihm, sie sei aus Washington D.C. Die beiden verstanden sich auf Anhieb. Max lud Erica auf Kaffee und Croissants in ein nahe gelegenes Café ein. Erica meinte: »Pourquoi pas?« Sie unterhielten sich drei Stunden lang. Erica konnte kaum glauben, wie viel sie gemeinsam hatten. Bald stellten sie fest, das sie beide am nächsten Tag abreisen mussten, und beschlossen, sich noch am selben Tag zum Abendessen zu treffen. Nach einer Flasche Wein übernachtete Erica bei Max im Hotel, die beiden hatten in der Nacht Sex und am nächsten Morgen gleich noch einmal. Sie teilten sich ein Taxi zum Flughafen. Sie unterhielten sich angeregt über Kunst, Philosophie, Religion und Geschichte, als ob sie sich seit Jahren kennen würden – und nicht erst seit einem Tag. Sie vervollständigten sogar den Satz, den der andere gerade sagen wollte.

Zurück in den USA schickte Max Erica ständig SMS und E-Mails, Tag für Tag: »Ich habe letzte Nacht von dir geträumt, ich will dir ein Gedicht schreiben. Wer ist dein Lieblingsdichter?« Sie schrieb ihm ebenso häufig und begeistert zurück. Sie unterhielten sich per Skype zu den verrücktesten Uhrzeiten, und Erica schwänzte sogar ihr morgendliches Cardio-Training, weil Max gern schon früh am Tag mit ihr chattete. Sie aktualisierte auch ihren Facebook-Status: »Ich glaube, ich habe in der Stadt der Liebe meine Liebe gefunden!«

Trotz der Flut von SMS, E-Mails, Facebook-Nachrichten und Skype-Sitzungen schlug Max in den folgenden zwei Monaten kein einziges Treffen vor. Erica fühlte sich durch den ständigen Kontakt so geschmeichelt, dass ihr das Offensichtliche gar nicht auffiel (oder sie es nicht wahrhaben wollte), bis eine Freundin, die sich mit den *Regeln* auskannte, fragte: »Wenn der Typ so verrückt nach dir ist, warum besucht er dich dann nicht?« Erica erklärte das mit Max' vollem Terminkalender. Trotzdem beschloss sie, ihn zu einer Ausstellungseröffnung nach Washington einzuladen, um »Bewegung in die Sache zu bringen«. Max erklärte, er käme furchtbar gern, könne aber nicht von der Arbeit weg. Erica wollte nicht noch einmal zwei Monate verstreichen lassen und erinnerte sich an eine Freundin in Chicago, die sie von Facebook her kannte. Ein Besuch bei ihr erschien ihr ein guter Vorwand, Max zu treffen. Max zeigte sich begeistert, sagte aber, sein Auto sei in der Werkstatt, daher könne er sie nicht vom Flughafen abholen. Er lud sie ein, bei sich zu wohnen, und versprach, sie zum Essen auszuführen. Erica freute sich wie ein Teenager darauf, Max wiederzusehen und ihm näherzukommen, aber die Freude hätte sie sich sparen können. Schließlich kostete es Max nicht sonderlich viel Mühe, sie bei sich wohnen zu lassen, außerdem bekam er dafür Sex und hatte angenehme Gesellschaft!

Das Wiedersehen war zwar nett, doch Erica fiel auf, dass es bei Weitem nicht so romantisch wie die Kurznachrichten, E-Mails und Video-Chats war, mit denen sie sonst kommunizierten. Bei Max klingelte ständig das

Handy, und sie hatte den Eindruck, dass er sie irgendwie zwischen andere Termine gequetscht hatte, anstatt sich für sie freizunehmen. Nach dem Besuch fühlte sich Erica leer und enttäuscht. Sie beschloss, ihre Freundin um Rat zu fragen, die sich mit den *Regeln* auskannte. Die gab Erica unser Buch und schlug vor, einen Termin mit uns zu vereinbaren. Wir sprachen mit Erica die ganze Beziehung durch, von der ersten Begegnung bis zum aktuellen Stand. Erica leitete alle Nachrichten und E-Mails an uns weiter, damit wir beurteilen konnten, ob die Beziehung noch zu retten war. Wir machten Erica schonend auf all die Fehler aufmerksam, die sie vom ersten Tag an gemacht hatte: Sie hatte bei der ersten Begegnung mehr als 20 Minuten zusammen mit Max verbracht, zu früh mit ihm geschlafen, ihm ihr Seelenleben auf Skype offengelegt und ihn zuerst besucht. In dieser Beziehung ging es nicht nur darum, dass Erica zu viel von sich preisgegeben hatte, sondern auch als Einzige das Verhältnis in Gang hielt. Weil sie es Max so leicht gemacht hatte, hatte er nicht das Gefühl, dass sie jemand ganz Besonderes war. Max plauderte gern online mit ihr und war auch gern mit ihr zusammen, wenn sie ihn besuchte, aber er bemühte sich nicht um sie. Vielleicht hatte er sogar eine Affäre mit einer seiner Studentinnen – Erica war mehr eine Brieffreundin oder ein Urlaubsabenteuer für ihn. Nach unserem Gespräch erklärte sich Erica bereit, Distanz zu Max zu halten und von nun an die *Regeln* anzuwenden.

Also war sie plötzlich beruflich sehr beschäftigt, trieb Sport und traf Freunde. Außerdem wurde sie Mitglied bei der Online-Partnervermittlung Match.com, schließlich hatte sie mit Max keine feste Beziehung, auch wenn sie schon so viele tiefschürfende Unterhaltungen miteinander geführt hatten. Sie ignorierte seine Nachrichten, solange er sie nicht fragte, ob er sie besuchen könne – und das tat er nicht. Wir rieten ihr, sich bei Skype abzumelden, damit er sie nicht mehr spontan erreichte, und sich stattdessen per E-Mail mit ihr zu einem Video-Chat verabreden musste. Außerdem sollte sie die Chats auf 20 Minuten die Woche begrenzen und morgens wieder zum Cardio-Training gehen. Wenn Max ihr hübsches Gesicht sehen wollte, musste er ein Flugzeug nach Washington nehmen. Keine langen E-Mails mehr über Poesie und Religion, nur noch kurze Meldungen wie »Völlig im Stress mit der Galerie«. Wenn er fragte: »Na, wie läuft's?«, schrieb sie nur zurück: »Bin gerade im Fitnessstudio, kann nicht lange schreiben« oder »Mit Freunden fürs Kino verabredet … muss los!«. Denn Max hatte sich zwar endlos über Poesie und das Leben an sich ausgelassen, aber nie auch nur eine Zeile darüber geschrieben, dass er eine feste Beziehung mit ihr wollte.

Nachdem Erica eine Woche lang streng die *Regeln* durchgezogen hatte, fiel Max auf, dass sie nicht mehr ständig erreichbar war. Er fragte sie nun häufiger, wie es ihr gehe und ob sie vorhabe, wieder einmal nach Chicago zu kommen, schrieb aber nie, dass er sie besuchen wolle. Zum Glück hatte Erica über Match.com einen Mann kennengelernt, der in der Nähe von Washington in Virginia lebte und mit ihr ausging. Er half ihr, schnell über Max hinwegzukommen. Dank der *Regeln* erkannte sie, dass die Fernbeziehung, die sie vermeintlich führte, gar keine richtige Beziehung war.

Manchmal meint eine Klientin, sie hätte sich an die *Regeln* für Fernbeziehungen gehalten, vor allem, wenn es darum geht, dass sie mit einem Besuch bei ihm gewartet hätte, bis er dreimal bei ihr gewesen war. Trotzdem hätte die Beziehung nicht funktioniert. Wenn wir die Beziehung bei einem Beratungstermin unter die Lupe nehmen, stellen wir meistens fest, dass sie nach seinem dritten Besuch komplett auf die *Regeln* verzichtet hat.

Selbst wenn Sie es geschafft haben, dass er Sie dreimal hintereinander besucht, müssen Sie weiter darauf achten, dass er sich um Sie bemüht. Das Ziel ist, dass er nicht mehr ohne Sie sein kann. Eine Frau muss den Geist der *Regeln* leben und sie nicht nur nach den Buchstaben umsetzen.

Die 34-jährige Sophie aus New York lernte den 37-jährigen Makler Jordan bei der Happy Hour an einem Freitagabend nicht weit von ihrem Arbeitsplatz entfernt in einer Bar kennen. Jordan war anlässlich einer Immobilienmesse aus Seattle nach New York gekommen und reiste am nächsten Morgen schon wieder ab. Er hatte Sophie angesprochen und gefragt, ob er sie auf einen Drink einladen dürfe. Die beiden unterhielten sich über die Arbeit, das Wetter und über Reisen. Nach 20 Minuten fragte Jordan, ob sie mit ihm essen gehen wolle, aber sie lehnte ab. Früher hatte sie sich fünf Stunden lang mit einem Mann aus einer anderen Stadt unterhalten, weil sie wusste, dass er bald wieder abreisen würde, aber nachdem sie die *Regeln* gelesen hatte, wusste sie, dass das ein Fehler war.

Jordan fragte Sophie nach ihrer Telefonnummer und sagte, er werde sich melden. Am nächsten Tag schickte er ihr noch vom Flughafen eine SMS und schrieb, dass er sich wunderbar mit ihr unterhalten habe und sie gern wiedersehen würde. Er fragte, ob sie vielleicht vorhabe, irgendwann einmal nach Seattle zu kommen, aber sie schrieb zurück: »Nein, kann in nächster Zeit nicht hier weg.« Jordan antwortete daraufhin: »Na, wenn ich dich nur wiedersehen kann, indem ich nach New York komme, dann komme ich eben.« Zwei Wochen später flog er wieder nach NY, führte Sophie zum Abendessen aus und machte anschließend mit ihr eine Kutschfahrt durch den Central Park. Er fragte sie, ob er bei ihr übernachten könnte, aber sie hielt sich an die *Regeln* und erklärte:

»Tut mir leid, das geht mir zu schnell, ich kann dir aber ein tolles Hotel empfehlen.« Zwei Wochen später musste Jordan wieder geschäftlich nach New York und führte Sophie zum Abendessen und danach in eine Broadway-Show aus. Sie ließ ihn bei sich übernachten, allerdings auf der Couch – sie hatten keinen Sex. Nach dem Besuch fragte Jordan erneut, ob Sophie nicht einmal nach Seattle kommen wolle, er würde ihr auch das Flugticket bezahlen. Sie schrieb zurück: »Ich kann zurzeit bei der Arbeit einfach nicht weg.« Jordan hatte einen Monat später ein Treffen seines College-Jahrgangs in New Jersey, daher schrieb er: »Kein Problem, dann sehen wir uns, wenn ich bei dir vorbeischaue.«

So weit, so gut! Zwischen seinen Besuchen schrieb Jordan SMS und E-Mails und chattete mit Sophie auf Facebook. Die Initiative ging immer von ihm aus. Bei seinem dritten Besuch buchte Jordan ein Hotelzimmer in der Stadt und ging mit Sophie essen und danach noch in eine Bar und zum Tanzen in einen Klub. Die beiden waren bis vier Uhr morgens unterwegs und schliefen dann in seinem Hotelzimmer miteinander. Am nächsten Morgen kuschelten sie und frühstückten im Bett. Sophie hatte nun endgültig das Gefühl, dass sie sich in den groß gewachsenen, attraktiven Immobilienmakler verliebt hatte.

Nachdem Jordan die Hürde mit den drei Besuchen genommen hatte, dachte Sophie, sie könne nun etwas aktiver werden. Als er sie wieder fragte, ob sie nicht doch einmal nach Seattle kommen könne, antwortete sie aufgeregt: »Mal sehen, was ich machen kann.« Eine Stunde später meldete sie sich per Facebook bei einer ehemaligen Mitbewohnerin vom College, die nach Seattle gezogen war, und schrieb, dass sie bald in der Stadt sei und ob sie und ihr Partner nicht Lust hätten, mit Sophie und ihrem neuen Freund auszugehen. Sie überredete ihren Chef, ihr wegen eines dringenden Notfalls in der Familie eine Woche freizugeben, und buchte dann mit ihren Bonusmeilen einen Flug nach Seattle. Dann mailte sie Jordan: »Ich kann tatsächlich nach Seattle kommen. Ich habe noch ziemlich viele Urlaubstage.« Jordan war verblüfft, antwortete jedoch: »Wow, das klingt super!«

Wie so oft, wenn Frauen die Initiative ergreifen, tat auch Sophie zu viel des Guten. Das kann selbst in einer Beziehung passieren, die nach den *Regeln* begonnen hat, und leider ist die Enttäuschung dann meistens vorprogrammiert. Sophie fragte Jordan, ob er sie am Flughafen abholen könne, und er sagte, er würde gern, habe aber schon wichtige Termine mit Kunden, ob sie nicht vielleicht ihre Freundin bitten oder ein Taxi nehmen könne? Und anstatt sie nobel zum Essen auszuführen und ihr die Stadt zu zeigen, arbeitete Jordan bis in den späten Abend, holte dann Essen beim Chinaimbiss und schlief nach dem Sex sofort ein. Als Sophie ihn bat, mit ihr ein bisschen durch die Stadt zu bummeln, meinte er, sie solle besser mit ihrer Freundin loszuziehen, er müsse lange arbeiten. Als sie nach einem Schrankfach fragte, wo sie ihre Sachen einräumen konnte, gab er ihr eine leere Einkaufstüte. Autsch!

Als Sophie wieder in New York war, schrieb Jordan nichts mehr von einem baldigen Wiedersehen. Er erklärte eher beiläufig in einer SMS: »Ich denke, wir sehen uns, wenn ich mal wieder geschäftlich in New York bin.« Gekränkt und verwirrt beschloss Sophie, eine Silvesterparty zu geben und Jordan einzuladen. Zunächst schrieb er per SMS: »Klingt gut, versuche zu kommen!«, aber eine Woche später meldete er sich mit: »Schwierig, über die Feiertage einen Flug zu bekommen, tut mir leid, Baby.« Am nächsten Tag sah Sophie auf Facebook Fotos von Jordan mit einer anderen Frau. Sie begriff, dass sie für ihn nur eine Affäre gewesen war. Sie wollte ihn auf iChat damit konfrontieren und fragte ihn direkt, ob sie nur ein Techtelmechtel gehabt hatten, denn sie könne sich durchaus vorstellen, nach Seattle zu ziehen, wenn aus der Sache etwas Ernstes werden würde. Er antwortete: »Ich finde dich echt süß und hübsch, aber du bist aus New York und ich bin aus Seattle. Wir sind zu verschieden. Ehrlich, ich glaube nicht, dass es funktionieren würde.«

Sophie musste auf die harte Tour lernen, dass es nicht unbedingt etwas zu bedeuten hat, wenn ein Mann eine Frau zuerst besucht, selbst wenn er das dreimal hintereinander macht. Jordan war auch nicht immer eigens wegen Sophie nach New York gekommen, er hatte dort geschäftlich zu tun, traf ehemalige Kommilitonen und amüsierte sich. Und wenn ein Mann eine Frau übers Wochenende einlädt, sollte sie nicht gleich eine Woche lang bleiben, selbst wenn sie Urlaub hat, eine Freundin in der Stadt besuchen will und jede Menge Bonusmeilen verbraten kann. Wie Jordan fühlt sich ein Mann bei so viel Interesse und dem Wunsch nach Nähe schnell in die Enge getrieben. Bei einer Fernbeziehung nach den *Regeln* muss *er* einen Weg finden, wie er mehr Zeit mit Ihnen in Ihrer Stadt verbringen kann. Er muss sagen, dass er Sie zur festen Freundin haben will und dass er Sie liebt, und er muss Pläne für eine gemeinsame Zukunft schmieden, so schwierig die auch sein mag.

Eine Frau kann die verrücktesten Gründe finden, zuerst zu einem Mann zu fahren! Vielleicht soll er nicht erfahren, dass sie immer noch bei ihren Eltern wohnt oder in einer winzigen Einzimmerwohnung lebt. Wir raten trotzdem, die Sache hinter sich zu bringen und es ihm zu erzählen. Wenn ein Mann Sie wirklich mag, ist es ihm egal, ob Sie noch daheim oder in einer Bruchbude wohnen. Aber wenn Sie zuerst zu ihm kommen, wirken Sie verzweifelt und nicht ausgelastet. Also lassen Sie die Finger davon! Die größte Versuchung sind Bonusmeilen oder

Gratistickets. Selbst wenn ein Mann Ihnen anbietet, den Flug zu bezahlen oder Ihnen bei den ersten Verabredungen einen Wagen schickt, der Sie abholt, lehnen Sie ab. Es geht nicht ums Geld, es geht darum, dass er sich für Sie anstrengen muss. Er sollte derjenige sein, der die Koffer packt und die Mühen einer Reise auf sich nimmt, woher wollen Sie sonst wissen, dass er Sie wirklich mag? Sie sind kein Callgirl, das man mit einem kostenlosen Abholdienst kaufen kann. Wir kennen Frauen, die Mitglied bei einer Kontaktbörse für Millionäre sind und deren Bekannte sich weigern, ihre Villa oder ihre Luxuswohnung zu verlassen. Sie wollen die Frauen dafür bezahlen, zu ihnen zu kommen. Ein Rules-Girl lehnt dankend ab. Wenn er sich nicht freimachen kann, um zu Ihnen zu reisen, können Sie eben auch nicht weg! Er ist nicht wichtiger als Sie, selbst wenn er ein Firmenchef ist und Sie eine Sekretärin sind! Es kümmert uns nicht, dass Ihre Cousine zufällig in derselben Stadt wohnt oder dass Sie einfach gern mal verreisen würden, die *Regeln* sind wichtiger! Egal aus welchem Grund Sie zu ihm reisen, er wird sich dann nicht mehr so intensiv bemühen, Sie zu sehen. Denken Sie an die langfristige Belohnung, nicht an den kurzfristigen Spaß!

Wenn Sie eine Fernbeziehung nach den *Regeln* führen, hält es ein Mann einfach nicht lange ohne Sie aus. Er fährt drei Stunden lang im Auto zu Ihnen oder steigt jede Woche oder alle zwei Wochen ins Flugzeug; er sucht sich eine Universität oder einen Job in Ihrer Stadt; er zieht um, er macht Ihnen einen Antrag. Er wartet nicht lange, weil er zu große Sehnsucht nach Ihnen hat. Sie diskutieren nicht herum, wer wen besucht. Sie müssen ihm auch nicht die Pistole auf die Brust setzen, damit er zu Ihnen kommt. Männer fahren stundenlang zu einem Fußballspiel oder Rockkonzert. Er zieht Sie vielleicht auf: »Wirst du mich denn nie besuchen?«, aber wenn Sie ein bisschen niedlich kichern und sagen: »Oh, ich fahre einfach nicht gern lange Strecken, und schon gar nicht bei Nacht«, wird er zu Ihnen kommen. Es sollte selbstverständlich sein, dass der Mann die weiten Wege auf sich nimmt.

Regel Nummer 16

Verlieren Sie nicht Ihre Freunde, weil Sie nur noch Ihren Neuen im Kopf haben

Frauen, die bei einem Mann die Regeln brechen, sind meist auch keine sonderlich guten Freundinnen. Meistens sind sie so mit SMS-Schreiben oder Schwärmereien über ihren Freund beschäftigt, dass sie ihre Freunde vernachlässigen oder zu Tode langweilen. Und wenn sie sich in einen Mann verliebt haben, der kein Interesse an ihnen hat, reden sie sich die Sache schön und erwarten, dass ihre Freundinnen ihnen etwas vorlügen. Sie kennen das sicher, eine Freundin, die nur noch SMS oder Instant Messages an einen Mann tippt und Sie völlig ignoriert? Plötzlich sind Sie nur noch Luft für sie! Sie sitzt zwar neben Ihnen, ist in Gedanken aber meilenweit weg. Als Rules-Girl bringen Sie sie sanft dazu, das Telefon wegzulegen, zu ihrem eigenen Besten (und Ihrem!), aber sie ignoriert Sie oder hebt den Finger, weil sie angeblich nur noch eine Minute braucht, oder sie formt mit den Lippen ein »Bin gleich fertig«. Aber dann vergehen weitere 10 Minuten oder auch gern einmal 20 oder 30. Das ist gelinde gesagt frustrierend. Wenn Sie einfach aufstehen und gehen würden, würde ihre Freundin das wahrscheinlich nicht einmal merken. Sie hat nur noch diesen Mann im Kopf!

Eine Frau, die sich an die *Regeln* hält, würde ihrer Freundin so etwas nie antun. Sie beendet einen Chat schnell. Sie lässt ihre Freundin nicht im Stich, weil sie sich in letzter Minute mit einem Mann verabredet hat. Sie verlangt von ihrer Mitbewohnerin nicht, jede Nacht einen anderen Mann in der Wohnung zu ertragen. Sie flirtet nicht mit dem Schwarm ihrer Freundin. Sie setzt sich Grenzen und hat Selbstachtung!

Wie Sie bereits wissen, ist es gut, wenn ein Mann merkt, dass Sie zu beschäftigt sind, um an ihn zu denken und ihm ständig Nachrichten zu schicken. Aber womit sind Sie eigentlich so beschäftigt? Mit Ihren Freundinnen natürlich! Sie haben ein ausgefülltes Leben, treiben Sport, gehen gemeinsam shoppen und treffen sich spontan in der Wohnung einer Freundin zu einer Party, bei der jede etwas zum Essen mitbringt. Vielleicht treffen Sie sich mit anderen Frauen, die sich an die *Regeln* halten, und trinken jede Woche zusammen Kaffee oder gehen chinesisch essen (wie wir früher!) und reden bei einer Latte macchiato oder bei Hühnchen süßsauer über Ihre Probleme, den Richtigen zu finden. Glauben Sie uns, es hilft enorm, sich mit den besten Freundinnen auszutauschen! Sie können Ihre Freundin fragen, was Sie einem Mann zum Valentinstag schenken sollen (nichts!), damit Sie am Ende keine Herzchen an seine Pinnwand schreiben oder ein Mousepad mit Ihrem Foto für ihn machen lassen.

Frauen, die von einem Mann förmlich besessen sind, stellen die Geduld ihrer Freundinnen auf eine harte Probe. Sie sind so damit beschäftigt, Posts wie »Alles Gute zu unserem 14-tägigen Jubiläum!« auf die Facebook-Pinnwand ihres neuen Schwarms zu schreiben, dass sie gar nicht mehr wahrnehmen, was ihre Freundinnen sagen. Egal, um welches Thema es geht – die Zwischenprüfung oder der Nahostkonflikt –, sie schaffen es, immer wieder auf IHN zurückzukommen. »Deine Mutter ist im Krankenhaus? Oh, das tut mir aber leid. Hoffentlich geht es ihr bald wieder besser. Habe ich dir eigentlich schon erzählt, dass Jays Mutter Ärztin ist? Jay will auch einmal Medizin studieren. Er weiß nur noch nicht, ob er Internist oder Kardiologe werden will.« Solche Frauen sind wirklich völlig ignorant. Sie können an nichts anderes mehr denken und sind deshalb total unhöflich oder sogar unerträglich.

Elizabeth verliebte sich in ihrem ersten Jahr am College in Daniel, der schon im dritten Jahr studierte und im gleichen Wohnheim lebte. Zuerst waren sie nur gute Freunde, aber dann hatten sie zweimal Sex nach Partys, bei denen sie beide zu viel getrunken hatten. Von da an war Elizabeth förmlich besessen von Daniel. Sie überredete ihre Freundin Madison, stundenlang mit ihr in der Mensa zu sitzen, von nachmittags halb fünf, wenn die Mensa aufmachte, bis sieben Uhr abends, nur um »zufällig« auf Daniel zu treffen. In den drei Stunden, in denen die beiden so taten, als ob sie völlig mit essen beschäftigt wären, gelang es Elizabeth, Daniel in jedem zweiten Satz zu erwähnen.

»Hast du gerade Sushi gesagt? Oh mein Gott, das ist ja komisch, Daniel liebt Sushi. Hoffentlich geht er mit mir in den Ferien mal in sein Lieblingsrestaurant zum Sushi-Essen.«

»Gehst du nach dem Essen noch in den Fitnessraum? Ich komme mit. Daniel meinte, er würde normalerweise so um acht trainieren. Das wäre doch cool, wenn wir beide zusammen trainieren würden. Er könnte sehen, wie toll ich auf dem Laufband aussehe. Ich geh mich nur schnell umziehen, ich habe da so eine süße kurze Hose …«

»Wie war die Hochzeit deiner Schwester letzte Woche? Hoffentlich hat sie mehr Glück als Daniels Eltern! Er hat mir erzählt, dass sie sich nach 30 Jahren scheiden lassen. Stell dir das mal vor! Vielleicht sollte ich ihm eine SMS schicken und fragen, wie es ihm geht. Er meinte, für seine kleine Schwester wäre es echt hart. Vielleicht sollte ich mich mit ihr auf Facebook anfreunden?«

»Ich bin mir sicher, ich könnte Daniel schon dazu bringen, dass er mich wirklich will, wir müssten nur ein bisschen zusammen abhängen und uns betrinken. Meinst du, dein älterer Bruder könnte uns Bier besorgen?«

Verständlicherweise war Madison genervt. Ständig hieß es Daniel hier, Daniel da. Und wenn Daniel dann tatsächlich ab und zu in die Mensa kam, ließ Elizabeth Madison einfach allein am Tisch hocken und setzte sich neben ihn. Das nennen wir absolut unhöflich!

Daniel rief Elizabeth nie an und ging auch nie mit ihr aus, was wiederum dazu führte, dass sie Madison damit langweilte, was Daniel wohl gerade tun könnte. »Wahrscheinlich lernt er wie verrückt. Ich habe auf seiner Facebook-Seite gelesen, dass er jeden Abend in der Bibliothek sitzt. Er will Jura studieren, da wäre eine feste Beziehung wahrscheinlich einfach zu viel. Oder vielleicht beschäftigt ihn die Scheidung seiner Eltern. Vielleicht sollte ich ihn anrufen. Was meinst du?« Madison hatte eigentlich wirklich genug, aber sie war Elizabeth eine treue Freundin und wollte ihre Gefühle nicht verletzen, daher sagte sie: »Klar, oder warum schickst du ihm nicht schnell eine SMS? Zeig ihm, dass du an ihn denkst, aber setz ihn nicht unter Druck.«

Doch eines Abends, nach weiteren endlosen Stunden in der Mensa, nahm Madison ihren Mut zusammen und sagte zu Elizabeth: »Wenn ein Typ sich zwei Wochen lang nicht meldet, ist es irgendwie aus, findest du nicht? Warum gehen wir nicht auf eine Party außerhalb des Campus und lernen ein paar neue Jungs kennen?« Aber Elizabeth war so auf Daniel fixiert, dass sie nicht mehr klar denken konnte. Gereizt fuhr sie ihre beste Freundin an: »Kannst du einem Jungen nicht mal eine Auszeit gönnen? Seine Eltern lassen sich gerade scheiden, außerdem hat er diese Woche drei Prüfungen. Ein Junge ist doch kein Roboter, er hat Gefühle und Probleme. Ich glaube, ich werde ihm auf seiner Pinnwand viel Glück für die Prüfung wünschen und ihm besondere Cupcakes backen. Ich weiß einfach, dass ich das Richtige tue.«

Als Daniel Elizabeth schließlich sagte, er wolle jetzt keine Beziehung, konnte sie es immer noch nicht akzeptieren. »Warum sagst du mir so etwas? Wahrscheinlich bist du einfach gestresst, reden wir ein andermal darüber«, erwiderte sie. Erst als er überhaupt nicht mehr auf ihre Nachrichten reagierte, kam die Botschaft bei ihr an. Sie war am Boden zerstört und fühlte sich schrecklich allein. Als sie sich bei Madison und ihren anderen Freundinnen ausheulen wollte, stieß sie auf wenig Mitgefühl. Eine schrieb ihr sogar nur lapidar per SMS: »Sorry, melde mich später.« Sie hatte es sich mit ihren Freundinnen gründlich verscherzt, und die hatten jetzt Besseres zu tun, als sie zu bemitleiden. Falls Sie sich hier auch nur *ein kleines bisschen* wiedererkennen, ändern Sie Ihr Verhalten, bevor es zu spät ist, sonst sitzen Sie am Ende alleine da!

Elizabeths Geschichte sollte eine Warnung an alle Frauen sein: Nur weil Sie völlig auf einen Mann fixiert sind, dürfen Sie Ihre Freundinnen nicht ignorieren oder im Stich lassen. Wenn die Beziehung in die Brüche geht oder gar nie richtig zustande kommt, brauchen Sie Ihre Freundinnen, um ihnen Ihr Herz auszuschütten!

Frauen wie Elizabeth sind nicht nur schlechte Freundinnen, sondern können auch ein schlechter Einfluss sein. Weil sie gegenüber Männern die *Regeln* brechen, meinen sie, Sie sollten das auch tun. Sie wissen es einfach nicht besser. Vielleicht schlagen sie Ihnen vor, sich mit einem Mann, der Ihnen sympathisch ist, auf Facebook anzufreunden oder ihm zuerst eine SMS zu schicken oder ihn zu fragen, ob er mit Ihnen ausgehen will. Sie sagen womöglich: »Bist du langweilig«, wenn Sie nicht mit ihnen auf Männerjagd gehen. Deshalb raten wir dazu, gleichgesinnte Rules-Girls zu finden, mit denen Sie sich austauschen können, damit Sie nicht von Ihrer Strategie bei der Partnersuche abweichen. Und genau dafür haben wir ein weltweites Kontaktsystem und eine Facebook-Seite eingerichtet – damit Sie Gleichgesinnte finden und sich gegenseitig bestärken können.

Seien Sie nicht so besessen von einem Mann, dass Sie anderen eine schlechte Freundin sind. Vergessen Sie nicht wegen eines Mannes den Geburtstag Ihrer besten Freundin. Vergessen Sie nicht, ihr für den ersten Arbeitstag Glück zu wünschen, wenn sie eine neue Stelle antritt, oder ihr zur Seite zu stehen, wenn sie gesundheitliche Probleme hat. Ob wir uns nun frisch verlieben oder eine feste Beziehung haben, wir sind alle manchmal ein bisschen neben der Spur, aber wir müssen trotz allem immer darauf achten, dass wir anderen eine gute Freundin sind!

Regel Nummer 17

Stellen Sie einen Mann nicht zuerst Ihren Freunden vor, laden Sie ihn nicht zuerst ein und freunden Sie sich nicht zuerst mit seinen Freunden an

Heutzutage sind wir sozial alle so vernetzt, dass wir jeden sehr schnell kennenlernen können. Leider missbrauchen manche Frauen soziale Netzwerke, um die Freunde ihres neuen Schwarms oder seine Familie »kennenzulernen«, bevor er sie ihnen offiziell vorgestellt hat. Sie denken, sie würden ihm näherkommen, wenn sie sich mit seinen Bekannten anfreunden, oder er würde ihnen dann schneller einen Antrag machen. Wir kennen die Versuchung, sich seinen Kumpels, Kollegen, seiner Mutter, Schwester oder Cousine vorzustellen, aber es ist ein Fehler, den ersten Schritt in seine Welt zu machen, ohne von ihm dazu aufgefordert zu werden. Seine Freunde und Familienangehörige könnten es aufdringlich oder sogar seltsam und gruslig finden, wenn Sie im Cyberspace einfach so an sie herantreten – und der Schuss könnte ganz schön nach hinten losgehen, wenn sie Ihrem neuen Freund davon erzählen.

Aber ist es denn so schlimm, seiner Mutter eine Nachricht auf Facebook zu schicken und sie nach ihrem Rezept für Hühnerbrühe zu fragen? Es schadet doch niemandem, wenn sie auf die Pinnwand seiner Studentenverbindung schreiben, wie toll die Party am letzten Wochenende war? Oh doch. Das ist ähnlich, wie wenn Sie auf *seine* Pinnwand schreiben, denn damit stellen Sie ihm oder seinen Freunden nach, was völlig gegen die *Regeln* verstößt. Sie wirken ein bisschen wie ein Stalker, und das könnte ihn abschrecken. Ein Mann fühlt sich dann schnell bedrängt, selbst wenn die Initiative, Sie anzusprechen, von ihm ausging. Sie drängen sich in sein Leben, dabei sollten Sie so wirken, als ob Sie so gut wie nichts über seine Freunde wüssten! Stellen Sie sich vor, Sie würden einfach bei seinen Freunden daheim klingeln, nur weil Sie gerade zufällig vorbeigefahren sind! Also warten Sie lieber, bis Ihr Neuer Sie seinen Freunden vorstellt, sonst wirken Sie aufdringlich und übereifrig. Der Mann soll Sie vorstellen, wenn er den richtigen Zeitpunkt für gekommen hält. Dann nämlich kann er sagen: »Das ist die Frau, von der ich euch schon so viel erzählt habe.« Das klingt doch viel besser als: »Das ist die Frau, die sich bei Facebook mit euch angefreundet hat und euch jetzt unbedingt kennenlernen wollte.«

Der Trick besteht darin, dass Sie sich nicht nur ihm gegenüber an die *Regeln* halten, sondern auch im Umgang mit seinen Freunden und seiner Familie – er und alle anderen in seiner Welt müssen den ersten Schritt machen, sei es online oder im richtigen Leben. Sie müssen weiter Ihr eigenes Leben führen, Ihre eigenen Freundschaften pflegen und Ihren Interessen nachgehen, damit Sie sich nicht in seiner Welt verlieren. Kontaktieren Sie nicht seine 17-jährige Schwester auf Facebook mit der Aufforderung: »Melde dich, wenn du Beratung beim Kauf deines Abschlussballkleids brauchst.« Sie wird es ihrem Bruder bestimmt erzählen, wenn sie Sie für schräg hält, und er wird ihr glauben! Stattdessen sollten Sie mit Ihren eigenen Freundinnen am Wochenende shoppen gehen. Verbringen Sie weiter Ihre Zeit mit den wichtigen Menschen in *Ihrem* Leben, nicht in seinem!

Dieses aufdringliche Verhalten beschränkt sich nicht nur auf seine Freunde und Familienmitglieder, sondern gilt auch für Ihren Freundeskreis. Manche Frauen haben immer ein paar Tickets für ein Eishockeyspiel oder dergleichen übrig und denken sich nichts dabei, den Mann, mit dem sie gerade ausgehen, zu fragen, ob er nicht mitkommen will, wenn sie und ihre Clique zum Spiel gehen. Aber hat er Sie auch schon zu einem solchen Anlass mitgenommen? Wenn er nur mit Ihnen essen oder etwas trinken war, sollten Sie die Finger davon lassen. Einen Mann zu einem Konzert, einer Sportveranstaltung oder Familienfeier mitzunehmen, bedeutet, dass Sie die Beziehung auf die nächste Ebene heben, das ist ähnlich, wie wenn Sie ihn bitten würden, mit Ihnen auszugehen. Eine solche Aufforderung verstößt gegen die *Regeln*. Nehmen Sie eine Freundin oder Kollegin mit – egal wen, Hauptsache nicht ihn!

Wenn Sie zu einer Hochzeit eingeladen sind, hätten Sie wahrscheinlich gern den Mann dabei, mit dem Sie gerade ausgehen. Aber hat er Sie schon zu einem solchen Anlass mitgenommen und als seine Freundin vorgestellt? Wenn nicht, müssen Sie eine andere Begleitung finden! Das gilt auch für ein Essen bei der Familie, ein Wohltätigkeitsdinner, einen geschäftlichen Anlass oder eine andere offizielle Einladung. Selbst wenn Ihr gesellschaftlicher Terminkalender deutlich voller ist als seiner – weil gerade viele Ihrer Freunde heiraten oder Partys geben oder Sie beruflich an vielen offiziellen Anlässen teilnehmen müssen –, können Sie ihn nicht mitnehmen, weil Sie sonst die aktive Rolle in der Partnerschaft übernehmen. Sie fragen ihn, ob er mit Ihnen ausgeht! Wenn Sie einen Mann in Ihre Welt einführen, bevor er Sie seinen Freunden vorgestellt hat, hat er das Gefühl, dass Sie schon an einer gemeinsamen Zukunft planen – selbst wenn er den Eindruck erweckt, er fühle sich geschmeichelt und würde sie gern begleiten.

Er muss das Tempo vorgeben und entscheiden, wann er Sie anderen vorstellt und Sie zu Treffen mit Kollegen, zur Superbowl-Party bei seinen Kumpels, ins Haus seiner Eltern und generell in seine Welt mitnimmt.

Die 29-jährige Kyle bat den 32 Jahre alten Adam, mit dem sie seit drei Monaten befreundet war, sie zu einem offiziellen Geschäftsessen zu begleiten. Sie wollte auf keinen Fall allein gehen, außerdem wollte sie natürlich mit Adam ein bisschen vor ihren Kolleginnen angeben, denen sie schon so viel von ihm vorgeschwärmt hatte. Adam wirkte zunächst begeistert und stimmte zu, aber zwei Wochen vor dem Essen sagte er, er habe schrecklich viel zu tun und wisse nicht, ob er es einrichten könne. Natürlich war sie sauer, aber auch verunsichert. Völlig durcheinander rief sie uns an und fragte, wie sehr sie ihn drängen sollte, denn die Druckerei würde seinen Namen für die Tischkärtchen brauchen. Druckerei und Tischkärtchen??? Das klang verdächtig nach Hochzeit – wollte sie ihn abschrecken? Wenn ein Mann, der noch nicht lange mit einer Frau zusammen ist, seinen Namen auf einem Tischkärtchen neben dem seiner neuen Flamme sieht, wird er sofort denken, dass die Sache viel zu schnell viel zu ernst geworden ist. Wir rieten ihr, einen Freund oder eine Freundin mitzunehmen. Auf das Tischkärtchen sollte einfach nur » Gast« gedruckt werden. Und wenn Adam Sie bei zukünftigen festlichen Anlässen begleitete, sollte er nur als » Gast« aufgeführt werden. Kyle fragte uns, ob sie ihm sagen sollte, dass er sie nicht begleiten müsse. Wir sagten ihr, die Mühe könne sie sich sparen – wahrscheinlich hätte er die Sache schon vergessen und sei erleichtert, wenn sie das Essen nicht mehr erwähnen würde. Weder er noch sie sprachen noch einmal darüber.

Carly lud einen Mann, mit dem sie seit einem Monat ausging, zu einer Party ein, die ihre Freunde und ihre Familie anlässlich ihres 25. Geburtstags für sie in ihrem

Lieblingsrestaurant organisiert hatten. Eigentlich eine lockere Veranstaltung, doch dabei lernte ein Mann, der sie in einer Bar angesprochen hatte und seitdem dreimal mit ihr aus gewesen war, auf einen Schlag ihre Eltern, all ihre Geschwister und besten Freunde vom College und Kollegen von der Arbeit kennen. Carly rief uns ein paar Wochen später an und berichtete, er habe ihr gesagt, er wolle nichts Ernstes. Er sei seit zwei Wochen – seit der Party! – nicht mehr mit ihr ausgegangen. Wir bohrten ein bisschen nach und erfuhren, dass eine Freundin von ihr ihn gefragt hatte, ob er ihr Partner sei, und er habe geantwortet, sie seien nur befreundet. Sie wollte ihn fragen, was er damit meinte, schließlich hatten sie beim letzten Date Sex gehabt – aber wir rieten ihr unbedingt ab! Hatte er sie zu seinem Geburtstag oder zu einem Treffen mit Freunden oder der Familie mitgenommen? Nein, er hatte erst in sechs Monaten Geburtstag. Es war eindeutig ein Fehler, ihn zur Geburtstagsfeier einzuladen – er fühlte sich überwältigt und erdrückt, als er auf einen Schlag und so früh all ihre Familienmitglieder und Freunde kennenlernte.

Es ist natürlich ein bisschen kompliziert, wenn Sie vor ihm Geburtstag haben. Wenn Sie erst seit einem oder zwei Monaten mit einem Mann zusammen sind und bald Geburtstag haben und Ihre Freunde eine große Party für Sie planen, sollten Sie ihnen sagen, dass Sie es dieses Mal etwas ruhiger angehen wollen. Sie sollten auf keinen Fall in die Situation geraten, in der Sie sich fragen müssen, ob Sie ihn einladen oder nicht. Wenn Sie ihn einladen, lernt er all Ihre Freunde und Bekannten kennen, womöglich sogar Ihre Mutter, und dann denkt er, dass ihm das alles viel zu schnell geht. Wenn Sie ihn nicht einladen, ist er möglicherweise gekränkt. Also machen Sie es sich nicht unnötig schwer und feiern Sie Ihren Geburtstag einfach im kleinen Kreis mit Ihren Freundinnen bei einem Abendessen.

Ein Schlupfloch bei Einladungen

Wie steht's mit super Geburtstagspartys und heftigem Feiern? Auf dem College oder allgemein mit Anfang 20 verlangt ein Geburtstag eine richtig große Party. Oft wollt ihr bestimmt sämtliche Facebook-Freunde einladen, um mit ihnen euren großen Tag auf der Tanzfläche eures Lieblingsklubs zu feiern. Wenn ihr euren Schatz ausschließt, könnte das wie eine gezielte Kränkung – und sogar ein bisschen schräg – wirken und mehr Aufmerksamkeit auf ihn lenken, als euch lieb ist. Solltet ihr ihn also einladen? Sicher – aber auf die clevere Tour. Beauftragt einfach eine gute Freundin damit, die Seite für eure Party auf Facebook zu gestalten und eure Freunde einzuladen, oder bittet sie, die E-Mail an alle auf der von euch erstellten Gästeliste zu versenden. Dadurch wird er eingeladen, ohne dass ihr gegen die *Regeln* verstoßen habt. Und wer weiß? Vielleicht ist der Tanz mit ihm euer ganz besonderes Geburtstagsgeschenk.

Was ist, wenn er fragt, ob er auch kommen darf oder ob er zu einer anstehenden Feier eingeladen ist? Wenn es sich um eine offiziellere Einladung wie beispielsweise eine Hochzeit oder eine Betriebsfeier handelt, sagen Sie, Sie hätten ihn gern dabei, aber leider, leider könnten Sie niemanden mitbringen – und dann gehen Sie natürlich auch allein hin. Die 25-jährige Zoey war zu einer Hochzeit eingeladen und hätte gern ihren neuen Freund Andy mitgenommen, mit dem sie seit zwei Monaten zusammen war, aber die Braut erklärte ihr, sie könne niemanden mitbringen, sie hätte bereits zu viele Gäste. Zoey fragte uns, ob sie ihre Freundin bitten solle, für sie eine Ausnahme zu machen, aber wir rieten ab. Das wäre nicht nur unhöflich, sondern hätte auch nicht den *Regeln* entsprochen, da Andy sie noch zu keinem vergleichbaren Ereignis mitgenommen hatte. Als Andy sie fragte, ob sie am Samstag mit ihm ausgehen würde, sagte sie ihm, dass sie bereits andere Pläne habe. Er fragte natürlich, was das denn für Pläne seien, und sie antwortete: »Die Hochzeit einer Freundin.« Er war ein bisschen irritiert, dass Zoey ihn nicht mitnahm, aber zu höflich, um etwas zu sagen, und schlug stattdessen vor, am Sonntag zum Brunch und danach ins Kino zu gehen. Am Sonntagmorgen stand Andy um elf Uhr vor ihrer Tür und wollte wissen, wen sie zur Hochzeit mitgenommen und mit wem sie getanzt hatte. Zoey sagte ihm die Wahrheit, denn Rules-Girls lügen nicht. Sie habe niemanden mitbringen können und nur mit ihren Freundinnen getanzt. Andy war erleichtert, weil er sich wirklich Gedanken gemacht und die ganze Nacht gefragt hatte, wer sie an seiner Stelle zur Hochzeit begleitet hatte. Doch dadurch erschien ihm Zoey nur noch begehrenswerter! Die *Regeln* funktionierten – mittlerweile sind die beiden verheiratet.

Wenn Sie mit dem Gedanken spielen, den ersten Schritt zu machen und sich in seine Welt zu drängen, sollten Sie noch einmal gründlich überlegen. Wie bei allem anderen sollte er auch hier die Führung übernehmen. Er soll als Erster ein Treffen mit seinen Freunden vorschlagen und Interesse bekunden, Ihre Freunde kennenzulernen – reagieren Sie ganz ungezwungen, wenn es so weit ist. Heutzutage stellen Frauen ihren Freund überall vor und laden ihn zu allem ein. Ein schwerer Fehler! Denken Sie langfristig. Wollen Sie einen Begleiter zur Hochzeit einer anderen oder zu Ihrer eigenen?

Schreiben Sie einem Mann nicht zuerst, ignorieren Sie Winks und andere Regeln fürs Online-Dating

Manche Single-Frauen haben mit der Partnersuche im Internet ein Problem. Sie denken entweder, das sei nichts für sie, und probieren es erst gar nicht, oder sie gehen die Sache falsch an. Unserer Meinung nach gibt es nur zwei Fehler, die man bei der Partnersuche im Netz machen kann. Der erste Fehler besteht darin, es nicht zu versuchen. (Auf den zweiten Fehler kommen wir gleich.) Wenn Sie Angst vor der Partnersuche im Netz haben oder sie Ihnen peinlich ist, können wir Ihnen versichern, dass Online-Dating eine ungefährliche und praktikable Möglichkeit ist, Männer kennenzulernen. Wenn sich Frauen bei uns beklagen, dass sie niemanden kennenlernen, schlagen wir ihnen zusätzlich zum Speeddating und anderen Singleveranstaltungen vor, Mitglied bei einer Partnerbörse im Internet zu werden. Manche reagieren, als würden wir Ihnen raten, sich nackt für den *Playboy* fotografieren zu lassen! Ihnen ist das zu öffentlich – was werden die Nachbarn oder ihr Chef dazu sagen? Andere behaupten, sie hätten es schon einmal probiert und es würde nicht funktionieren.

Hier sind ein paar Reaktionen auf unseren Vorschlag, sich im Internet auf Partnersuche zu begeben, und unsere Antworten darauf:

»Ich bin zu schüchtern.« Dabei ist die Anmeldung völlig problemlos, Sie müssen dafür nicht einmal mit jemandem reden! Sie erstellen einfach ein Profil mit ein paar Fotos und warten, bis die Männer anbeißen!

»Ich würde mich zu Tode schämen, wenn meine Kollegen bei der Arbeit oder die Mitglieder meiner Kirchengemeinde davon erfahren würden.« Aber das heißt doch, dass sie auch auf Partnersuche sind! Außerdem muss man sich dafür nicht schämen.

»Ich hab's probiert und keinen brauchbaren Mann kennengelernt.« Wahrscheinlich haben Sie nicht lange genug gewartet. Oder Ihr Profil entspricht nicht unseren *Regeln!*

»Nur Versager suchen sich online einen Partner.« Unsere Klientinnen, die ihren Ehemann im Netz gefunden haben, sind da ganz anderer Ansicht! Die Männer bei Online-Kontaktbörsen sind ein Spiegelbild *aller* Single-Männer: Manche sind süß und normal, andere nicht. Das ist nichts Neues.

»Die meisten Männer im Netz sind verheiratet!« Stimmt, manche sind vergeben, die meisten aber nicht. Die *Regeln* sieben verheiratete Männer aus, weil verheiratete Männer nicht ständig am Samstagabend oder an Feiertagen mit ihrer Liebsten ausgehen können!

»Ich habe kein gutes aktuelles Foto von mir.« Das lässt sich leicht ändern – bitten Sie einfach eine Freundin, Sie zu fotografieren. Oder gehen Sie am besten gleich zu einem professionellen Fotografen!

Egal, wie viele andere Möglichkeiten Sie noch bei der Partnersuche nutzen, wenn Sie im Internet aktiv werden, erhöhen sich Ihre Chancen. Am Online-Dating ist nichts Anrüchiges – Tausende Frauen haben Ihren Ehemann im Netz kennengelernt, wahrscheinlich haben Sie auch Bekannte, die sich so gefunden haben. Wenn Sie es richtig angehen, ist es völlig ungefährlich. Die Partnersuche in

Bars und bei Singleveranstaltungen ist zeitaufwendig und nicht immer möglich, wenn Sie beruflich stark gefordert sind oder kleine Kinder haben. Außerdem ist der Mann, den Sie suchen, vielleicht auch nicht so viel in Kneipen unterwegs. Online-Dating ist einfach *und* praktisch.

Das überzeugendste Argument ist vermutlich, dass das Angebot an ledigen Männern mit zunehmendem Alter kleiner wird. Viele Ihrer Freundinnen sind vielleicht schon verlobt oder verheiratet und kennen niemanden, den sie Ihnen vorstellen können, oder sie haben keine Lust mehr, Sie jedes Wochenende bei Ihrem Streifzug durch die Lokale der Stadt zu begleiten. Nach dem Studium ist es nicht mehr so einfach, Männer kennenzulernen. Das Internet bietet einfach eine weitere Möglichkeit, Bekanntschaften zu schließen – daran ist nichts Merkwürdiges oder Angst einflößendes! Sicher, wahrscheinlich treffen Sie auf ein paar Frösche, bevor Sie Ihren Prinzen finden, aber das kann Ihnen offline auch passieren!

Wenn Sie Ihre Vorbehalte gegenüber dem Online-Dating überwunden haben, ist es an der Zeit, sich um Ihr Profil zu kümmern. Zuerst brauchen Sie einen guten Nickname. Die meisten Frauen neigen dazu, einen Namen zu wählen, anhand dessen man sie nicht so schnell identifizieren kann, etwa ihre Initialen und ihr Geburtsjahr, aber das ist ein Fehler. Der Nickname bietet Ihnen die Gelegenheit, sich kreativ zu präsentieren und gleich den richtigen Eindruck zu hinterlassen. Warum wollen Sie das nicht nutzen? Bei unseren Beratungen überlegen wir oft, welcher populären Schauspielerin oder welchem Model eine Frau ähnelt, weil Vergleiche mit Promis immer Aufmerksamkeit erregen. Eine weitere Möglichkeit besteht darin, Ihre positiven Eigenschaften hervorzuheben wie etwa MuntereBlondine oder BlauäugigeAnwältin32. Manchmal wenden unsere Klientinnen ein: »Aber klingt das nicht ziemlich selbstgefällig zu behaupten, man würde aussehen wie ein Filmstar?« Nein – das ist amüsant und zeugt von Selbstbewusstsein! Vor allem machen Sie damit auf sich aufmerksam. Und wer würde nicht gerne mit einem Star ausgehen? Die 33-jährige Emma schrieb, sie sähe aus wie Kim Kardashian und bekam prompt als erste Nachricht: »Ich hoffe, *unsere* Ehe hält länger als drei Monate!«

Da Männer auf einen bestimmten Typ/ein bestimmtes Aussehen stehen, ist das Foto, das Sie für Ihr Profil nehmen, enorm wichtig – genauso wie Ihr Aussehen beim ersten Date in der realen Welt. Wir sehen immer wieder Fotos, auf denen eine Frau mit ihrer Nichte posiert oder ein kitschiges Halloween-Kostüm trägt, auf denen sie blinzelt oder ihre Haare eine totale Katastrophe sind, auf denen ihr der Busen aus dem Bikini quillt oder man noch den Arm eines Mannes auf ihrer Schulter sieht und der Rest abgeschnitten wurde. Lassen Sie neue Fotos speziell für Ihr Profil bei der Partnerbörse machen. Lächeln Sie und schauen Sie in die Kamera – kein düsterer Blick und bitte auch keine übertrieben »künstlerischen« Bilder. Am besten nehmen Sie ein Porträtfoto und ein oder zwei Bilder, auf denen Ihr ganzer Körper zu sehen ist, schließlich wollen Sie dem Mann das Gesamtpaket präsentieren.

Was den Inhalt des Profils angeht, sollten Sie sich unserer Meinung nach am besten kurz fassen. Konzentrieren Sie sich auf Sachinformationen wie Beruf, Hobbys, Lieblingsfilme und -TV-Serien, Essen, Sportarten und liebste Urlaubsziele. Hier ist ein Beispiel für ein Profil, das unseren *Regeln* entspricht:

HübscheKosmetikerin32
Sehe aus wie Blake Lively!
Ich war auf der Georgetown University und vertreibe jetzt Kosmetikprodukte in New York City. Wenn ich nicht arbeite, gehe ich gern joggen, schwimmen und

ins Kino. Mein Lieblingsfilm ist *Titanic,* meine Lieblingsfernsehserie *Law and Order.* Ich esse gern Sushi und italienisch. Einmal im Jahr bin ich in Los Angeles, das muss sein! Ich suche einen klugen, sportlichen Mann mit Sinn für Humor.

Manche Klientinnen meinen, eine solche Beschreibung sei zu kurz oder zu oberflächlich. Sie würden einem Mann gern mehr über ihre Gefühle und inneren Werte erzählen. Sie wollen, dass ihre Persönlichkeit zwischen den Sätzen über ihre Gedanken, Empfindungen und Meinungen aufscheint, zwischen ihren Vorstellungen von der Vergangenheit und Zukunft; sie wollen ihre Erfahrungen mitteilen, ihre Stärken beschreiben und ihre Hoffnungen, die sie für ihr Leben, die Liebe und eine Beziehung hegen. Manche Frauen schreiben dann: » Ich bin nicht auf Spielchen aus, ich suche jemanden für eine feste Beziehung – eine zweite Hälfte, die mich ergänzt, ohne dass man voneinander abhängig ist.« Oder sie erklären, sie würden einen Mann suchen, » der sich nicht von einer starken, finanziell unabhängigen Frau eingeschüchtert fühlt«. Oder sie bekennen offen, sie hätten eine schlimme Scheidung hinter sich, seien aber nicht verbittert, sondern würden sich viel besser fühlen. Sie wollen ein Resümee ziehen oder ihre tiefsten Gedanken mitteilen, als ginge es hier um ihre Autobiografie. Ihrer Ansicht nach werden fünf Sätze über ihre Lieblingsbeschäftigung ihrer Persönlichkeit nicht gerecht. Aber wie so oft im Leben ist weniger mehr! Selbst wenn es bei einer Partnerbörse verschiedene Kategorien innerhalb des Profils gibt, schauen die meisten Männer nur auf die Fotos und überfliegen kurz den Rest. Frauen, die endlose Abhandlungen verfassen, ziehen unserer Erfahrung nach Brieffreunde an, die sich mit ihnen intensiv online austauschen, aber nie mit ihnen ausgehen wollen.

Frauen mit guten Nicknames und tollen Fotos, die noch dazu wenig von sich preisgeben, faszinieren Männer und werden prompt um ein Date gebeten. Der Trick besteht darin, Interesse zu wecken und die Männer neugierig zu machen. Falls Sie es früher schon einmal mit der Partnersuche im Netz versucht haben und kein Glück hatten, schlagen wir vor, dass Sie es noch einmal mit schönen Fotos und einigen wenigen ausgesuchten Fakten probieren – dann klappt es bestimmt besser!

Der zweite Fehler beim Online-Dating besteht darin, dass die Frau zuerst Kontakt zu einem Mann aufnimmt. Auch beim Online-Dating lautet die oberste Regel, dass er sich zuerst bei Ihnen melden muss. Sie dürfen ihm nie zuerst eine Nachricht oder einen Wink schicken und auch nicht mit ihm chatten, selbst wenn Sie glauben, Sie hätten in ihm Ihren perfekten Traummann gefunden. Wenn Sie auf sein Aussehen/seinen Typ reagieren, auf seine Persönlichkeit, sein Foto oder seine Interessen, geht die Initiative von Ihnen aus, Sie stellen ihm nach, dabei muss er doch Ihnen nachjagen! Unserer Erfahrung nach funktioniert eine Online-Bekanntschaft, bei der die Frau den ersten Schritt macht, in der Regel nicht. Die einzige Ausnahme war die, dass ein Mann die Frau ohnehin kontaktieren wollte und sie ihm zuvorkam – in diesem Fall hatte die Frau einfach Glück. Wie sonst auch müssen Sie sich gedulden, bis der Mann den ersten Schritt macht, nur dann können Sie sicher sein, dass er sich wirklich für Sie interessiert.

Winks, Flirts und Ähnliches sollten Sie ignorieren. Dabei handelt es sich um eine Funktion, bei der ein Mann Ihr Profil nur anklicken muss, ohne persönlich an Sie zu schreiben – mit anderen Worten, um heiße Luft. Das ist ähnlich, wie wenn ein Mann Sie auf einer Party nur ansieht, Sie aber nicht anspricht und auch nicht auf Sie zukommt. Wir raten Frauen, solche Winks zu ignorieren, weil sich der Mann dafür keine Mühe machen muss. Das ist wie Anstupsen auf Facebook, ohne Ihnen etwas zu schreiben. Wenn Ihnen ein Mann nicht einmal eine E-Mail schreiben kann, um sich vorzustellen, wird er wahrscheinlich auch nicht mit Ihnen ausgehen.

Und was schreiben Sie nun, wenn sich ein Mann auf Ihr Online-Profil hin meldet? Das ist die wahre Kunst, die uns Rules-Girls aber natürlich nicht schwerfällt. Wir fassen uns kurz, weil wir schließlich keinen Brieffreund suchen, sondern einen Mann, der sich mit uns verabredet. Wir wollen vom Internet so schnell wie möglich in die reale Welt – genauer gesagt nach vier Kontakten. Wenn ein Mann sich nicht nach viermaligem Austausch mit Ihnen verabredet, vergeuden Sie mit ihm nur Ihre Zeit, weil er kein wirkliches Interesse an Ihnen oder an einer Beziehung hat. Also: Der Nächste bitte!

Wie bei jeder Kommunikationsform sollten Sie auch beim Online-Dating mindestens vier Stunden warten, bevor Sie einem Mann zurückschreiben, der sich auf Ihr Online-Profil hin gemeldet hat. Wenn Sie 30 Jahre und älter sind, können Sie sich gern auch ein bisschen mehr Zeit lassen und einen Tag warten. (Auch hier hilft unsere Tabelle mit Reaktionszeiten auf Seite 87 weiter.)

Wenn ein Mann schreibt: »Du sieht toll aus! Wir haben viel gemeinsam. Bist du schon lange bei dieser Website? Wie gefällt es dir? Schau dir mein Profil an und schreib mir, ob ich dir gefalle«, sollten Sie nicht über sein Profil mit ihm diskutieren und sich auch nicht über Ihre gemeinsamen Interessen austauschen. Natürlich können Sie sein Profil lesen, aber das müssen Sie ihm ja nicht unbedingt auf die Nase binden – damit würden Sie zu viel Interesse signalisieren. Schreiben Sie lieber ganz allgemein: »Vielen Dank. Du klingst interessant!« Dann muss er etwas in der Art schreiben wie: »Ich sehe, du gehst gern italienisch essen. Hast du ein Lieblingsrestaurant?« Und Sie antworten dann: »Ich gehe gern ins X und Y.« Damit hat er die ideale Vorlage und kann fragen: »Würdest du dich gern diese Woche mit mir dort treffen?« Wenn Sie endlos über seine und Ihre Interessen reden und darüber, wie lange Sie schon bei der Partnervermittlung sind und welche Erfahrungen Sie gemacht haben, werden Sie ewig im Netz weiterchatten. Wenn er so viele Fragen an Sie hat, soll er Sie ausführen und bei einem Drink mit Ihnen darüber reden!

Vergessen Sie nicht, Sie wollen auf keinen Fall den Eindruck erwecken, als ob es in Ihrem Leben nichts anderes als Online-Dating geben würde! Sie sind beschäftigt und haben ein ausgefülltes Leben. Daher gibt es neben der angemessenen Reaktionszeit auf eine Nachricht auch die Regel, dass am Wochenende absolute Funkstille herrscht. Wenn sich ein Mann am Freitagabend um 19 Uhr bei Ihnen meldet, antworten Sie nicht vier Stunden später, sondern warten bis Sonntagabend.

Hier sind einige weitere wichtige Regeln:

♥ Sicherheit geht vor. Ein Mann, den Sie im Netz kennenlernen, ist ein Fremder, verwenden Sie daher nie Ihren kompletten Namen oder den Namen Ihrer Firma. Sie sind die BlondeBankerin, nicht ChelseaJones@gmail.com oder Cjones@NatwestBank.com. Machen Sie keine genauen Angaben zu Ihrem Wohnort oder Arbeitsplatz. Sie können schreiben, dass Sie Immobilienmaklerin sind, aber nicht, für wen Sie arbeiten. Beim ersten Date sollten Sie sich an einem öffentlichen Ort treffen, zum Beispiel in einem Restaurant in der Nähe Ihrer Wohnung. Sagen Sie einer Freundin, wo Sie hingehen, und bitten Sie sie, Sie nach einer Stunde anzurufen oder Ihnen eine SMS zu schicken, nur für den Fall der Fälle. Steigen Sie nicht in sein Auto und nehmen Sie ihn auch nicht in Ihrem Wagen mit, so unglaublich die Chemie zwischen Ihnen auch sein mag – und schlafen Sie auch nicht gleich mit ihm. Wenn Sie ihn nicht bei der Arbeit oder über gemeinsame Freunde kennengelernt haben, wissen Sie praktisch nichts über ihn, also seien Sie vorsichtig!

♥ Falls die Dating-Website eine Instant-Messaging-Funktion hat, schalten Sie sie ab, damit Sie nicht ständig erreichbar sind und er nicht sieht, wann Sie auf der Seite sind. Geben Sie sich mysteriös!

♥ Wenn ein Mann, den Sie online kennengelernt haben, weiterhin per E-Mail mit Ihnen Kontakt hält und sich auch nach dem ersten Date per Mail mit Ihnen verabredet, sollten Sie nicht vorschlagen, telefonisch Kontakt zu halten. Eine Verabredung ist eine Verabredung. Wenn er nicht gern telefoniert, müssen Sie damit leben oder ihn nicht mehr treffen. Außerdem wussten Sie von Anfang an, dass er auf neue Kommunikationsformen steht.

♥ Wenn ein Mann Ihnen seine Telefonnummer schickt, Sie aber nicht um Ihre bittet, reagieren Sie am besten mit: »Wunderbar, und hier ist meine Nummer ____.« Ob ein Mann Lust hat, mit Ihnen zu reden, wissen Sie nur, wenn *er* Sie anruft.

♥ Kaufen Sie nicht die Katze im Sack. Wenn er kein Foto von sich einstellt, bitten Sie ihn um eins, wenn er sich bei Ihnen gemeldet hat. Treffen Sie einen Mann nur, wenn er Ihnen ein Bild von sich geschickt hat. Sie sind nicht oberflächlich – er verhält sich verdächtig. Sortieren Sie auch Männer aus, die in ihren Nachrichten oder ihrem Profil über Sex reden. Seien Sie auf der Hut bei Männern, die nichtssagende Mails oder vorformulierte Antworten schicken und nicht auf Ihr Profil eingehen.

♥ Wenn ein Mann Sie nicht nach vier Kontakten um ein Rendezvous gebeten hat, haben Sie eine Phantasiebeziehung im Cyberspace, also wenden Sie sich besser einem anderen Mann zu. Wie kann sich eine Frau in einen Mann verlieben (oder mit ihm Schluss machen), ohne ihn je persönlich getroffen zu haben? Manche Frauen tauschen sich intensiv mit einsamen oder gelangweilten Männern aus, die sie nie kennengelernt haben, schwören aber, dass sie einen Seelenverwandten gefunden haben. Um ein intensives Band zu einem anderen Menschen zu spüren, muss man ihn von Angesicht zu Angesicht treffen. Bei der Online-Partnersuche läuft es selten so wie bei *Schlaflos in Seattle!*

♥ Entfernen Sie Ihr Profil erst, wenn Sie einen festen Partner haben und er sein Profil entfernt hat. Wenn er Ihnen sagt, er sei »einfach noch nicht dazu gekommen«, glauben Sie ihm kein Wort! Das heißt, dass er sich immer noch die Profile anderer Frauen ansieht, obwohl er Ihnen die Treue geschworen hat. Also halten auch Sie weiterhin die Augen offen!

♥ Und zu guter Letzt sollten Sie so lange bei einer Partnervermittlung bleiben, bis Sie den Richtigen gefunden haben. Frauen beschließen oft, eine »Auszeit vom Online-Dating zu nehmen« oder ihre Mitgliedschaft nicht zu verlängern. Das ist verrückt! Wovon wollen Sie denn eine Auszeit nehmen – davon, Ihren Zukünftigen kennenzulernen? Würden Sie eine Auszeit bei einer Stellenvermittlung im Internet nehmen, wenn Sie arbeitslos wären? Sicher nicht! Natürlich können Sie sich eine Pause gönnen und ab und zu ein paar Tage lang nicht auf E-Mails reagieren, aber wenn Sie wirklich einen Mann kennenlernen wollen, sollten Sie Ihr Profil so lange wie nötig behalten und einmal oder zweimal die Woche ausgehen. Sie müssen schon mitspielen, wenn Sie gewinnen wollen – also bleiben Sie dabei und verkriechen Sie sich nicht am Spielfeldrand!

Zahlen Sie nicht die Rechnung oder: Erkaufen Sie sich nicht seine Liebe

Frauen, die zu viel des Guten tun oder zu viel in eine Beziehung investieren, sind Thema unzähliger Selbsthilferatgeber. Wir sparen Ihnen die Mühe, sie zu lesen und sagen Ihnen ganz einfach: Wenn Sie mehr tun müssen, als sich von einem Mann ausführen zu lassen, damit er Sie mag, dann ist das schon zu viel!

Eine Frau wirkt viel zu bemüht, wenn Sie bei einem Rendezvous darauf besteht, sich irgendwo auf halber Strecke zu treffen, für ihr Essen selbst zu bezahlen oder seine Liebe sonst irgendwie zu erkaufen. Ihm Geschenke zu machen oder die Kosten einer gemeinsamen Reise zu halbieren, zählen als »nette« Versuche einer Frau, sich bei einem Mann einzuschmeicheln, aber dafür wird ein Mann sie noch lange nicht lieben! Wenn eine Frau es übertreibt, verwöhnt sie einen Mann zu sehr. Wir wissen, dass sich ein Mann eigentlich eine Frau wünscht, die sich nicht um ihn bemüht. Sie versuchen, ihn zu manipulieren, indem Sie es ihm so angenehm wie möglich machen, mit Ihnen zusammen zu sein. Aber eine Frau, die sich an die *Regeln* hält, muss einem Mann keinen Grund liefern, sie zu mögen, indem sie ihn mit ihren Bonusmeilen oder ihrer Kreditkarte »umgarnt«. Sie ist der wahre Grund!

Wenn Sie am Anfang einer Beziehung zu viel investieren, spürt ein Mann das und verliert das Interesse. Das ist wieder so ein Fall, bei dem Sie die Rollen vertauschen, Sie werden zur Jägerin und zeigen zu deutlich, dass Sie ihn mögen. Außerdem haben Männer ihren Stolz und wollen von einer Frau nicht unterstützt werden, selbst wenn sie sich deren Großzügigkeit anfangs gefallen lassen.

Die 35-jährige Managerin Brenda hatte sich in ihren Yogalehrer verliebt. Wenn er bis spätabends arbeiten musste, konnte er in ihrer Stadtwohnung übernachten, weil sie hoffte, ihn dadurch an sich zu binden. Nach einiger Zeit schlug sie sogar vor, dass er bei ihr einziehen solle, damit er nicht immer zu seiner Wohnung in einem Vorort pendeln musste (und natürlich, damit sie häufiger mit ihm zusammen sein konnte). Einige Wochen, nachdem er bei ihr eingezogen war, fand Brenda Kurznachrichten von anderen Frauen auf seinem Handy. Als sie ihn damit konfrontierte, behauptete er, er habe ihr nie gesagt, dass sie die einzige Frau in seinem Leben sei. Es sei ihre Idee gewesen, dass er bei ihr einziehe, nicht seine. Er war ihr nicht einmal dankbar für die mietfreie Unterkunft! Brenda rief uns in Tränen aufgelöst an, weil sie gedacht hatte, sie hätte ihren Traummann gefunden. Wir sagten ihr, dass er seine Sachen packen müsse. Außerdem erklärten wir ihr, dass sie nicht versuchen dürfe, einen Mann mit ihrem Geld, ihrem Besitz oder ihren Privilegien zu ködern. So etwas funktioniert nie!

Es ist kein Geheimnis, dass manche Frauen heutzutage mehr verdienen als die Männer, mit denen sie zusammen sind. Oft denken sie sich nichts dabei und nutzen ihr Geld und ihren Einfluss, um das Interesse eines Mannes wachzuhalten. Wir haben Klientinnen in einflussreichen Positionen oder weibliche Firmenchefs, die versuchen, einem Mann, den sie gerade erst kennengelernt haben, einen Job in ihrer Firma oder dem Unternehmen ihres Vaters zu besorgen. Keine gute Idee! Wenn Sie ein Vorstellungsgespräch für ihn arrangieren oder ihm eine Stelle verschaffen, werden Sie nie wissen, ob er wegen Ihrer Beziehungen mit Ihnen ausgeht oder weil er Sie wirklich mag. Das erfahren Sie nur, wenn Sie ihm *nichts* geben.

Nichts bedeutet, dass Sie ihm nichts bezahlen und ihn auch nicht in den Genuss sonstiger Vorteile kommen lassen, die Ihnen zustehen. Wenn ein Mann, mit dem Sie ausgehen, sagt, er habe nicht das Geld, Sie in teure Restaurants auszuführen, sagen Sie einfach: »Das ist in Ordnung!« Er kann mit Ihnen in ein günstiges Restaurant gehen oder sich etwas anderes Kreatives ausdenken. Aber bieten Sie ihm nicht an, die Rechnung zu übernehmen. Wenn er Geld von Ihnen leihen will, um Ihnen etwas Schönes zu kaufen, sagen Sie, Sie hätten selbst nicht genug.

Die 29-jährige Optikerin Randi war mit einem erfolglosen Schriftsteller namens Michael zusammen. Sie bezahlte, wenn die beiden essen gingen, und lieh ihm Geld, damit er die Miete bezahlen konnte. Als Michael nach einem Jahr einen Buchvertrag mit einem sechsstelligen Honorar an Land zog, machte er mit ihr Schluss und behauptete, er sei noch nicht reif für eine ernste Beziehung. Wie bitte?! Sie hatte ihm fast 5000 Dollar geliehen! Randi wollte ihm eine E-Mail schreiben und ihr Geld zurückfordern, aber wir rieten ihr, die Sache auf sich beruhen zu lassen und sich nach einem neuen Partner umzusehen – sie konnte ja die Halskette verkaufen, die er ihr geschenkt hatte. Wir haben schon von Frauen gehört, die ihren Partnern Geld liehen und sie anschließend verklagten, als die Beziehung in die Brüche ging. Das kann gelinde gesagt unangenehm und peinlich werden. Also lassen Sie es einfach!

Vielleicht wurde er von anderen Frauen verdorben, die stets die Rechnung teilten, aber das soll nicht Ihr Problem sein! Oder er sagt, seine Ex sei nur aufs Geld aus gewesen und er wolle nicht noch einmal ausgenutzt werden, deshalb sei er mit seinem Geld vorsichtig. Sie können ihm natürlich sagen, dass Ihnen das leidtut, Sie sollten aber trotzdem keine größeren Ausgaben übernehmen. Männer sind sehr einfallsreich, wenn sie an Geld kommen wollen, fallen Sie nicht auf ihre Tricks herein! Wenn er geizig ist, müssen Sie nicht gleich mit ihm Schluss machen, wenn alles andere zwischen Ihnen stimmt, aber Sie sollten ihm zu verstehen geben, dass Sie ihn nicht aushalten werden. Es geht nicht ums Geld, es geht darum, dass ein Mann sich um Sie bemühen muss, sonst weiß er Sie einfach nicht zu schätzen! Wenn Sie die Rechnung übernehmen, vertauschen sich in Ihrer Beziehung die Rollen.

Frauen sind gern großzügig. Sie kaufen ihrem Liebsten eine teure Uhr oder ein iPad. Sie gehen durch seine Wohnung und beschließen, dass er einen größeren Fernseher braucht. Sie werden zu seiner selbst ernannten Innenausstatterin und hinterlassen überall ihre Spuren, damit er an sie denkt, wenn er *ihre* Weingläser und Serviettenhalter benutzt. Oder sie wühlen in seinem Kleiderschrank und verkünden, dass er einen neuen Anzug oder eine ordentliche Lederjacke braucht. Sie kaufen ihm teure Krawatten und Manschettenknöpfe mit Monogramm für das alljährliche Personalgespräch beim Chef. Wenn sie auf Geschäftsreise gehen oder Bonusmeilen haben, nehmen sie ihn mit oder spendieren ihm einen Urlaub. Wenn sie ein dickes Spesenkonto haben, laden sie ihn zu Cocktails und in teure Restaurants ein und lassen ihn in einer Limousine abholen. Natürlich liebt er solche spendablen Geschenke, aber das heißt noch lange nicht, dass er deshalb auch sie liebt! Hören Sie auf unseren Rat, sparen Sie Ihr Geld und verkneifen Sie sich Ihre Großzügigkeit, bis Sie verheiratet sind. Nach der Hochzeit können Sie nach Herzenslust Ihr Liebesnest dekorieren, ihm Geschenke kaufen, ihn auf Geschäftsreisen und Partys mitnehmen – aber nicht, wenn Sie mit ihm ausgehen.

Geschenke für ihn

Wir geben es zu, bei diesem Punkt mussten wir unsere Mütter um Rat fragen. Wir sind mit ihnen einer Meinung, dass man die Liebe eines Mannes nicht kaufen kann, aber können wir ihm nicht wenigstens zum Geburtstag etwas Schönes schenken? Geburtstage sind so ziemlich der einzige Anlass im Jahr, bei dem Geschenke nicht nur erwünscht, sondern erwartet werden – und wer will schon als die Freundin bekannt werden, die ihrem Freund nichts schenkt? Das richtige Geschenk zu finden, kann allerdings ziemlich knifflig sein! Auf übertrieben extravagante Geschenke sollte man natürlich verzichten (etwa einen neuen iPod oder eine teure Uhr), und allzu kitschig sollte das Geschenk auch nicht sein (also lasst die Bastelsachen und Klebeherzchen im Schrank!). Am besten ist ein Geschenk, von dem ihr wisst, das es ihm gefällt, das aber nicht die Bank sprengt: Ein Trikot von seiner Lieblingsmannschaft, eine DVD von einem Film, den er mag, ein Essen in einem besonderen Restaurant … oder wie wäre es, wenn ihr ihm selbst ein romantisches Essen kocht? Man muss nicht viel Geld ausgeben, um zu zeigen, dass einem jemand wichtig ist.

Wenn Sie schon seit Längerem ein Paar sind, können Sie ab und zu Kleinigkeiten bezahlen. Wenn Ihr Freund Sie beispielsweise zum Abendessen und danach ins Musical ausführt, können Sie ihm einen Drink spendieren oder danach mit ihm noch ein nettes Dessert essen gehen, das

Sie bezahlen. Wenn er krank ist, können Sie ihm Hühnersuppe und verschiedene Medikamente vorbeibringen. Doch die regulären Verabredungen am Samstagabend muss er finanzieren.

Wenn ein Mann darauf besteht, dass Sie mit ihm verreisen, die Kosten für den Urlaub aber teilen will, sagen Sie lieber: »Danke, aber ich glaube, ich kann nicht weg.« Hier ist Vorsicht angebracht, vielleicht ist er nämlich gar nicht in Sie verliebt, sondern sucht nur eine nette Reisebegleitung. Und was ist, wenn Sie schon eine Weile miteinander ausgehen und er mit Ihnen verreisen will und sich richtig darauf freut? Hier sind manchmal harte Verhandlungen erforderlich! Wenn er mit dem von Ihnen vorgegebenen Zeitrahmen einverstanden ist – nicht länger als vier Tage –, können Sie ihn ruhig die Reise planen lassen, er soll alles buchen und mit *seiner* Kreditkarte bezahlen. Wenn er Sie bittet, sich an den Kosten zu beteiligen, oder Sie das Gefühl haben, Sie sollten etwas beisteuern, wählen Sie einen konkreten Kostenpunkt, etwa Ihr Flugticket, und bezahlen ihn. Will er beispielsweise eine fünftägige Kreuzfahrt mit Ihnen machen, können Sie die Ausflüge an Land übernehmen. Finanzieren Sie nie die komplette Reise (Flug, Hotel, Restaurants) über Ihre Kreditkarte im Glauben, dass er Ihnen die Kosten erstatten wird; es kann manchmal sehr peinlich oder sogar unmöglich sein, Ihr Geld zurückzubekommen. Gelegentlich hat ein Mann vielleicht direkt nach der Reise berufliche Probleme und kann die Rechnungen nicht bezahlen, und Sie kommen sich herzlos vor, wenn Sie Geld von ihm verlangen, vor allem, wenn Sie mehr verdienen als er oder er einen Kredit fürs Studium abzahlen muss und Sie nicht. (Abgesehen vom Geld gibt es noch einen anderen Grund, nicht gleich für ein oder zwei Wochen gemeinsam zu verreisen: Mit zunehmender Vertrautheit schätzt man den anderen geringer. Heben Sie sich *das* für die Flitterwochen auf.)

Frauen versuchen nicht nur mit Geld und Geschenken einen Mann für sich zu gewinnen und sich in sein Leben zu drängen. Sie schicken ihm Gedichte per E-Mail, fertigen Fotocollagen von all den Orten an, die sie zusammen besucht haben, und reisen zu jedem Spiel seiner Mannschaft. Sie versuchen, den Streit zu schlichten, den er mit seinem Vater hat. Sie spielen die Therapeutin, wenn er einen schlechten Tag hatte oder wenn er über seine Exfreundin reden will. Kommt Ihnen das bekannt vor?

Wenn Sie ein so großzügiger Mensch sind, dann helfen Sie Ihren Freunden oder finden Sie eine Wohltätigkeitsorganisation und leisten Sie dort gemeinnützige Arbeit. Aber verwenden Sie diese Eigenschaft nicht als Vorwand, einen Mann nach Strich und Faden zu verwöhnen oder mit Geschenken zu überhäufen. Damit begeben Sie sich selbst in eine Position, in der Sie ausgenutzt oder verletzt werden können. Ob Sie ihm nun Geld geben, damit er sein Auto reparieren lassen kann, ihm die Wohnung putzen oder ein Vorstellungsgespräch bei Ihrer Anwaltskanzlei vermitteln – das ist alles zu viel. Sie sollten sich nicht anstrengen müssen, um das Interesse eines Mannes zu wecken. Ein Rules-Girl muss die Liebe oder Aufmerksamkeit eines Mannes nicht kaufen. Wenn Sie mehr machen, als sich von ihm ausführen zu lassen und jemand ganz Besonderes zu sein, dann ist das zu viel!

Richten Sie sich bei der Wahl Ihrer Universität, Arbeitsstelle oder Ihres Wohnorts nicht nach einem Mann

Bei der Wahl der richtigen Universität, der Arbeitsstelle oder des Wohnorts spielen viele Faktoren eine Rolle. Sich bei dieser Entscheidung nach Ihrem Freund oder einem Mann zu richten, in den Sie sich kürzlich verliebt haben, kann sich jedoch als schwerwiegender und oft kostspieliger Fehler erweisen. Dennoch erliegen Frauen jeden Alters immer wieder dieser Versuchung.

Die 35-jährige Anwältin Isabella lernte den 38 Jahre alten Mark kennen, als der bei derselben Kanzlei angestellte Anwalt von San Francisco zum Hauptsitz der Firma nach Chicago kam, um an einem speziellen Fall zu arbeiten. Mark stand in dem Ruf, alles zu bekommen, was er wollte, und war vom ersten Moment an hingerissen von der großen, brünetten Schönheit. Er reiste zweimal im Monat übers verlängerte Wochenende nach Chicago, nur um sie zu sehen. Es war eine stürmische Affäre: eine tägliche Flut von Kurznachrichten, E-Mails und Skype-Sitzungen. Wenn Mark in der Stadt war, führte er Isabella in elegante Restaurants zum Essen aus und schenkte ihr teuren Schmuck. Nach sechs Monaten bat er sie, nach San Francisco zu ziehen, um sie besser kennenzulernen, und deutete an, dass er ihr dann einen Antrag machen würde. Isabella glaubte, sie hätte in ihrem Anwaltskollegen ihren Traumprinzen gefunden.

Ohne lange zu überlegen, verkaufte sie ihre Eigentumswohnung, verabschiedete sich von ihrer Familie und ihren Freunden und ließ sich nach San Francisco versetzen, obwohl sie in der dortigen Niederlassung eine schlechtere Position bekleidete als in Chicago. Sie zog bei Mark ein. Da sie so viele Zugeständnisse gemacht hatte, ging sie davon aus, dass er ihr bald einen Heiratsantrag machen würde. Doch nachdem Mark ihr nach sechs Monaten immer noch keinen Ring geschenkt und auch nicht um ihre Hand angehalten hatte, wuchs bei Isabella der Groll. Sie hatte nur wenige Freunde in der neuen Stadt gefunden und langweilte sich. Eigentlich hatte sie gehofft, dass sie ihre Hochzeit planen könnte! Mark arbeitete oft bis spätabends, weil er Partner in der Kanzlei werden wollte. Sobald sie das Thema Verlobung ansprach, wirkte er genervt und fragte: »Wozu die Eile? Warum lassen wir uns nicht ein bisschen Zeit? Außerdem hast du dich verändert, du bist anders als die Frau, die ich kennengelernt habe.« Solche Diskussionen machten Isabella nur noch wütender. Sie erklärte: »Ich bin so, weil du mir noch keinen Antrag gemacht hast.« Und so ging es zwischen den beiden hin und her, ohne dass eine Lösung in Sicht gewesen wäre.

Als Isabella sich schließlich weinend bei uns meldete, waren wir nicht überrascht über den Gang der Dinge. Wir erklärten ihr, dass eine Frau nur an den Wohnort eines Mannes ziehen sollte, wenn er ihr einen offiziellen Heiratsantrag gemacht hat (mit Ring und Hochzeitstermin), sonst vergisst der Mann schnell, dass er je heiraten wollte. (»Warum die Kuh kaufen, wenn man die Milch umsonst haben kann?«, sagte unsere Großmutter immer.) Und die Frau ist frustriert oder am Boden zerstört, weil sie ihr Leben völlig umsonst auf den Kopf gestellt hat.

Wir rieten Isabella, Mark zu sagen, sie könne nicht mehr mit ihm zusammenleben, wenn er ihr keinen Antrag mache. Falls er dann immer noch keinen Hochzeitstermin festlegte, solle sie ihre Sachen packen. Er reagierte wütend und sagte, er lasse sich nicht erpressen. Isabella zog so schnell wie möglich aus und kehrte nach Chicago zurück – und hörte nie wieder etwas von Mark. Sie hatte ein Jahr ihres Lebens an einen Mann verschwendet, der sie nie heiraten wollte. Also egal, wie vielversprechend der Umzug in eine andere Stadt wirken mag, seien Sie nicht zu impulsiv.

Sicher ist Isabella nicht die erste berufstätige Frau, die Zeit verplemperte, indem sie zu ihrem Freund zog. Meistens sind es jedoch Studentinnen, die nicht lange darüber nachdenken und die Universität wechseln oder zu ihrem Freund ziehen, ohne dass er ihnen eine Antrag gemacht hätte. Dabei setzen sie nicht nur ihre weitere Ausbildung oder berufliche Zukunft aufs Spiel, sondern vertauschen auch die Rollen in der Beziehung: Die Frau wird zur Jägerin, manchmal sogar zur Stalkerin. Die meisten Studenten wollen ihre Freiheit. Sie sind noch nicht bereit, sich fest zu binden; sie wollen sich ausprobieren und Spaß haben und nicht auf Schritt und Tritt von ihrer Freundin überwacht werden. Wenn Sie an die gleiche Universität wie Ihr Freund wechseln, könnte er sich in die Enge gedrängt fühlen und Schluss mit Ihnen machen.

Wir haben schon mit vielen jungen Frauen gesprochen, die diese folgenschwere Entscheidung getroffen haben und ihrem Freund oder Schwarm ans College gefolgt sind. Sie haben es bitter bereut. Sie zogen Hunderte Kilometer weit weg, nur damit ihnen der Freund dann in den Semesterferien oder während der Abschlussprüfung den Laufpass gab. Es gibt nichts Peinlicheres und Unangenehmeres, als auf dem Campus seinem Ex mit der neuen Freundin im Arm über den Weg zu laufen!

Ashley und Dylan waren seit der elften Klasse ein Paar. Dylan hatte sie angesprochen und vorgeschlagen, zusammen zu lernen. Als es um die Wahl des richtigen Colleges ging, wollte Ashley, die sich für Ernährungswissenschaft interessierte, lieber in der Heimat bleiben, während Dylan sich für ein College 3200 Kilometer weit entfernt entschied, das sich auf Sportmedizin spezialisiert hatte. Ashley überredete ihre Eltern, ihr zu erlauben, sich an Dylans College zu bewerben. Doch Dylan reagierte nicht unbedingt begeistert: »Bist du dir sicher? Wirst du deine Eltern nicht vermissen? Du bist doch so ein Familienmensch.« Damit sagte er ihr eigentlich: »Klammer nicht so, ich bin noch jung und will andere Mädchen kennenlernen.« Aber Ashley meinte, er sei nur um sie besorgt, und überhörte seine Zweifel. Sie hatte solche Angst, Dylan zu verlieren, wenn sie eine Fernbeziehung führten, dass sie wild entschlossen war, an seinem College zu studieren: »Mach dir keine Sorgen, ich kann ja jeden Tag mit ihnen chatten«, antwortete sie.

Auf dem College ließ Ashley Dylan nicht aus den Augen. Sie hockte ständig bei ihm auf dem Zimmer und suchte nach Möglichkeiten, seinen Mitbewohner loszuwerden. Sie wartete auf Dylan in der Cafeteria, um mit ihm zu frühstücken, zu Mittag und Abend zu essen. Zu seinem Geburtstag schenkte sie ihm eine schöne Glückwunschkarte von Hallmark und einen Gutschein über 100 Dollar in einem Sportgeschäft. Als sie einen Monat später Geburtstag hatte, kritzelte Dylan mit dem Edding »Happy Birthday« auf die Rückseite seiner Mathehausaufgaben und versprach, ihr bald »etwas ganz Besonderes« zu besorgen.

Drei Monate später lud Ashley Dylan zum Thanksgiving-Essen daheim bei ihren Eltern ein, aber er sagte, er habe schon ein Busticket gekauft und wolle einen Freund in einem nahe gelegenen College besuchen. Ashley fühlte sich zurückgewiesen und meinte, vielleicht sei ihre Beziehung am Ende. Natürlich hoffte sie, dass er ihr widersprechen würde. Aber stattdessen sagte er: »Ja, das glaube ich auch.« Geschockt nahm Ashley seine Facebook-Seite genauer unter die Lupe. Tatsächlich war der »Freund«, den er besuchen wollte, seine Exfreundin, die beiden waren wieder zusammen! Ashley flog nach Hause und verbrachte Thanksgiving in Tränen aufgelöst. Ihre Eltern konnten sie überzeugen, an ein College in der Nähe zu wechseln und Ernährungswissenschaft zu studieren – wie sie es eigentlich vorgehabt hatte.

Es kommt nie etwas Gutes dabei heraus, wenn ein Mädchen einem Jungen an die gleiche Universität folgt. Die jungen Männer, mit denen wir uns unterhalten haben, sagten alle: »Das ist absolut keine gute Idee!« Ein Junge sagte, er habe mit einem Mädchen Schluss gemacht, weil sie an seine Uni wechseln wollte. Er war erst 21 und wollte sich noch nicht binden – und er wollte auch nicht, dass sie sein Leben nach ihm ausrichtete. Wenn Sie sich unnötigen Liebeskummer und die Demütigung ersparen und nicht wie eine Stalkerin wirken wollen, folgen Sie einem Mann nirgendwohin! So etwas funktioniert nur, wenn der Mann Ihnen folgt! Auch bei der Wahl des Studienorts soll er sich wie bei allem anderen, was wir im Buch besprechen, an Ihnen orientieren.

Hier ist eine weitere wahre Geschichte, aber mit Happy End:

Emily und ihr Freund Jake waren schon auf der Highschool drei Jahre lang ein Paar. Er war ein Jahr älter und entschied sich für ein Studium an einem nahe gelegenen College. Emily wollte auch dort studieren, aber für ihre Eltern kam das nicht infrage. Sie sollte hinaus in die Welt, Erfahrungen sammeln und neue Leute kennenlernen.

Als sich Emily im August von Jake verabschieden musste, war sie so wütend auf ihre Eltern, dass sie während der vierstündigen Fahrt zu ihrem neuen College kein Wort mit ihnen sprach. Doch wie sich zeigte, hatten ihre Eltern recht. Sie hatte eine tolle Mitbewohnerin, trat einer Studentinnenverbindung bei, schloss viele neue Freundschaften und genoss die Zeit fern von zu Hause. Jake vermisste sie sehr und hinterließ ihr jeden Tag Nachrichten auf ihrer Facebook-Pinnwand und schickte ihr E-Mails. Außerdem schlug er vor, jeden Abend um neun zu skypen, weil er sicherstellen wollte, dass sie in ihrem Zimmer blieb und nicht mit anderen Jungs loszog! Er besuchte sie an jedem zweiten Wochenende und verbrachte auch die Ferien mit ihr zusammen. Schließlich hatte er das Hin- und Herreisen so satt, dass er an *ihr* College wechselte. Gleich nach seinem Abschluss machte er ihr einen Antrag. Mittlerweile sind die beiden glücklich verheiratet.

In Emilys Fall sorgten ihre Eltern dafür, dass sie sich an die *Regeln* hielt. Hätte Jake sonst auch so hart um sie gekämpft? Oder hätte er sich nicht eher bedrängt gefühlt, wenn sie ihm an sein College gefolgt wäre? Wären die beiden heute verheiratet, wenn Emily es ihm so leicht gemacht hätte?

Wenn Sie mit dem Gedanken spielen, an derselben Universität wie Ihr Freund zu studieren oder ihm aus einem anderen Grund hinterherzuziehen, lassen Sie es lieber. Sie ruinieren womöglich ihre Ausbildung oder berufliche Zukunft und verschwenden Zeit, Geld und Energie – um ihn am Ende doch zu verlieren. Wenn Sie noch nicht verheiratet sind, sind *Sie* der wichtigste Mensch in Ihrem Leben; *Ihre* Ziele und Träume sollten bei der Wahl Ihres Wohn- oder Studienorts den Ausschlag geben.

Regel Nummer 21

Vorsicht mit Alkohol bei Verabredungen oder Partys, Sie könnten etwas sagen oder tun, was Sie später bereuen

Wir sagen es nur ungern, aber Trinken ist heutzutage so eine Art Initiationsritual für junge Erwachsene. An vielen Colleges, vor allem an Colleges mit Verbindungshäusern und Footballmannschaften, gehören feuchtfröhliche Feiern einfach dazu. Auch bei Betriebsfeiern und beim Networking wird gern getrunken, weil Alkohol die Hemmungen nimmt und das Gespräch in Gang hält. Das ist uns natürlich klar. Wir finden es super, wenn Sie auch noch nach einem oder zwei Gläsern in der Lage sind, sich an die *Regeln* zu halten. Aber wenn Sie schon nach einem Glas zu Ausschweifungen neigen oder streitlustig werden, sollten Sie vielleicht besser auf Alkohol verzichten.

Heftiger Alkoholgenuss und die Partnersuche nach den *Regeln* passen einfach nicht zusammen. Unter Alkoholeinfluss trifft man Entscheidungen, die man sonst nie treffen würde, erklärt sich beispielsweise zu einem One-Night-Stand bereit oder lässt sich mit seinem Ex oder verheirateten Männern ein. Eine Frau schläft dann womöglich mit einem Mann, den sie gerade erst kennengelernt hat, weil der Teil ihres Gehirns, der ruft »Das ist aber keine gute Idee!« zu beduselt ist, um noch zu funktionieren. Wir haben schon mit Dutzenden Frauen gesprochen, die uns sagten, der Alkohol habe ihnen die Partnersuche ruiniert, sowohl auf dem College als auch später. Offensichtlich ist es nahezu unmöglich, sich an unsere *Regeln* zu halten, wenn sich die moralischen Grenzen verwischen oder nicht mehr existieren. Anstatt bei einem Date locker und amüsant aufzutreten, schütten Sie ihm tränenreich ihr Herz aus. Anstatt bei der ersten Verabredung übers Studium, die Arbeit oder Filme zu plaudern, beugen Sie sich über den Tisch, küssen den Mann, den Sie erst seit Kurzem kennen, und sagen ihm, dass Sie ihn mögen. Wenn Sie zu viel trinken, vergessen Sie den Blick auf die Uhr und beenden die erste Verabredung nicht spätestens nach zwei Stunden. Nach zu vielen Gläsern Wein bei der ersten oder zweiten Verabredung erzählen Sie ihm wahrscheinlich Ihre komplette Lebensgeschichte einschließlich der Gründe, warum Sie von Ihrem Ex sitzen gelassen wurden. Es gibt nichts Schlimmeres, als am nächsten Morgen aufzuwachen und zu begreifen, was man alles ausgeplaudert – oder getan – hat! Eine Frau, die sich auf peinliche Art betrinkt, hört normalerweise nichts mehr von einem Mann, höchstens um zwei Uhr nachts, wenn er schnellen Sex haben will. Auch wenn Sie sich noch nie zuvor so benommen haben, ein Mann nimmt an, dass Sie sich immer so aufführen. Der Ruf, zu viel zu trinken und sich dann auf schnellen Sex einzulassen, ist nicht unbedingt erstrebenswert. Wir befragten verschiedene Männer, die noch studierten oder bereits arbeiteten, und alle sagten, eine betrunkene Frau schrecke eher ab.

Wir sind der Meinung, dass ein Drink bei einer Verabredung genügt. Manche Klientinnen tranken zum Beispiel beim Essen zwei Gläser Wein, »um die Nerven zu beruhigen«, und sagten oder taten danach Dinge, die sie später bereuten. Ob es Ihnen gefällt oder nicht, Alkohol beeinflusst Ihr Verhalten. Die 35-jährige Alana erzählte uns, dass sie Streit mit ihrem Freund anfängt, mit dem sie seit neun Monaten zusammen ist, sobald sie mehr als ein Glas Wein getrunken hat, und ihm vorwirft, er habe etwas mit seiner Sekretärin. Sie sagt dann: »Du machst doch nur Überstunden, um länger mit ihr zusammen zu sein!« Einmal schlug sie ihn sogar, obwohl er ihr immer wieder seine Liebe versichert und von einer gemeinsamen Zukunft spricht. Wenn Alana nüchtern ist, ist sie lieb und nett und zeigt sich von einer ganz anderen Seite. Alkohol kann wie ein Wahrheitsserum wirken und eine Frau veranlassen, Dinge zu sagen, die sie besser nur einem Tagebuch anvertraut oder in einem Beratungsgespräch mit uns ausspricht! Wenn Sie sich durch Alkohol von einem schüchternen Wesen in einen Vamp verwandeln, der auf dem Tisch tanzt, oder eifersüchtig und streitlustig werden, sollten Sie bei einer Verabredung besser darauf verzichten.

Die 29-jährige Gabby erzählte uns, dass ihre Collegezeit eine Katastrophe war, was die Partnersuche anging, weil sie völlig unkontrolliert Drogen nahm. Sie schnupfte alles, was sie kriegen konnte, weil sie dann sämtliche Hemmungen ablegte und richtig aufgekratzt war. Sie betrank sich, bis sie erbrechen musste, ohnmächtig wurde oder im Bett von irgendeinem Kerl landete. Morgens konnte sie sich oft nicht an die letzte Nacht erinnern – und wenn sie sich erinnerte, war sie entsetzt über sich selbst. Bei jedem neuen Mann, den sie traf, dachte Gabby: »Dieses Mal wird alles ganz anders«, aber dann verfiel sie doch wieder in ihr altes Muster. Jahrelang nahm sie Drogen und schlief mit zahllosen Männern, weil sie sich mit Anfang 20 für unverwundbar hielt. Doch nach mehreren Blackouts, demütigenden Erfahrungen beim Sex und einem schlimmen Autounfall kam sie endlich zur Besinnung. Noch während des Entzugs stieß Gabby auf unsere *Regeln,* wandte sie an und lernte den Mann kennen, den sie schließlich heiratete. Sie weiß, dass die Drogen ihr Urteilsvermögen bei Männern gewaltig getrübt haben. Sie ließ uns gern an ihren Erfahrungen teilhaben, weil sie hofft, dass andere Frauen daraus lernen.

Vorsicht Date Rape!

Es kann nicht schaden, beim Alkohol ein bisschen Maß zu halten, denn das erspart euch Peinlichkeiten und bewahrt euch möglicherweise sogar vor Schlimmerem. Auf dem College und an der Uni hört man leider immer wieder von Date Rape – von Mädchen, die zu viel tranken und schlimme Erfahrungen machen mussten. Wenn ihr trinkt, solltet ihr es clever angehen. Wenn euch jemand K.o.-Tropfen in den Cocktail schüttet, reicht schon ein halbes Glas. Manchmal braucht es nicht einmal Betäubungstropfen, damit ein Typ die Situation ausnutzt. Ein Rules-Girl ist daher immer gewappnet. Bringt euch gar nicht erst in die Lage, mit einem Typen allein zu sein, den ihr gerade erst kennengelernt habt. Achtet genau darauf, wie viel ihr trinkt. Auf selbst gebraute Cocktails oder Bowle bei einer Party verzichtet ihr besser, ihr kennt vielleicht die Jungs, die sie ausschenken, aber ihr wisst nicht, *wie viel* Alkohol enthalten ist. Vielleicht hielt sich auch jemand für besonders witzig und hat etwas dazugekippt, »um die Party in Schwung zu bringen«. Schaut immer genau hin, was euch eingeschenkt wird, oder öffnet Dosen und Flaschen lieber gleich selbst. Und wenn ihr mit Freunden durch die Klubs zieht, bittet ihr am besten ein paar eurer Mädels, euch im Auge zu behalten – Zweiergruppen sind nicht nur beim Schulausflug nützlich! Wenn ein mieser Typ versucht, sich an euch ranzumachen, bekommt er es mit eurer ganzen Clique zu tun, und dann muss *er* die Konsequenzen tragen!

Mit Alkohol und Drogen betäubt man normalerweise unangenehme Gefühle, Ängste und ein schwaches Selbstbewusstsein (»Ich bin nicht hübsch« oder »Werde ich je heiraten?«). Wenn Sie entsprechende Probleme haben und Ihren Konsum nicht in den Griff bekommen, wäre es besser, wenn Sie Ihren Freundinnen oder Ihrem Therapeuten Ihr Herz ausschütten und sich ihnen anvertrauen. Wir verstehen, dass Sie ein bisschen locker werden und Spaß haben wollen, aber der Spaß hört auf, wenn Sie einen Blackout haben und bei irgendeinem Kerl im Bett landen. Wenn Sie nicht Maß halten können, bestellen Sie Wasser oder Cola. Wenn Sie sich mit Alkohol nicht an die *Regeln* halten können, dann verzichten Sie ganz darauf!

Regel Nummer 22

Vorsicht! Vom Umtausch ausgeschlossen ... Wie man ungeeignete Kandidaten aussortiert (Männer, die Sie betrügen, mit Ihnen spielen und Ihre Zeit verschwenden)

Caveat emptor lautet der lateinische Begriff für Ausschluss der Gewährleistung. »Gekauft wie gesehen« gilt nicht nur bei Sachgütern, sondern auch bei Männern. Bei unseren *Regeln* geht es nicht nur darum, sich irgendeinen Mann zu angeln, sondern einen Mann mit gutem Charakter, dem Sie vertrauen können und der Ihnen hoffentlich ein guter Partner und zukünftiger Ehemann ist. Bei Männern mit fragwürdigem Charakter oder inakzeptablem Verhalten weisen wir darauf hin, dass man sie nicht so einfach umtauschen kann, und raten Frauen, vorsichtig zu sein oder besser gleich nach einem besseren Kandidaten Ausschau zu halten.

Einfach ausgedrückt, akzeptieren Rules-Girls kein schlechtes Benehmen. Liebe macht vielleicht blind, aber Rules-Girls sind weder taub noch stumm. Wenn Sie mit einem Mann ausgehen, müssen Sie von Anfang an auf Warnsignale achten, damit Sie nicht erst sechs Monate oder fünf Jahre später feststellen, dass er nicht der Richtige ist. Wir raten Frauen, nicht so viel zu reden oder zu chatten und stattdessen den Männern zuzuhören, um mehr über sie zu erfahren und sie besser einschätzen zu können. Im digitalen Zeitalter lässt sich schnell feststellen, ob Sie es mit einem netten Kerl zu tun haben oder an einen Betrüger, Süchtigen oder Schürzenjäger geraten sind, der Ihnen nur die Zeit stiehlt.

Ein Mann, bei dem Vorsicht angebracht ist, verträgt sich nicht mit unseren *Regeln*. Er fragt Sie nicht mehrere Tage vor einer Verabredung nach Ihren Plänen, er meldet sich wochenlang nicht, vergisst sogar Ihren Geburtstag, besteht darauf, die Rechnung zu teilen, sagt in letzter Minute ab, flirtet mit anderen Frauen, betrinkt sich, versucht es mit Psychospielchen und macht Sie unglücklich.

Frauen fragen uns immer wieder: »Woher weiß ich, dass mein Freund mich betrügt?« Wenn Sie das fragen müssen, sollten Sie wahrscheinlich ein paar Nachforschungen betreiben. Manchmal genügt ein ungutes Gefühl. Vielleicht bekommt er viele SMS aufs Handy, wenn Sie mit ihm zusammen sind, sagt aber nichts darüber. Vielleicht hat er ein Passwort fürs Handy und lässt es nie aus den Augen, was ziemlich merkwürdig ist, wenn man sich mit seinem Partner wohlfühlt und eine intime Beziehung führt. Oder er reagiert seltsam verschlossen, wenn er eine SMS bekommt.

Natürlich wollen unsere Klientinnen wissen, ob Sie seine privaten SMS, Facebook-Nachrichten und E-Mails lesen dürfen. Das ist eine persönliche Entscheidung, aber vielleicht erhalten Sie dadurch schnell eine definitive Antwort und müssen nicht lange grübeln oder es später auf die unangenehme Tour erfahren. Wenn eine Frau den Laptop oder das Smartphone ihres Freundes kontrolliert oder mit dem Gedanken spielt, spürt sie natürlich bereits, dass etwas nicht stimmt. Manchmal hat sie Glück und der Beweis fällt ihr einfach so in den Schoß, ohne dass sie herumschnüffeln muss. Vielleicht lässt er sein Handy auf dem Schreibtisch liegen, wenn er joggen geht oder unter der Dusche steht. Oder er vergisst, sich bei Facebook abzumelden, und lässt seinen Laptop offen stehen. Wenn eine Frau belastendes Material oder die E-Mails einer anderen Frau findet, sollte sie überlegen, ob sie ihn sofort damit konfrontieren will oder sein Verhalten eine Zeit lang beobachtet, damit keine Zweifel mehr hinsichtlich seiner Untreue bestehen. Wir sind der Ansicht, dass es normalerweise besser ist, einen Mann nicht sofort zur Rede zu stellen. Dafür gibt es zwei Gründe: Sie sollten sich erst einmal beruhigen und Sie sollten weitere Beweise sammeln.

Bedenken Sie jedoch, dass ein Mann, der Sie betrügt, meistens auch ein Lügner ist. Wenn eine Frau ihren Freund schließlich zur Rede stellt und verschiedene Mails und SMS präsentiert, leugnet er normalerweise, dass es eine andere gibt, oder behauptet, sie sei »nur eine gute Freundin« oder seine Fitnesstrainerin. Oft dreht er den Spieß einfach um und macht seiner Freundin Vorwürfe, sagt, sie sei verrückt oder paranoid oder: »Dass du in meinen Sachen herumschnüffelst, ist genauso schlimm wie das, was ich getan habe«. Sicher, aufs Nachspionieren kann man nicht stolz sein. Aber den Partner betrügen ist viel schlimmer. Wenn er Ihnen Vorwürfe macht, obwohl er *Sie* betrogen hat, wissen Sie wirklich, dass Sie von ihm die Finger lassen sollten und die Beziehung vorbei ist!

In solchen Situationen ist es wirklich fast immer das Beste, Schluss zu machen und nicht zurückzublicken, denn Fremdgehen ist ein schwerer Vertrauensbruch und darf nie auf die leichte Schulter genommen werden. Aber manche Frauen sind so verliebt oder hängen so sehr an ihrem Partner, dass sie sich ein Ende der Beziehung nicht vorstellen können und dem Mann eine zweite Chance geben wollen. Sie wünschen sich nichts sehnlicher, als ihn um jeden Preis zurückzugewinnen. Manche fragen den

Mann sogar, was ihm in der Beziehung gefehlt habe, und versuchen dann, »witziger« zu sein oder fangen an, Golf zu spielen, oder was immer er anbrachte, aber das funktioniert eigentlich nie. Ein Mann, der Sie einmal betrogen hat, wird Sie immer wieder betrügen. Selbst wenn er die andere Frau nicht mehr trifft und zu Ihnen zurückkehrt, werden Sie immer misstrauisch bleiben und sein Handy kontrollieren, um zu sehen, was er im Schilde führt. Das kann die Hölle sein.

Allerdings bestätigt sich ein Verdacht nicht immer. Wir hatten Klientinnen, deren Vater fremdging oder die von ihren Exfreund betrogen wurden und die nun überzeugt waren, dass auch ihr aktueller Partner untreu sei. Wir helfen unseren Klientinnen, analysieren bei unseren Beratungsgesprächen ihre Kindheit und früheren Partnerschaften und zeigen, dass Vermutungen nicht immer der Realität entsprechen müssen; manchmal bildet man sich etwas auch nur ein. Casey beispielsweise hatte vor ihrer Ehe eine Affäre mit einem verheirateten Mann und fragte sich oft, ob ihr Mann mit anderen Frauen flirtete, die er bei Geschäftsessen traf. Aber sie fand in vier Jahren keinen Hinweis, daher glauben wir, dass ihr Verdacht mehr mit ihrer Vergangenheit als mit seinem Verhalten zu tun hat. Auch Sie fürchten vielleicht, Ihr Freund könnte Sie betrügen, weil er seiner früheren Freundin oder Ehefrau untreu war – aber das muss nicht unbedingt so sein. Wahrscheinlich hatte er früher keine Frau, die sich an die *Regeln* hielt! Selbst wenn Ihr Partner seine Ex betrogen hat, wird er Ihnen wahrscheinlich treu sein, weil Sie die *Regeln* anwenden.

Manchmal beschwert sich eine Frau, dass mit Ihrem Freund etwas nicht stimmt, obwohl das Problem ganz woanders liegt – es gibt nämlich auch Frauen, die unsere *Regeln* zu streng umsetzen! Eine solche Frau ist nicht beschäftigt, sondern unhöflich; nicht nur schwer, sondern unmöglich zu erreichen. Cindy ging mit einem berüchtigten Schürzenjäger aus und dachte, wenn sie ihm einmal im Monat einen Korb für den Samstagabend gab, würde sie ihn enger an sich binden. Aber eine Frau sollte einem Mann nur einen Korb geben, wenn er sich schlecht benommen hat, etwa, wenn er ihr in letzter Minute abgesagt oder einen besonderen Anlass verpasst hat (oder wenn sie wirklich zu beschäftigt ist). Cindys Verhalten verwirrte ihn – er war so durcheinander, dass er sich betrank und eine SMS an seine Ex schrieb. Bei ihrer nächsten Verabredung spürte Cindy, dass etwas nicht stimmte; sie griff sich sein Handy und sah die Nachrichten von seiner Ex. Sie stellte ihn zur Rede, und er erklärte, als sie ihm abgesagt habe, habe er gedacht, sie würde einen anderen Mann treffen. Das war alles ein großes Missverständnis, aber mittlerweile sind die beiden verlobt. Wenn Sie es mit den *Regeln* übertreiben, kann der Schuss nach hinten losgehen. Die *Regeln* an sich sind schon streng genug!

Da wir gerade von Schürzenjägern sprechen: Sie müssen nicht zwangsläufig einen Bogen um Schürzenjäger machen – manchmal sind das nur Männer, die noch nie ein Rules-Girl getroffen haben! Sie wurden von Frauen verdorben, die sie ständig anrufen oder ihnen SMS schicken, sich in letzter Minute mit ihnen verabreden und zu früh mit ihnen ins Bett gehen. Wenn sie dann ein Rules-Girl kennenlernen, sind sie oft angenehm überrascht, weil sie Frauen respektieren, die ihnen Grenzen aufzeigen und Selbstachtung haben. Und natürlich, weil sie die Herausforderung lieben! Ein notorischer Schürzenjäger kann von einem Rules-Girl gezähmt werden! Allerdings gibt es auch Männer, die einen oder zwei Monate lang positiv darauf reagieren und dann genervt sind, wenn sich eine Frau nicht spontan mit ihnen trifft und auch nicht gleich eine Woche lang mit in Urlaub fährt. Sie machen ihr Vorwürfe und behaupten, sie hätte nicht genug Zeit für sie. Manche machen vielleicht sogar Schluss oder schlagen vor, »gute Freunde« zu bleiben. Sie sind einfach unverbesserlich oder noch nicht bereit, sich zu binden. Dann heißt es für Sie: Der Nächste bitte!

Von welchen Männern sollten Sie ebenfalls besser die Finger lassen?

♥ Von Männern, die beim kleinsten Anlass Schluss machen. Wenn er einmal mit Ihnen Schluss gemacht hat, kann er das immer wieder tun. Männer, die Sie sitzen lassen oder gleich schreien: »Es ist aus!«, werden Sie immer wieder verletzen. Sie sollten froh sein, wenn Sie ihn los sind, und nicht denken: »Wie bringe ich ihn dazu, zu mir zurückzukommen?« Ihr Freund sollte sich nicht einmal vorstellen, dass er ohne Sie sein kann.

♥ Von Männern, die nur gute Freunde sein wollen. Auf einen Mann, der Ihnen einen solchen Vorschlag macht, nachdem er mit Ihnen geschlafen und Sie seinen Freunden und der Familie vorgestellt hat und mit dem Sie ganz besondere Momente erlebt haben, sollten Sie unbedingt verzichten. Er *degradiert* Sie, daher sollten Sie sich nicht geschmeichelt fühlen, wenn er mit Ihnen bei Facebook befreundet bleiben will. Blockieren Sie ihn bei Facebook und allen anderen sozialen Medien. Mit ihm verschwenden Sie nur Ihre Zeit – kostbare Zeit, die Sie mit Männern verbringen sollten, die mit Ihnen ausgehen! Wenn Sie an der Uni, bei der Arbeit oder bei Bekannten auf einen Ex treffen, sprechen Sie ihn nicht zuerst an, seien Sie aber höflich, wenn er Sie anspricht, und gehen Sie dann schnell weiter.

♥ Von Männern, die mehr als einmal eine Verabredung absagen. Sie können Jahre auf einen Mann verschwenden, der ständig Termine verschiebt! Mit unserer Regel 24 gehen wir noch ausführlicher auf diesen Männertyp ein.

♥ Von Männern, die nicht am Ball bleiben. Die Studentin Jill wurde von einem Mann in einem Klub angesprochen; er bat sie um ihre Nummer und schickte ihr eine SMS mit der Frage, ob sie mit ihm am Samstag ausgehen wolle. So weit, so gut. Dann hörte sie die ganze Woche über nichts mehr von ihm. Um acht Uhr am Samstag schrieb sie ihm: »Was ist los? Ich dachte, wir hätten ein Date!« Er antwortete: »Hab ich verschwitzt. Warum hast du dich nicht früher gemeldet?« Sie erwiderte: »Ich kann nicht mit einem Mann ausgehen, der ein Date vergisst!« Er schrieb zurück: »Ich kann nicht mit einer Frau ausgehen, die mich nicht an ein Date erinnert.« Autsch! Aber sie hätte ihm gar keine SMS schicken sollen – wenn er Sie vergisst, vergessen Sie ihn auch sofort. Wenn Sie ihn daran erinnern müssen, dass Sie mit ihm verabredet sind, ist die Verabredung nichts wert. Und wenn er sich mit Ihnen verabredet und nicht kommt, ist es aus und vorbei!

♥ Von Männern, die vom ersten Tag an zu viel Arbeit machen. Ein Freund zeigte Haleys Bild seinem Bekannten Joey. Als Joey ihr eine erste SMS schickte, war sie gerade mitten in einer geschäftlichen Besprechung. Er fragte sie, ob sie ihn in zehn Minuten anrufen könne – ein erstes Alarmsignal, weil er davon ausging, dass sie bei der Arbeit alles stehen und liegen lassen würde, nur um mit ihm zu reden. Haley fragte uns, wie sie sich verhalten solle, und wir rieten ihr, ihm am nächsten Tag eine SMS zu schicken: »Sorry, war den ganzen Tag in Meetings.« Er schrieb zurück: »Ich dachte, du würdest dich früher melden. Also ruf mich an, wenn du Zeit hast.« Haley antwortete eine Stunde später: »Okay, oder du rufst mich an …« Eine Pattsituation, bei der jeder darauf wartete, dass der andere zuerst zum Telefon griff. Aber er rief sie tatsächlich abends an und verabredete sich mit ihr auf einen Drink. Natürlich blieb es nicht so einfach. Zuerst schickte er ihr eine SMS mit der Aufforderung, ihn in der Nähe seines Büros in der Innenstadt zu treffen. Sie schrieb zurück: »Mir würde es besser passen, wenn wir uns in der Nähe meines Büros treffen würden.« Er schlug vor, sich in der Mitte zu treffen, aber da Rules-Girls einem Mann nicht entgegenkommen, schrieb sie, sie müsse länger arbeiten und würde es sonst nicht schaffen. Er war schließlich einverstanden. Wir sagten Haley, sie könne sich auf etwas gefasst machen, der Mann sei ein harter Brocken – also Vorsicht! Ihre Verabredung ähnelte eher einer Friedensverhandlung. Er erzählte eine Stunde lang fast ununterbrochen von seiner Exfreundin. Der Nächste bitte! Haley sollte so schnell wie möglich das Weite suchen! Er rief sie nie wieder an und meldete sich auch nicht per SMS.

♥ Von Männern, die über andere Frauen reden. Wenn ein Mann bei einer Verabredung nur über seine Ex oder allgemein über andere Frauen redet, heißt das, dass er sich nicht ausreichend für Sie interessiert. Selbst wenn er an seiner Ex kein gutes Haar lässt, will er eigentlich nichts von Ihnen, er braucht nur eine gute Zuhörerin oder Therapeutin. Der Nächste bitte! Wenn ein Mann Sie wirklich mag, will er über Sie reden!

♥ Von Alkoholikern, Drogenabhängigen und anderen Süchtigen. Wenn Ihr Freund viel trinkt oder ständig betrunken ist, lassen Sie die Finger von ihm. Vielleicht wird er sich eines Tages ändern, vielleicht auch nicht. Sie können ihn bitten, zu den Anonymen Alkoholikern zu gehen oder eine Entziehungskur zu machen; Sie können einer Selbsthilfegruppe für Angehörige beitreten und lernen, wie Sie ihn unterstützen, ohne sich selbst aufzugeben, aber Sie dürfen nicht glauben, dass er sich zwangsläufig ändern wird. Manche Männer lassen sich einfach nicht ändern. Wenn Ihr Freund hoch verschuldet oder sexsüchtig ist oder zu Wutausbrüchen neigt, seien Sie auf der Hut. Vielleicht kann er seine Schulden abbauen, vielleicht hört er auf, sich Pornos im Internet anzusehen, vielleicht bekommt er sein Temperament ja in den Griff. Aber das wissen Sie nicht. Entweder akzeptieren Sie ihn so, wie er ist, oder Sie beenden die Beziehung.

♥ Von Männern mit Hintergedanken. Sie verdienen vielleicht mehr Geld als er und er bittet Sie, die Rechnung zu übernehmen? Seine Stimmung bessert sich merklich, wenn Sie erzählen, dass Sie eine Dreizimmerwohnung haben, weil er noch im Keller bei seinen Eltern haust? Wenn Sie keine Männer anziehen wollen, die es nur aufs Geld abgesehen haben, erzählen Sie lieber nicht, wie viel Sie verdienen, und geben Sie auch nicht viel Geld für einen Mann aus. Und wenn Sie vermeiden wollen, dass ein Mann nur Sex will oder mit Ihrer Hilfe über seine Exfreundin hinwegkommen oder sein langweiliges Leben aufpeppen will, dann sollten Sie sich an die *Regeln* halten und nicht zu früh mit ihm schlafen, sich nicht als seine Therapeutin betätigen und sich nicht in letzter Minute mit ihm verabreden. Mithilfe der *Regeln* sortieren Sie die Männer aus, die aus den falschen Gründen mit Ihnen zusammen sein wollen.

♥ Von Männern, die sauer werden, wenn sie Sie nicht ständig sehen oder nicht oft von Ihnen hören. Manchmal fragt sich eine Frau, wie sie sich an die Regel halten soll, ihn nur zwei- oder dreimal die Woche zu sehen, oder vier Stunden mit einer Reaktion auf seine Nachricht zu warten, wenn ein Mann sich andauernd bei ihr meldet und sie jeden Tag sehen will oder sich beschwert, dass sie ihn nicht schnell genug zurückruft. Wir raten dann, ihm freundlich zu sagen, dass sie viel zu tun hat und ihn nicht häufiger treffen und auch nicht öfter mit ihm chatten kann – sie muss ihm keine Gründe nennen. Ein Mann, der eine Frau wirklich mag, versteht das und hat Geduld. Männer, die diskutieren und sich beschweren, dass sie eine Frau nicht richtig kennenlernen können, wenn sie sich nicht meldet oder nicht häufiger mit ihnen trifft, wollen zu viel Aufmerksamkeit und entpuppen sich häufig als Typen, die einer Frau die Zeit stehlen. Caitlin, eine 30-jährige Rechnungsprüferin, ging mit einem Mann aus, der beleidigt war, wenn sie nicht oft genug für ihn Zeit hatte. Sie hatte Angst, dass er Schluss machen könnte, wenn sie ihn nicht traf, wann immer er wollte, und gab deshalb seinen Forderungen nach. Nach zwei Jahren fragte Caitlin: »Wo führt unsere Beziehung hin?«, und er antwortete: »Ich weiß es noch nicht.« Sie hatte unglaublich viel Zeit mit ihm verbracht, war mit ihm in Urlaub gefahren, hatte seine Freunde und Familie kennengelernt und ihm ihre vorgestellt. Wenn Sie sich den Wünschen eines Mannes fügen und ihm zeigen, dass Sie immer für ihn da sind, wird er Sie deshalb nicht mehr lieben und sich auch nicht zwangsläufig an Sie binden. Caitlin wartete noch einmal sechs Monate und fragte ihn dann erneut – aber er sagte immer noch, er wisse es nicht. Sehen Sie? Wenn man einem Mann den kleinen Finger reicht, nimmt er die ganze Hand.

♥ Von Männern, die am Samstagabend nicht mit Ihnen ausgehen. Wenn ein Mann immer nur unter der Woche Zeit für Sie hat und behauptet, das Wochenende gehöre seinen Kumpels, hat er vielleicht noch eine andere Freundin. Oder Sie sind ihm nicht wichtig genug und er hält weiter Ausschau nach anderen Frauen. Treffen Sie sich nicht mehr mit ihm unter der Woche, solche Verabredungen sind nach einer bestimmten Zeit zu unverbindlich. Wenn er es ernst mit Ihnen meint, führt er Sie am Wochenende aus. Schicken Sie ihm eine SMS: »Superstressige Woche, muss jeden Tag lange arbeiten«, damit er gezwungen ist, sich bis Mittwoch für den Samstag mit Ihnen zu verabreden. Wenn nicht, sind Sie nicht die einzige Frau in seinem Leben!

♥ Von Männern, die sich nicht binden wollen. Wenn Sie mit einem Mann neun Monate oder länger ausgehen und sich daraus keine feste Beziehung entwickelt oder er Ihnen nicht sagt, dass er Sie liebt, trifft er sich wahrscheinlich noch mit anderen Frauen. Wenn Sie sich online kennengelernt haben und seit einigen Monaten zusammen ausgehen, können Sie nachschauen, ob er sein Profil immer noch bei einer Partnervermittlung eingestellt hat. Wenn ja, liegt das wahrscheinlich nicht daran, dass er es schlichtweg vergessen hat, sondern weil er noch andere Frauen kennenlernen will, also Vorsicht! Wenn ein Mann bereit ist, sich fest zu binden, meldet er sich beim Online-Dating ab und bittet Sie, das auch zu tun. Wenn Sie zwei Jahre oder länger mit einem Mann zusammen sind und er noch nicht über eine gemeinsame Zukunft gesprochen hat, schwebt ihm die wahrscheinlich auch nicht vor. Das hängt natürlich vom Alter ab, aber vielleicht denkt er auch, Sie würden ewig einfach nur mit ihm ausgehen. Wenn Sie so weit sind, müssen Sie ihn irgendwann freundlich fragen, wie er sich ihre weitere Beziehung vorstellt. Wenn er keine konkreten Pläne hat, machen Sie Schluss.

Ohne die *Regeln* finden Frauen immer einen Grund, einem Mann eine zweite Chance zu geben, auch wenn die Beziehung ihnen Kummer bereitet, sie ärgert und verwirrt. Wir sind der Meinung, dass man am besten kurzen Prozess machen sollte. Wenn ein Mann in den ersten Monaten schwierig ist, obwohl er doch eigentlich charmant und aufmerksam sein sollte, dürfen Sie sich nichts vormachen. Seien Sie auf der Hut ... und suchen Sie sich einen anderen! Natürlich kann ein Mann, der für die eine Frau zu kompliziert ist, genau der Richtige für eine andere Frau sein. Man kann auch nicht immer steuern, in wen man sich verliebt, aber ein Rules-Girl nimmt schlechtes Benehmen nicht einfach hin!

Seien Sie nicht selbstzerstörerisch, gehen Sie nicht mit Männern aus, die verheiratet sind, keine Zeit haben oder sich nicht festlegen wollen

Wie wir schon in unserem ersten Buch schrieben, ist eine Beziehung mit einem verheirateten Mann nicht nur unehrlich und falsch, sondern auch ein Zeichen für ein geringes Selbstwertgefühl und für Verzweiflung. Ein Rules-Girl würde so etwas nie tun! Eine solche Affäre ist außerdem Zeitverschwendung, da ein verheirateter Mann seine Frau selten wegen einer anderen verlässt. Und selbst wenn er sie verlässt, heißt das nicht, dass er Sie heiratet, schließlich haben Sie seine Ehe zerstört. Und wenn er Sie heiratet, wird er Sie wahrscheinlich genauso betrügen wie seine frühere Frau, also lassen Sie besser die Finger von verheirateten Männern!

Früher hatte ein Mann nur Gelegenheit zum Fremdgehen, wenn er in Bars ging oder ein Verhältnis mit seiner Sekretärin oder Kollegin anfing. Heute bieten sich viele andere Möglichkeiten, Betrügen war noch nie so einfach.

Dank sozialer Netzwerke, Partnerbörsen im Internet, SMS, Chats und E-Mails sind mit einem Mal Affären oder Phantasiebeziehungen mit Männern möglich, die eigentlich gar nicht zur Verfügung stehen, ein paar Tastenklicks genügen. Manche Frauen nehmen über Facebook Kontakt zu ihrem Schwarm von der Highschool oder vom College auf, nur um nach einem Monat intensiven Austauschs festzustellen, dass er verheiratet ist, aber seinen Beziehungsstatus praktischerweise nicht angegeben hat. Andere Frauen freunden sich mit Männern von der Uni oder mit Kollegen auf Facebook an und führen eine Phantasiebeziehung mit einem Mann, der gar nicht zur Verfügung steht.

Die 21-jährige Studentin Natalie verliebte sich in einen ihrer Professoren und schickte ihm eine Freundschaftsanfrage auf Facebook. Er nahm sie sofort an und war unprofessionell entgegenkommend; aus der Freundschaft wurde schnell mehr. Die beiden schickten sich morgens, mittags und abends Nachrichten. Nach wenigen Wochen trafen sie sich in Hotels in der Nähe der Universität zum Sex. Er erzählte ihr, dass er unglücklich verheiratet sei und seine Frau verlassen wolle. Die Frau war natürlich nicht bei Facebook und hatte keine Ahnung, was da lief. Wenn Natalie und ihr Professor miteinander ausgingen, beklagte er sich ständig über seine Frau und machte Natalie falsche Hoffnungen. Anfangs lud er sie in teure Restaurants ein, doch nach einem Monat aßen sie Happy Meals von McDonald's im Bett. Im zweiten Monat gab es nur noch Sex. Dass ein Mann nicht richtig um eine Frau wirbt, ist typisch für eine Affäre mit einem verheirateten Mann! Irgendwann behandelt er die Frau wie eine Prostituierte.

Natalie beschwerte sich irgendwann, dass sie ihn nicht häufig genug sah – zum Beispiel nie am Wochenende oder bei wichtigen Anlässen. Sie bat ihn, wenigstens an ihrem Geburtstag mit ihr essen zu gehen. Er meinte, er schaue, was sich tun ließe, und versetzte sie dann in letzter Minute, weil angeblich seine Schwester zu Besuch war und er »festsaß«. Er versprach, es wiedergutzumachen, und schickte ihr einen billigen Blumenstrauß. In der folgenden Woche schrieb Natalie ihm fast unterunterbrochen SMS, erhielt aber keine Antwort. Sie sandte ihm eine Nachricht auf Facebook: »Wo bist du? Was ist los?« Er schrieb zurück: »Meine Frau ist schwanger. Ich habe erkannt, dass ich sie liebe und meine Ehe wieder in Ordnung bringen will. Sorry, aber wir können uns nicht mehr treffen.« Danach blockierte er sie auf Facebook.

Natalie war am Boden zerstört und ging eine Woche lang nicht zur Universität. Sie wollte morgens gar nicht erst aufstehen, geschweige denn lernen. Sie hatte nicht nur ihre Selbstachtung verloren, sondern auch sechs Monate ihres Lebens als Betrügerin und Lügnerin verbracht. Und weil sie sich aus ihrem Freundeskreis zurückgezogen hatte, um ihre Affäre zu verheimlichen, hatte sie niemanden, mit dem sie reden konnte, als die Beziehung in die Brüche ging. Natalie war es auch zu peinlich, jemandem davon zu erzählen; niemand sollte erfahren, dass sie eine Affäre mit einem verheirateten Mann gehabt hatte.

Diese Geschichte sollte Ihnen eine Warnung sein. Machen Sie es nicht wie Natalie! Eine solche Affäre wirkt anfangs vielleicht aufregend, aber sie endet nie glücklich; der Liebeskummer ist immer größer als die Freude an den verstohlenen Treffen und dem verbotenen Sex. Wenn uns eine Frau erzählt, dass sie sich mit einem verheirateten Mann trifft oder in ihn verliebt ist, und wissen will, wie sie ihn am besten für sich gewinnen kann, betrachten wir ihre bisherigen Beziehungen und überlegen, warum sie unbedingt etwas von einem Mann will, der nicht zu bekommen ist. Meistens stellen wir fest, dass ihre Mutter oder ihr Vater oder beide emotional distanziert waren und sie nur solche Beziehungen kennt. So unbefriedigend die Affäre mit einem verheirateten Mann auch sein mag, für manche unserer Klientinnen ist es einfach eine vertraute Situation und daher angenehm. Trotzdem raten wir immer dazu, den selbstzerstörerischen Teufelskreis zu durchbrechen und sich nach einem anderen Mann umzusehen. Sie sollen neue Bekanntschaften schließen und einen Mann kennenlernen, der nicht vergeben ist.

Sie wenden jetzt möglicherweise ein: »Aber er sieht genauso aus wie mein Traummann, er ist total mein Typ, ich lerne nie jemanden kennen, der mir gefällt« oder »Lieber eine Affäre mit einem verheirateten Mann als allein zu sein« oder »Er hat versprochen, dass er sich von seiner Frau trennen wird«. Wenn Sie das glauben wollen, können Sie dem verheirateten Mann ja sagen, er soll sich wieder bei Ihnen melden, wenn er sich getrennt hat. Bis dahin lassen Sie ihn links liegen – *absolute Funkstille* – und lernen andere Männern kennen! Sie können sich Jahre mit ihm zum Sex in billigen Hotels zu treffen, seinen leeren Versprechungen glauben und im Urlaub allein daheim hocken, während er sich mit seiner Familie in der Karibik entspannt!

Neben den verheirateten Männern gibt es auch noch andere Männer, die nicht infrage kommen. Manchmal fragt uns eine Klientin, wie sie den Mann bei sich im Büro ansprechen soll, der den ganzen Tag zu ihr herüberschaut, oder den Mann im Fitnessstudio, der immer neben ihr auf dem Laufband trainiert. »Das geht schon seit drei Monaten so, er schaut mich an, er flirtet mit mir, bittet mich aber nie um meine Telefonnummer. Was soll ich tun?«

Leider *gar nichts!* Manche Männer flirten einfach gern und sind total nett, aber wenn ein Mann Sie nicht zu einer Tasse Kaffee einlädt oder Sie fragt, ob Sie mit ihm ausgehen wollen, hat er vielleicht schon eine Freundin. Wenn ein Mann Sie anschaut oder mit Ihnen redet oder sogar flirtet, aber nicht mit Ihnen ausgeht, existiert die Beziehung nur in Ihrer Phantasie. Versuchen Sie nicht, etwas in die Wege zu leiten, indem Sie sich neben ihn setzen oder ganz unschuldig fragen, ob er Ihnen nicht bei einer Tasse Kaffee ein paar Tipps zu Ihrem Fitnessprogramm geben kann. Entweder bekommen Sie sofort einen Korb oder Sie leiten eine Beziehung in die Wege, die nie sein sollte und daher zwangsläufig später irgendwann in die Brüche geht. Daraus wird einfach nichts, also lassen Sie es lieber gleich!

Manchmal beginnt eine Phantasiebeziehung damit, dass ein guter Freund glaubt, Sie seien in ihn verliebt. Sie verbringen viel Zeit miteinander, und eines Tages schlägt er plötzlich vor, Sie könnten doch mehr als nur gute Freunde sein. Er sagt, dass er sich schon immer zu Ihnen hingezogen gefühlt habe, aber dachte, Sie wären unerreichbar (erstes Warnsignal!), oder dass er schüchtern sei und die meisten Frauen eher auf ihn zukommen würden (ach ja?). Er probiert es einfach mal, um zu testen, ob Sie leicht zu kriegen sind. Und Sie sagen: Klar, versuchen wir's. Sie haben Sex, aber wenn Sie erwarten, dass Sie jetzt ein Paar sind, haben Sie sich getäuscht. Er verabredet sich nicht mit Ihnen, sondern schickt Ihnen nur in letzter Minute eine SMS, wenn er etwas unternehmen will, genau wie früher. Oder er lädt Sie zu einem Skiurlaub ein, Sie schlafen mit ihm, aber dann vergisst er den Valentinstag. Sie wissen einfach nicht, woran Sie mit ihm sind. Mal ist er Teil Ihres Lebens, mal taucht er ab. Sie scherzen sogar mit Ihren Freundinnen, dass er einem Zeugenschutzprogramm angehört, weil Sie nie wissen, wo er gerade steckt, vor allem nicht an Ihrem Geburtstag oder an Silvester.

Wir nennen solche Männer die »Unschlüssigen«, weil sie selbst nicht so recht wissen, was sie wollen. Sie versuchen Ihnen den Eindruck zu vermitteln, dass Sie eine Beziehung haben und reden sogar manchmal darüber, aber Ihr Verhalten besagt etwas ganz anderes. Wenn Sie ihn darauf ansprechen, dass er sich nicht gerade wie ein

Partner verhält, verteidigt er sich mit Aussagen wie: »Die Trennung von meiner letzten Freundin war für mich so schlimm, dass ich nicht weiß, ob ich schon wieder für eine Beziehung bereit bin« oder »Ich bin völlig durcheinander« oder er schwört, dass der Florist vergessen hat, Ihnen die Blumen zu schicken, die er an Ihrem Geburtstag bestellt hat. Die Liste seiner Ausreden ist lang, und viele Frauen fallen darauf herein. Und wenn Sie glauben, Sie seien endgültig mit ihm fertig, meldet er sich: »Warum sehen wir uns morgen eigentlich nicht?«, und will Sie wieder einwickeln. Grrrr! Da soll eine Frau noch durchblicken!

Natürlich sind Sie verwirrt und wollen wissen, was mit ihm los ist. Aber das können Sie sich sparen. *Nichts* ist mit ihm los. Warum macht er das überhaupt? Was verspricht er sich davon? Solche Typen waren schon Thema zahlreicher Beratungsgespräche, und wir sind zu dem Schluss gekommen, dass er es seiner Exfreundin oder Frauen allgemein heimzahlen will; vielleicht verband ihn mit seiner Mutter eine Art Hassliebe; vielleicht ist er auch einfach nur gelangweilt und vertreibt sich mit Ihnen die Zeit wie mit Sport oder einem Videospiel – aber was immer auch seine Motivation sein mag, er liebt Sie nicht!

Manchmal erklärt eine Frau, der Mann wende die *Regeln* bei ihr an, aber Männer wenden die *Regeln* nicht an, sie liegen ihnen nicht. Wir sagen das nur ungern, aber wenn ein Mann Sie wirklich mag, gibt es an seinem Verhalten nichts zu deuten, dann ist die Botschaft eindeutig! Wenn ein Mann Ihnen vorschlägt, Sie könnten doch mehr als nur eine gute Freundin für ihn sein, aber dann nicht am Ball bleibt und sich nicht so verhält, wie es ein verliebter Mann tun würde, dann lassen Sie ihn am besten gleich wieder fallen. Der Nächste bitte! Das Letzte, was Sie brauchen, ist ein unschlüssiger Mann, der Ihnen sporadisch SMS und Nachrichten schickt und falsche Hoffnungen in Ihnen weckt. Woher wissen Sie denn, dass er das nicht noch bei vier anderen Frauen macht, während Sie darauf warten, dass er endlich sein wichtiges Projekt für die Arbeit abschließt oder seine emotionalen Probleme verarbeitet hat. Er ist zwar nicht verheiratet, kommt aber genauso wenig infrage wie ein Ehemann in festen Händen.

Die neuen Kommunikationsformen bieten heute ganz andere Möglichkeiten, eine Phantasiebeziehung zu führen. Ein Mann kann einer Frau hin und wieder eine SMS schicken und sie glauben machen, er möge sie oder hätte sogar eine Beziehung mit ihr. Dabei geht er nur mit ihr aus, wenn er Sex will, sie kann sich aber trotzdem nicht beschweren, dass sie nie etwas von ihm hört, weil er ja elektronisch Kontakt zu ihr hält. Er schickt ab und zu ein fröhliches »Wie läuft's?« oder »Wie war dein Wochenende?« oder chattet mit ihr, um so zu tun, als würde sie ihm etwas bedeuten, dabei ist ihm einfach nur langweilig. Oder er hält die Beziehung auf Sparflamme am Köcheln, damit er eine Frau hat, wenn seine Traumfrau keine Zeit hat oder er nichts Besseres zu tun hat. Viele Frauen fallen auf solche Männer herein. Sie vergeuden Jahre mit einer Beziehung, die mal mehr, mal weniger besteht. Wir aber sagen ihnen, dass es diese Beziehung überhaupt nicht gibt. Bei einer Beziehung sehen sich die Beteiligten entweder regelmäßig jede Woche oder sie existiert nicht! Wir haben dieses Buch auch deshalb geschrieben, damit Sie solche Männer sofort aussortieren können, bevor sie Ihnen das Herz brechen und Ihnen die Zeit stehlen.

Gehen Sie nicht mit einem Mann aus, der Ihnen häufiger als einmal absagt

Im vorherigen Kapitel sprachen wir über Warnsignale im Verhalten eines Mannes und darüber, wie eine Frau die Männer aussortiert, die nicht zu ihr passen. Ein Mann, der mehr als eine Verabredung absagt (es sei denn, es handelt sich um einen wirklichen Notfall), ist jedoch so ein Fehlgriff, dass wir für diesen Typus eine eigene Regel formuliert haben.

Frauen fragen uns immer wieder, ob es in Ordnung ist, sich weiter mit einem Mann zu treffen, der schon wieder ein Treffen platzen ließ oder verschieben will. Sie erzählen: »Er hat mir gerade eine SMS geschickt und geschrieben, dass er eine Reifenpanne hat und unsere Verabredung verschieben muss« oder »Er hat gemailt, dass er mich heute Abend nicht sehen kann, weil ein Freund ihn zu einem Footballspiel eingeladen hat. Was soll ich machen?«.

Wir wollen hier nichts dramatisieren, aber ein abgesagtes Date ist der Anfang vom Ende! Wir wissen natürlich, dass es heutzutage lockerer zugeht als früher und niemand mehr lange darüber nachdenkt, eine Verabredung zum Mittagessen per E-Mail abzusagen, das Treffen mit Freunden per Sammel-E-Mail zu verschieben oder eine Trainingsstunde per SMS zu canceln!

Aber in unserer Welt der *Regeln* darf eine Absage –

wenn es sich nicht um einen echten Notfall handelt – nicht auf die leichte Schulter genommen werden. Ein Mann sollte in der Lage sein, eine Verabredung mit Ihnen zu treffen und einzuhalten, unabhängig davon, ob er beruflich viel zu tun hat, das Wetter schlecht ist oder was auch immer in seinem Leben vorgeht. Ein Treffen mit Ihnen sollte ihm heilig sein.

Ein Mann findet alle möglichen Ausreden, wenn er keine Lust auf eine Verabredung hat. Er ist krank, seine Eltern sind zu Besuch, ein ehemaliger Kollege hat ihn gerade angerufen und will mit ihm etwas trinken gehen oder er hat einen wichtigen Abgabetermin, der vorverlegt wurde. Frauen finden solche Ausreden plausibel und bitten uns, ihm eine zweite Chance geben zu dürfen. Aber in Wirklichkeit ist es nun einmal so, dass ein Mann nicht absagt, weil er sich den Magen verdorben hat oder er viel arbeiten muss (an einem Samstagabend?) oder weil er in letzter Sekunde Karten für ein Footballspiel ergattert hat. Ein Mann sagt ab, weil Sie ihm nicht ganz so wichtig sind oder weil die Frau, die er *wirklich* mag, plötzlich Zeit für ihn hat.

Leider glaubt eine verliebte oder liebende Frau die Ausreden eines Mannes nur allzu gern, weil sie unbedingt will, dass die Beziehung funktioniert. Sie macht sich selbst etwas vor oder verschließt die Augen vor der Realität. Doch mit der Zeit häufen sich die Absagen und Enttäuschungen und sie wird zum nervösen Wrack, ist unsicher und misstrauisch. In einer Beziehung nach den *Regeln* meldet sich ein Mann jede Woche und bittet um eine Verabredung für den Samstagabend, er sagt nicht ab und lässt auch keine Woche aus. Das gibt der Frau Sicherheit und Stabilität. Sie kann sich entspannen und sich um die wichtigen Dinge in ihrem Leben kümmern.

Die 28-jährige Hannah lernte ihren Freund in einer Sportsbar kennen. Der 30-jährige Andrew sprach sie an, eine Woche später trafen sie sich auf ein Getränk. Danach bat er sie am Mittwoch um eine Verabredung für den Samstag. So weit, so gut. Aber dann schickte er ihr am Freitagmorgen eine SMS und schrieb, er müsse absagen, weil sich ein Freund aus einer anderen Stadt kurzfristig angekündigt habe. Die nächste Verabredung sagte er *wieder* ab, weil er angeblich erkältet war. Wir erklärten: »Oh nein, das ist nicht gut, das klingt verdächtig.« Doch Hannah glaubte ihm, obwohl wir sagten: Warum ausgerechnet am Samstagabend? Er kann doch seinen Freund irgendwann am Wochenende sehen? Und jetzt eine Erkältung? Tatsächlich? Wir glauben ihm nicht; seine Ausreden klingen ein bisschen lahm. Will er denn nicht beim Essen in Ihre schönen blauen Augen schauen und Sie am liebsten küssen?«

Hannah respektierte, was wir sagten, war aber so verknallt in Andrew, dass sie sich weiter mit ihm traf und gegen alle Vernunft hoffte, dass wir uns täuschten. Wir hörten erst zwei Jahre später wieder von ihr, als sie sich mit einer E-Mail bei uns meldete und schrieb, sie benötige weitere Beratung wegen Andrew. Hannah gestand uns, dass Andrew schon ein paar Mal mit ihr Schluss gemacht hatte, als sie ihn unter Druck setzte, sie zu heiraten; er sagte ihr, er könne noch nicht einmal daran denken, solange er nicht befördert worden sei. Zwei Monate später wurde er befördert und machte ihr mit einem Ring einen Heiratsantrag. Sogar der Hochzeitstermin stand schon fest. Sie war glücklich und erleichtert.

Einen Monat vor der Hochzeit sagte er ihr, er habe »Panikattacken wegen der Arbeit«, und ging zu einem Therapeuten, der ihm zustimmte, dass eine Hochzeit zu diesem Zeitpunkt zu belastend für ihn sei, und ihm riet, die Feier abzusagen. Hannah war geschockt: »WAS??? Unsere Hochzeit absagen? Mir das Herz brechen? Soll ich etwa meine Brautjungfern und alle Gäste anrufen und sagen, die Hochzeit sei abgeblasen? 10 000 Dollar Anzahlung verlieren?« Uns traf diese Nachricht nicht ganz so überraschend wie Hannah. Ein Mann, der mehr als eine Verabredung absagt, kann auch eine Hochzeit abblasen. Aber Hannah hatte sich mit der Zeit so an Andrews Ausreden gewöhnt, dass sie die Tragweite seiner Entscheidung gar nicht richtig verstand. Sie wollte wissen, ob sie die Beziehung noch retten könne! Wir sagten ihr, sie solle ihren Verlobungsring verkaufen und sich nach einem anderen Mann umsehen.

Natürlich passiert einem Rules-Girl so etwas nur selten – wenn überhaupt! Eine Frau, die sich an die *Regeln* hält, findet sich nicht mit einem Mann ab, der sie mehr als einmal versetzt. Sie ist nicht wütend, enttäuscht oder fühlt sich betrogen und sucht auch nicht nach Entschuldigungen für ihn oder grübelt, was wirklich in ihm vorgeht.

Kelly erzählte uns in ihrem dritten Jahr am College, ein Mann, mit dem sie sich seit ein paar Wochen traf, habe ihr eine SMS geschickt, dass er nicht mit ihr auf eine Party am Freitagabend gehen könne, er müsse etwas Wichtiges für seine Studentenvertretung erledigen. Für uns klang das komisch. Sie argumentierte, dass er eines Tages Präsident der Vertretung werden wolle. Wir rieten ihr, sich nicht bei ihm zu melden und sich einen anderen Begleiter für die Party zu suchen. Und es kam, wie es kommen musste: Eine Woche später gab er Kelly den Laufpass und ging mit einer anderen aus. Eine lahme Ausrede ist normalerweise der erste Hinweis, dass eine Beziehung bald in die Brüche geht!

Die 32-jährige Jessica wollte sich zu einer ersten Verabredung mit einem geschiedenen Mann mit Kindern treffen, der bei Match.com auf sie aufmerksam geworden war. Eine Stunde vor dem Date schickte er ihr eine E-Mail und wollte das Treffen von 17 Uhr auf 20 Uhr verschieben, weil er »bei der Arbeit so viel zu tun« habe. Wir sagten ihr, sie müsse ihm absagen. Während wir mit ihr noch darüber diskutierten, meldete er sich erneut und schrieb, er habe gerade eben erst gesehen, dass heute Elternabend an der Schule seines Sohnes sei. Ob sie ihr Treffen auf die folgende Woche verschieben könnten? Er fügte hinzu: »Jetzt schulde ich dir natürlich eine Einladung zum Essen, weil ich dir den Abend verdorben habe!« Wir sagten Jessica, damit sei es nun endgültig aus! Aber sie fand ihn niedlich und wollte ihm eine zweite Chance geben. Sie schrieb zurück: »Okay, viel Spaß heute Abend«, obwohl wir dagegen waren. Natürlich meldete er sich nie wieder. Was veranlasst einen Mann, eine Verabredung zu treffen und sie dann abzusagen und sich nie wieder zu melden? Wahrscheinlich hat er eine Frau kennengelernt, die ihm besser gefällt. *Versuchen* Sie erst gar nicht zu verstehen, was in ihm vorgeht. Wenn er absagt, vor allem, wenn er Sie mehr als einmal versetzt, sind Sie ihm einfach nicht wichtig genug!

Wir erfinden diese Geschichten nicht! Wir beraten seit fast 20 Jahren unsere Klientinnen und haben es nur sehr selten erlebt, dass eine Beziehung funktionierte, wenn der Mann mehr als eine Verabredung absagte. Wir haben zusätzlich mit Hunderten glücklich verheirateter Frauen gesprochen, die sich an die *Regeln* halten, und alle sagten, ihre Männer hätten nie eine Verabredung abgesagt, egal, aus welchem Grund. Egal, ob Eiseskälte im Winter, starke Regenfälle, wichtige Kundengespräche, Hausarbeiten für die Uni, Medizinstudium, Staus, der Super Bowl oder eine Hochzeit in der Familie dazwischenkamen … sie sagten nie ab. Nichts kann einen Mann aufhalten, eine Frau zu treffen, die er wirklich mag. Wenn er mehr als einmal absagt, gehen wir davon aus, dass er das noch häufiger tun wird. Und darum raten wir: Der Nächste bitte!

Kein Sexting oder: Senden Sie einem Mann nichts, was Ihnen nach einer Trennung unangenehm wäre

Der Begriff Sexting entstand vor einigen Jahren und beschreibt den Trend bei Teenagern und jungen Frauen, erotische Botschaften, Fotos und Filmchen per Mobiltelefon zu verschicken. Die jungen Frauen halten das für einen Spaß und sich selbst für cool und witzig, dabei ist Sexting dumm, ungehörig und gefährlich. Wenn sich eine Sexting-MMS weiterverbreitet, kann das für eine Frau furchtbar peinlich werden!

Zuerst die Grundlagen: Alles, was Sie elektronisch verschicken, kann leicht gespeichert, weitergeleitet, kopiert, auf Facebook eingestellt oder bei YouTube hochgeladen werden – was Sie in eine unglaublich peinliche, demütigende Situation bringen kann. Mit nur einem Klick kann ein Mann seinen Freunden Ihren Sexting-Text zeigen, in dem Sie Ihre bevorzugten Stellungen beim Sex beschreiben, oder eine E-Mail, in der Sie ihn anflehen, sich nach einer Trennung doch wieder mit Ihnen zu versöhnen. Natürlich denken Sie: »Aber er ist doch mein Freund, so etwas würde er nie tun.« Das mag heute gelten, aber was ist, wenn Sie sich morgen furchtbar mit ihm verkrachen? Wenn er wütend oder betrunken ist, kommt er vielleicht auf die Idee, Ihre privaten Chats oder Fotos ins Netz zu stellen! So etwas passiert immer wieder. Es ist eine Sache, miteinander erotische Botschaften auszutauschen, aber es ist etwas ganz anderes, wenn sie dann im Internet verbreitet werden.

Die Regel lautet daher: Bevor Sie einem Mann irgendetwas schicken, müssen Sie sich fragen, ob Ihnen die Vorstellung gefällt, dass er Ihre Nachricht auch noch hat, wenn Sie nicht mehr mit ihm zusammen sind. Wenn die Antwort Nein lautet, dann *lassen Sie es!* Seien Sie immer auf der Hut und geben Sie einem Mann nie Munition an die Hand, mit der er Sie später einmal verletzen kann. Heutzutage wird so viel im Internet verbreitet, da können Sie sich einfach nicht mehr auf die Diskretion anderer verlassen!

Abgesehen von der Bloßstellung und der Peinlichkeit widerspricht die bloße Idee des Sexting unseren *Regeln* gleich in mehrerer Hinsicht. Es gibt also noch weitere Gründe, warum Sie die Finger vom Sexting lassen sollten:

♥ Wenn Sie die Initiative ergreifen und eine Sexting-Nachricht verschicken, übernehmen Sie die aktive Rolle, anstatt »leicht, locker und beschäftigt« zu sein. Sie zeigen damit, dass Sie nichts Besseres zu tun haben, als sich im Push-up-BH und Stringtanga von Victoria's Secret auf Ihrem Bett zu rekeln und Fotos zu machen. Das ist weder clever noch cool! Und es ist auch nicht klug, auf eine Sexting-Nachricht zu reagieren, wer weiß, ob das nicht später einmal auf Sie zurückfällt.

♥ Sie sind nicht mysteriös und alles andere als schwer zu kriegen. Sie sagen ihm genau, woran Sie denken: An ihn und an Sex! Noch schlimmer, Sie deuten an, dass Sie Sex mit ihm haben wollen. Damit zeigen Sie viel zu deutlich, dass er Ihnen gefällt. Würden Sie ihm sonst solche Botschaften und Fotos schicken? Sicher nicht!

♥ Sie vergessen, dass Sie auch im Cyberspace etwas ganz

Besonderes sind – mit Sexting zeigen Sie, dass Sie keine Selbstachtung haben. Jemand ganz Besonderes ist auch im Internet diskret, zurückhaltend und vielleicht sogar ein bisschen prüde. Eine solche Frau braucht weder Sex noch Sexting, um einen Mann für sich einzunehmen. Sie will, dass sich ein Mann in ihre Persönlichkeit verliebt, nicht nur in ihren Körper. Sie wartet auf den Richtigen oder zumindest auf einen festen Partner. Sie hat klare Prinzipien: Sie macht bei ihren Beziehungen und bei ihrem Ruf keine Kompromisse. Mit dem Sexting senden Sie eine völlig dekadente Botschaft (dass Sie zum Sex bereit sind), die Sie aber gar nicht vermitteln wollen!

♥ Sie gehen das Risiko ein, dass Ihre Botschaft falsch verstanden oder mit Photoshop bearbeitet wird. Selbst ein Sexting, das ein harmloser Flirtversuch sein soll, kann in die falschen Hände gelangen und in einer Art und Weise auf Sie zurückfallen, wie Sie es nie für möglich gehalten hätten.

Kara musste das in ihrem dritten Jahr auf dem College auf die harte Tour lernen: Sie schickte ein Nacktfoto von sich an ihren Freund Nick, der ebenfalls studierte. Als die Beziehung ein paar Monate später in die Brüche ging, weil Kara so eifersüchtig war und schrecklich klammerte, gab Nick das Foto an einen ehemaligen (die Betonung liegt auf *ehemaligen*) Freund Karas weiter, der es wiederum ins Netz stellte. Nachdem ihre Bild 2500 Mal angeklickt worden war, fühlte sich Kara so gedemütigt, dass sie das College wechselte und wieder bei ihren Eltern einzog. Sie ging nicht mehr zum Sport, trat aus ihrer Studentinnenverbindung aus und zeigte sich nur noch mit dunkler Sonnenbrille und Baseballkappe. Geraten Sie nicht auch in eine so peinliche Situation! Ein Rules-Girl ist zu clever und hat zu viel Stil, um auf Sexting zurückzugreifen!

Regel Nummer 26

Akzeptieren Sie keine spontanen telefonischen Verabredungen zum Sex und zu anderen sexuellen Eskapaden

Vor 25 oder sogar noch vor 15 Jahren, vor der Ära von Blackberry und iPhone, waren spontane Verabredungen zum Sex kein Thema. Wie sollte man auch mitten in der Nacht binnen Sekunden einen Sexpartner finden? Woher sollte ein Mann, wenn er nicht zufällig über eine Frau stolperte, wissen, auf welcher Party oder in welcher Bar sie war? Wir behaupten nicht, dass es solche spontanen Verabredungen zum Sex früher nicht gab, wir sagen nur, dass es damals viel schwieriger war. Wenn ein Junge bei einem Mädchen um zwei Uhr nachts anrief, warf er ihre Eltern oder ihre Mitbewohnerin aus dem Bett, weil es nur ein Telefon im Haus gab.

Das ist mittlerweile ganz anders: Heute hat jedes Mädchen praktisch einen GPS-Sender eingebaut! Nächtliche Verabredungen zum Sex waren noch nie so einfach und sind dementsprechend weit verbreitet. Ein Mann kann ein Mädchen überall und jederzeit erreichen. Wir kennen Mädchen, die ihr Telefon nicht einmal abschalten, wenn sie schlafen, damit sie ja keine Nachricht verpassen – sie schlafen mit dem Handy auf dem Bauch oder neben dem Kopfkissen. Das Smartphone hat den Teddybären ersetzt! Ein » Wo bist du? « oder » Was läuft? « oder

»Treffen wir uns?« genügt. Man kann sich ganz leicht verabreden.

Wie lautet nun also unsere Regel für spontane Verabredungen zum Sex? Ganz einfach: Ignorieren! Löschen! Weg damit! Wenn Sie spätabends eine SMS von einem Mann bekommen, der fragt: »Was machst du gerade?« oder »Treffen wir uns gleich?«, machen Sie sich gar nicht erst die Mühe, so etwas wie »Zu müde« oder »Nein danke« zurückzuschreiben. Die meisten Männer versuchen, Sie mit einer SMS-Flut doch noch zu einem Rendezvous zu überreden, und stehlen Ihnen damit Ihre Zeit. Wenn Sie zurückschreiben, werden Sie womöglich doch noch weich, gehen zu ihm, schlafen mit ihm und sind dann verletzt, wenn er bis zum nächsten Sextreffen nichts von sich hören lässt. Sparen Sie sich das. Eine Aufforderung zum Sex verdient erst gar keine Antwort, und verschwenden Sie bloß keinen Gedanken darauf, Sie könnten grob oder unhöflich wirken. *Er* ist unhöflich, wenn er sich mitten in der Nacht bei Ihnen meldet. Wenn er Sie wirklich mögen würde, hätte er viel langfristigere Pläne und würde sich nicht erst um zwei Uhr melden, um sich in einer Viertelstunde mit Ihnen zu treffen. Ein Mann, der Sie liebt, denkt viel früher an Sie. Sexuelle Avancen sind eine Beleidigung. Fühlen Sie sich bloß nicht geschmeichelt und denken Sie auch nicht, Sie würden ihn kränken, wenn Sie sich nicht melden. Er verdient keine Antwort.

Eine SMS-Aufforderung zum Sex führt definitiv nicht zu einer richtigen Verabredung, geschweige denn zu einer romantischen, dauerhaften Beziehung und der Nähe, nach der Sie sich sehnen. So etwas kann prickelnd und aufregend sein, aber danach fühlen Sie sich leer, verletzt und gedemütigt. Selbst wenn Sie derzeit nicht auf der Suche nach dem Mann fürs Leben sind, wollen Sie doch mit Respekt behandelt werden und Ihren guten Ruf wahren. Vielleicht denken Sie: »Ich kann nicht Nein sagen, ich mag ihn und ich glaube, er mag mich auch« oder »Mir doch egal, wenn daraus keine Beziehung wird« oder »Mir macht das nichts, wenn ich nie wieder von ihm höre« oder »Egal was passiert, ich kann damit umgehen«. Oder Sie sagen sich: »Ich bin erwachsen – ich kann tun, was ich will« oder sogar: »Was ist schon dabei?« Selbst die klügsten Frauen finden derartige Argumente. Aber in Wirklichkeit sind solche Aufforderungen zum schnellen Sex einfach nicht gut für Sie. Es geht dabei nicht um »richtig« oder »falsch« oder um die Moral – der schnelle Sex funktioniert einfach nicht. Daraus ergibt sich keine richtige Verabredung, keine gute Beziehung und schon gar keine Partnerschaft. Egal, was Sie sich einreden, es wird Sie doch beschäftigen, wenn Sie nichts mehr von ihm hören, denn Sie *wollen* angerufen werden, SMS bekommen, begehrt und vor allem respektiert werden, gerade, nachdem Sie mit einem Mann zusammen waren. Deshalb lassen Sie sich doch überhaupt auf den Sex ein! Anstatt zu erkennen, dass es nur an der neuen Technik liegt, dank der Männer heutzutage so leicht Kontakt aufnehmen können, fühlen sich viele Mädchen und Frauen geschmeichelt: »Oh, er schreibt mir um zwei Uhr nachts eine SMS, er denkt wohl ständig an mich!«

Alkohol und Drogen spielen eine große Rolle beim Gelegenheitssex. Jessica, eine Studentin im zweiten Jahr, hat sich noch nie nüchtern auf eine Verabredung zum schnellen Sex eingelassen, aber wenn sie betrunken ist, trifft sie die falschen Entscheidungen – noch ein Grund, warum Sie sich beim Ausgehen auf ein oder zwei Getränke beschränken sollten, wie wir bereits in Regel 21 empfohlen haben. Sie brauchen einen klaren Kopf, um einen gut aussehenden Sportler oder den Abteilungsleiter vom Marketing spätabends abzuweisen. Diese Männer sind es gewöhnt, dass sich ihnen die Frauen an den Hals werfen – sie hören selten das Wort Nein. Wahrscheinlich könnten sie auch Sie überreden, sie spätabends zu einem kleinen Rendezvous zu treffen, daher ist es wichtig, ihnen gar nicht erst die Gelegenheit zu geben. Unter Alkoholeinfluss fällt es Ihnen schwerer, sie zu ignorieren.

Ein weiterer Faktor für die wachsende Zahl der Verabredungen zum spontanen Sex ist die räumliche Nähe, vor allem auf dem College. Es gibt so viele Wohnheimpartys, Verbindungsfeten, Feiern vor und nach einem Spiel und Partys nach einem bestandenen Examen – und das eigene Bett ist nie allzu weit entfernt. Natürlich benötigen Sie Selbstdisziplin, um solche Angebote abzulehnen. Wenn es Ihnen ernst damit ist, finden Sie vielleicht andere Frauen, die sich an unsere *Regeln* halten wollen und die Sie unterstützen, falls Sie doch einmal Gefahr laufen, schwach zu werden. Sie können sich an eine gute Freundin wenden, wenn Sie bei einer Party in Versuchung geraten, oder sie bitten, Sie im Auge zu behalten. Auch ein kluges Mädchen trifft manchmal eine dumme Entscheidung, wenn es um Männer geht!

Die 20-jährige Lauren stammt aus gutem Hause – sie war bei den Pfadfindern und ging in die Kirche; ihr Vater ist Anwalt und ihre Mutter engagiert sich im Elternbeirat der Schule. Doch schon im zweiten Semester am College begann Lauren, sich zum spontanen Sex zu verabreden. Sie wollte unbedingt einen Freund; ohne einen Mann in ihrem Leben fühlte sie sich einsam und unattraktiv. Sie dachte, wenn sie Sex mit einem Verbindungsstudenten hätte, würde mehr daraus werden und sie würde sich attraktiv und geliebt fühlen. Sie sagte sich, sie sei eine liberal denkende Feministin und lebe im 21. Jahrhundert, da könne sie tun und lassen, was sie wolle. Und was sollte schon Schlimmes passieren?

Lauren sprach Brian bei einer Party an und war glücklich, als sie noch am selben Abend Sex hatten. Doch daraus ergab sich nie eine Verabredung, geschweige denn eine Beziehung. Als sie sich an uns wandte und um Rat fragte, erklärten wir ihr, dass die Geschichte mit Brian zu nichts führe und sie ihn nicht mehr treffen solle, aber sie wollte nicht auf uns hören. Er schickte ihr etwa einmal in der Woche eine SMS mit der Frage, ob sie nicht noch bei ihm vorbeikommen wolle, meistens gegen zwei Uhr, wenn die Bars geschlossen hatten oder er mit einem anderen Mädchen aus gewesen war, das nicht mit ihm schlafen wollte. Brian war dann entweder noch mit Trinken beschäftigt oder bereits betrunken. Lauren redete sich ein, dass er sie wirklich mochte, aber als sie Brian zum ersten Mal abwies, brüllte er sie an, beschimpfte und beleidigte sie. Mit Schmähungen versuchte er, sie ins Bett zu kriegen. Als er fragte, ob sie zu gut für ihn sei, war das der Tropfen, der das Fass zum Überlaufen brachte. Sie fühlte sich furchtbar.

Ein unerwarteter Nebeneffekt

Mädchen, die auf eine spontane Aufforderung zum Sex eingehen, brechen sich selbst das Herz, weil sie Männern hinterherlaufen, die sich emotional gar nicht auf sie einlassen wollen, und sie verstoßen zusätzlich noch gegen eins der heiligsten Gesetze unter Frauen: Perle vor Kerle. Die Freundinnen sind eigentlich immer wichtiger als ein Mann, aber wenn ein Mädchen alles stehen und liegen lässt, um zu einem Typen ins Bett zu springen, kommen ihre Freundinnen zwangsläufig zu kurz. Traurigerweise erleben wir so etwas immer wieder. Ein Mädchen sagt den gemeinsamen Filmeabend ab, weil »er gefragt hat, ob ich nicht zu ihm rüberkommen will«. Ein Mädchen wirft die Pläne über den Haufen, mit den Freundinnen essen zu gehen, weil »er mir eine SMS geschrieben hat, das macht er sonst nie«. Ein Mädchen kommt total verspätet zum Geburtstag ihrer besten Freundin, weil »er soooo süß ist! Freu dich doch einfach für mich!« Wenn ihr eure Freundinnen wegen eines Kerls hängen lasst, gebt ihr ihnen zu verstehen, dass sie euch nichts bedeuten (und ihm, dass er der wichtigste Mensch in eurem Leben ist). Versetzt eure Freundinnen nicht zu oft, sonst habt ihr niemanden mehr, bei dem ihr euch ausheulen könnt, wenn er *euch* sitzen lässt.

Wenn Sie wirklich mit dem schnellen Sex auf Abruf aufhören wollen, dürfen Sie sich nicht mehr selbst belügen. Am Anfang eines flüchtigen Abenteuers steht immer eine Lüge, etwa »Dieses Mal ist alles anders« oder »Es ist mir egal, wenn er nicht mit mir ausgeht« oder »Damit gewinne ich meinen Ex zurück« oder »Dadurch sieht er, wie gut ich im Bett bin, dann mag er mich und es wird etwas Festes daraus«.

Die 25-jährige Missy machte noch viel schlechtere Erfahrungen als Lauren. Sie war beruflich viel unterwegs und fühlte sich abends nach den anstrengenden Besprechungen oft einsam. Auf einer Geschäftsreise ging sie mit einem Mann ins Bett, den sie in der Hotelbar kennengelernt hatte, und schlief in seinem Hotelzimmer ein. Er machte ein Nacktfoto von ihr und stellte es online, sodass die ganze Welt es sehen konnte. Sie versuchte, das Bild entfernen zu lassen, aber wenn so ein Bild erst einmal im Netz kursiert, kann man es nicht so einfach wieder zurücknehmen. Missy war völlig verzweifelt und bemüht sich immer noch, darüber hinwegzukommen. Doch diese

Erfahrung lehrte sie auch, sich nicht mehr so sorglos zu verhalten und weniger zu trinken. Leider muss manchmal etwas Schreckliches oder Peinliches passieren, damit eine Frau aufwacht und erkennt, dass das, was sie tut, nicht nur unproduktiv ist, sondern auch regelrecht destruktiv. Missy ließ sich nie wieder auf eine flüchtige Sexbekanntschaft ein. Mit unserer Hilfe geht sie heute mit netten Männern aus, die sie respektieren und sie zum Essen einladen. Wir rieten ihr, so zu tun, als ob die Geschichte nie geschehen wäre; sie durfte nicht zulassen, dass sie ihr das ganze Leben lang nachhing. Wir sagten ihr, dass einen Mann, der sie liebe, so etwas nicht weiter kümmere. Im Rückblick konnte Missy kaum glauben, dass sie sich bei Männern mit so wenig zufriedengegeben hatte. Heute weiß sie, dass ein Mann, der eine Frau mitten in der Nacht spontan treffen will, die Frau kaum besser als eine Prostituierte behandelt. Ein Mann behandelt Sie so, wie Sie es ihm erlauben!

Wenn Sie einem Mann nicht wichtig sind, wird er alles tun, um einen Kick zu bekommen oder sich zu amüsieren, selbst wenn das auf Ihre Kosten geht. Es ist schon schlimm genug, wenn sich ein Mann nicht mehr meldet, aber eine SMS mit der Aufforderung zum schnellen Sex ist noch einmal etwas ganz anderes. Ihr Ruf, ja sogar Ihre Ausbildung und Ihre Karriere können binnen Sekunden zerstört werden, also überlegen Sie es sich gut, bevor Sie mit einem Mann ins Bett gehen, der nicht verrückt nach Ihnen ist oder dem Sie nicht vertrauen.

Viele Mädchen, die sich auf dem College auf flüchtige sexuelle Bekanntschaften einließen, setzen dieses Verhalten auch noch bis Ende 20 fort. Warum hören sie nicht damit auf? Weil man schlechte Gewohnheiten nur schwer wieder ablegt. Mit dem schnellen Sex ist es wie mit dem Rauchen – man sehnt sich nach etwas, mit dem man sich weniger einsam oder schlecht fühlt, egal, ob es sich dabei nun um Nikotin oder einen Sexpartner handelt. Je öfter man es macht, desto mühsamer gewöhnt man es sich wieder ab. Wenn Sie mit vielen verschiedenen Männern Gelegenheitssex haben, sollten Sie damit *aufhören*. Das ist einfach dumm und wird irgendwann auf Sie zurückfallen. Anstatt eine stabile, konstruktive Beziehung nach den *Regeln* aufzubauen, gehen Sie mitten in der Nacht auf spontane Aufforderungen zum Sex ein. Das ist schon schlimm genug, wenn Sie 18 sind, aber mit 28 ist es selbstzerstörerisch, weil viel mehr auf dem Spiel steht. Sie haben einen Beruf, müssen Miete zahlen und haben noch viele andere Verpflichtungen. Der Spielraum, Fehler zu machen, ist nicht mehr so groß, daher ist es einfach nicht klug, Bekanntschaften zu pflegen, bei denen es nur ums Körperliche geht und die keine Zukunft haben. Warum? Weil sich die meisten Frauen, wenn Sie 28 Jahre oder älter sind, eine sinnvolle Partnerschaft mit einem Mann wünschen, den sie lieben und dem sie vertrauen können.

Egal, wer Sie mitten in der Nacht anruft – es ist *nie* eine gute Idee, sich zum spontanen Sex zu treffen. Die 26-jährige Alexa hatte immer noch gelegentlich Sex mit ihrem Exfreund und sagte sich, das sei in Ordnung, weil sie ihn gut kenne. Sie ging fast jeden Abend in eine Bar oder auf eine Party, lernte aber nie jemanden kennen und suchte dann Trost bei ihrem Ex, der immerhin kein Fremder war. Vielleicht, so hoffte sie, würden sie ja wieder zusammenkommen? Das Arrangement bestand etwa ein Jahr lang, bis sie erkannte, dass es nirgendwohin führte. Es funktioniert *nie*, mit einem Mann in der Hoffnung zu schlafen, dass daraus eine feste Beziehung entstehen könnte, wenn der Mann nicht dieselben Gefühle hat wie Sie. Exfreunde sind manchmal die schlimmsten von allen, weil sie eine Frau oft in dem Glauben wiegen, die beiden könnten wieder ein Paar werden (»nur zurzeit ist es gerade schlecht«), obwohl sie nur am Sex interessiert sind. Eine Frau verschwendet damit nur ihre Zeit, schwelgt weiter in der Vergangenheit oder führt eine Phantasiebeziehung, anstatt die Sache abzuhaken und sich nach einem neuen Partner umzusehen.

Es ist ja nicht so, dass bei den spontanen Verabredungen zum Sex immer etwas Schlimmes passiert, manchmal passiert auch *nichts,* aber das ist eigentlich noch schlimmer. Man macht sich nicht die Mühe, neue Bekanntschaften zu schließen, baut damit aber auch keine langfristige Beziehung auf – es geht nur um die schnelle Befriedigung, und danach sind viele Frauen unglücklich. Das ist Zeitverschwendung! Mit unseren *Regeln* streben wir das langfristige Glück an, nicht den schnellen Spaß, den man hinterher bereut. Ein Rules-Girl weiß, was eine Verabredung ist und wie eine Frau behandelt werden sollte. Es geht nicht nur darum, spontane nächtliche Aufforderungen zum Sex abzulehnen, sondern abzuwarten, bis Sie einen Partner für eine stabile Beziehung nach den *Regeln* finden.

Wie schätzen Männer Frauen ein, die auf solche Aufforderungen eingehen? Wir haben Hunderte junger Männer befragt. Hier sind einige Meinungen:

»Auf dem College kommt man schnell ins Gerede. Und mit den Handys verbreitet sich Klatsch schnell weiter.«

»Kein Mann respektiert so eine Frau. Die Männer denken: ›Sie ist zu leicht zu kriegen ... Ich muss mich nicht um sie bemühen‹, und schauen sich nach der Nächsten um. Wenn sie ihr eine SMS schicken oder sie anrufen, dann nur für schnellen Sex.«

»Sie sind zu leicht rumzukriegen – nicht der Typ Frau, den man als feste Freundin haben will. Keiner will ein Mädchen, das schon mit all seinen Freunden geschlafen hat. Ich hoffe immer, dass das Mädchen schon weg ist, wenn ich aufwache. Nüchtern würde ich sie nicht anfassen.«

»Das ist schlecht. Oft sind es auch die Mädchen, die einem Kerl um zwei Uhr nachts eine SMS schicken. Die wollen dann nicht reden, die wollen Sex. Sie schreibt: ›Hey, was machst du gerade?‹ oder ›Wo bist du?‹. Meine Freunde und ich lachen dann, weil wir wissen, dass sie nur auf Sex aus ist.«

»Ein Mädchen hat mir und meinem Freund genau dieselbe SMS geschrieben: Ihre Mitbewohnerin sei nicht da, sie hätte das Zimmer für sich allein. Wir saßen nebeneinander, als wir die SMS bekamen. Natürlich ging keiner von uns zu ihr.«

»Ratschlag gefällig? Kein Mann will ein Mädchen zur Freundin, das mit vielen Jungs Sex hat. Wir wollen das Mädchen, das nicht kommt, wenn wir nachts anrufen.«

»Für einen Typen, der keine Beziehung will, ist das perfekt. Man hat eine Frau fürs Bett, die mehr als bereit ist, mit einem zu schlafen, und womöglich auch noch denkt, es sei etwas Ernstes, wenn nicht jetzt, dann später.«

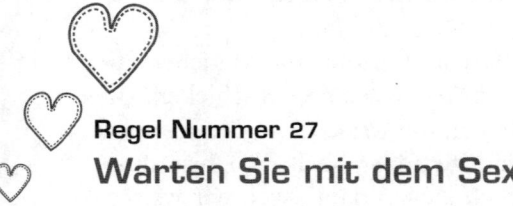

Warten Sie mit dem Sex

Wir leben in einer sexbesessenen Gesellschaft, wo den ganzen Tag Lieder über One-Night-Stands und Sado-Maso-Spielchen im Radio laufen und im Fernsehen junge Frauen gezeigt werden, die wie Prostituierte gekleidet sind und Kondome in der Chanel-Handtasche dabeihaben. Teenagerschwangerschaften sind ebenfalls immer ein Thema, und 19-Jährige drehen ihre eigenen Sexfilmchen von sich!

Unsere Kultur ist vom Sex geprägt. Aber nur weil sich andere Frauen darauf einlassen, müssen Sie das noch lange nicht! Sie sind ein Rules-Girl: Sie haben Selbstachtung, Prinzipien und setzen sich Grenzen. Wann also sollte ein Rules-Girl Sex haben?

Das erste Mal ist eine große Sache, die Sie nicht überstürzen und auch nicht mit dem falschen Mann angehen sollten. Im Idealfall sollten Sie einen festen Freund haben, der Sie wirklich mag, dem Sie wichtig sind, der liebevoll mit Ihnen umgeht und danach noch kuscheln will – auf keinen Fall sollte er in Ihnen nur eine weitere Eroberung sehen und alles schnell durchziehen wollen. Das erste Mal soll schön sein und nicht etwas, das Sie so schnell wie möglich wieder vergessen wollen. Unserer Meinung nach sollten Sie möglichst lange warten – zumindest, bis Sie 18 Jahre alt sind – und idealerweise erst mit einem Mann schlafen, wenn Sie ein Jahr mit ihm zusammen sind. Wenn Sie älter sind, sollten Sie mindestens drei Monate lang warten (oder zwölf aufeinanderfolgende Verabredungen haben – also viel Zeit miteinander verbracht haben). Auf jeden Fall sollten Sie ihm vertrauen und sich mit ihm wohlfühlen.

Rules-Girls spannen Männer gern ein bisschen auf die Folter, das sorgt dafür, dass sich ein Mann richtig in eine Frau verliebt, in ihr Wesen und in ihre Persönlichkeit – nicht nur in ihren Körper. Je länger Sie mit dem Sex warten, desto mehr kann er sich um Sie bemühen, romantische Verabredungen mit Ihnen planen und von Ihnen träumen. Ein Mann behandelt eine Frau besser und respektvoller, wenn sie nicht so früh mit ihm schläft. Wir können es gar nicht oft genug betonen: Männern lieben die Herausforderung und wissen etwas, was einfach zu bekommen ist, nicht zu schätzen, vor allem beim Sex! Frauen, die sich schon bei der ersten (oder auch der zweiten oder dritten) Verabredung die Kleider vom Leib reißen, entsprechen nicht gerade der Vorstellung vom scheuen Wesen, um das man sich bemühen muss. Sie riskieren damit, dass sie bald wieder sitzen gelassen werden oder spätabends als Lückenbüßer herhalten, wenn er Lust auf Sex hat, weil es offensichtlich ist, dass sie leicht rumzukriegen sind.

Früher waren Aids, Geschlechtskrankheiten und Schwangerschaften die einzigen Risiken für eine sexuell aktive Frau. Diese Gefahren gibt es natürlich auch heute noch, dazu kommt aber noch eine ganze Reihe von Fallstricken. Ein Mann kann Sie beispielsweise beim Sex filmen und Ihr Liebesspiel bei YouTube einstellen oder an sämtliche Bekannte mailen. Er kann allen von Ihrer gemeinsamen Nacht erzählen und dann zusehen, wie schnell sich die Gerüchte per SMS und Twitter verbreiten. Mit einem Mann zu schlafen, den Sie gerade erst kennengelernt haben, ist daher eine ganz schlechte Idee. Wenn er

Sie nicht gut kennt, sind Sie ihm wahrscheinlich auch nicht wichtig, daher wird er nicht lange zögern, Sie zu verletzen. Umgekehrt werden Sie ihm umso wichtiger und er wird sich umso mehr um Ihr Wohlergehen bemühen, je länger er Sie kennt.

Wenn Sie beschließen, dass Sie mit einem Mann schlafen wollen, sollten Sie sich zunächst fragen, ob Sie sich sicher sind, dass er sich danach noch bei Ihnen melden wird. Es wäre doch furchtbar, wenn Sie mit jemandem ins Bett gehen würden, von dem Sie nie wieder etwas hören würden. Selbst wenn Sie sich sagen, dass es Ihnen egal ist, heißt das nicht, dass Sie am nächsten Morgen oder eine Woche später noch genauso denken. Frauen erzählen uns immer wieder, es kümmere sie nicht, wenn ein Mann nur Sex wolle. Sie sagen: »Wir sahen uns tief in die Augen und wussten, dass es dazu kommen würde; wir mussten einfach miteinander schlafen.« Sie reden sich ein, sie könnten wie ein Mann denken, wenn es um Sex geht, aber am nächsten Morgen schauen Sie immer wieder zwanghaft auf ihr Handy und sind am Boden zerstört, wenn er sich nicht mehr meldet. Selbst Samantha Jones aus *Sex and the City* hat sich ein- oder zweimal in einen Mann verliebt, mit dem sie Sex hatte!

Warten Sie also lieber, bis eine emotionale Verbindung zwischen ihnen entsteht und Sie nicht nur eine rein körperliche Anziehung spüren, das schützt vor Liebeskummer. Frauen wollen eine richtige Beziehung zu einem Mann aufbauen, mit ihm kuscheln und Worte wie »Liebe«, »Zuneigung« und »die Einzige« hören. Sie wollen Sicherheit und ein Gefühl der Verbundenheit. Für Männer kann Sex etwas rein Mechanisches sein. Danach stehen sie auf, ziehen sich an und gehen arbeiten; kein Problem. Aber egal, was eine Frau sich vornimmt, sie will mehr. Die meisten Frauen sind so gepolt, dass sie sich emotionale Nähe wünschen und am Ende den Kürzeren ziehen, wenn sie sich etwas anderes einreden.

Ganz wichtig ist auch das richtige Motiv. Sie sollten nicht versuchen, einen Mann mit Sex an sich zu binden. Spielen Sie nicht das Turteltäubchen. Wenn er sich schon wieder die Socken anzieht, verkneifen Sie sich lieber die Frage: »Wann meldest du dich wieder?« Schicken Sie ihm auch keine SMS: »Und wohin geht nun unsere Beziehung, nachdem wir miteinander geschlafen haben?« Sex sollte nicht als Vorwand für ein Beziehungsgespräch oder einen nächtlichen SMS-Marathon benutzt werden. Ein Mann ist Ihnen gegenüber emotional zu nichts verpflichtet, nur weil Sie mit ihm geschlafen haben. Wenn Sie mit dieser Einstellung Sex mit ihm haben, handeln Sie manipulativ, was meistens nicht funktioniert. Die allzu offensichtlichen Erwartungen oder Forderungen einer Frau, dass durch Sex mehr Nähe und Verbundenheit entstehen, können einen Mann auch in die Flucht schlagen.

Manche Frauen wenden jetzt vielleicht ein, dass sie nie gleich nach der ersten Verabredung mit einem Mann schlafen würden, für alles andere jedoch offen seien: Zum Beispiel kann er ihnen Handschellen anlegen, während sie ihm einen blasen, weil sie denken, das zähle nicht als Sex. Oh doch! Wenn wir sagen, dass Sie einen Mann warten lassen sollen, meinen wir damit, dass bei der ersten Verabredung höchstens ein flüchtiger Kuss drin ist. Bei der zweiten Verabredung darf es schon ein Zungenkuss sein, wenn er will. Bei der dritten oder vierten Verabredung ist auch ein bisschen mehr erlaubt. Wenn er mit Ihnen schlafen will, Sie aber das Gefühl haben, dass es noch zu früh ist, können Sie durchaus sagen: »Ich möchte das auch, aber ich bin noch nicht so weit.« Wenn er sauer wird oder droht, sich nicht mehr mit Ihnen zu treffen, ist er nicht der Richtige für Sie. Ein Mann darf keinen Druck auf Sie ausüben, um Sie dazu zu bringen, mit ihm zu schlafen!

Andere Frauen wiederum treiben unsere Regel, ihn beim Sex warten zu lassen, ins Extreme. Wir sagen nicht, dass Sie einen Mann unbedingt bis zur Hochzeit warten lassen sollen. Wenn Sie gläubig oder allgemein der Ansicht sind, dass man jungfräulich in die Ehe gehen sollte, respektieren wir das selbstverständlich. Sie sollten ihn dann aber nicht in Versuchung bringen: Wenn Sie, egal aus welchem Grund, vorhaben, erst nach sechs Monaten oder einem Jahr mit ihm zu schlafen, ist es nur fair, dass Sie ihm das auch sagen, damit er entscheiden kann, ob er warten will oder nicht. Wenn Sie einen Mann *zu* lange warten lassen, sprechen Sie damit vielleicht Männer an, die gar keinen Sex wollen. Vielleicht ist er erleichtert, weil er einen geringen Sexualtrieb hat oder lieber Pornos schaut oder gar nicht so auf Sie steht. Woher wollen Sie wissen, ob Sie sexuell zueinander passen, wenn Sie bis zur Hochzeit mit dem Sex warten? Sex ist ein wichtiger Bestandteil einer Beziehung – wir sind nur der Ansicht, dass man dabei nichts überstürzen sollte.

Jetzt kommt nämlich der knifflige Teil der Regel: Es könnte auch sein, dass Ihnen der Sex wichtiger ist als dem Mann. Sie merken, dass er sich sehr viel Zeit lässt (nur Küssen bei der fünften Verabredung), und wollen die Sache etwas beschleunigen. Sollen Sie die Initiative ergreifen? Auf gar keinen Fall! Wenn Sie sexuell aktiv werden, vertauschen Sie wieder einmal die Rollen in der Partnerschaft. Wenn die Initiative von Ihnen ausgeht und Sie aktiv werden müssen, fühlen Sie sich vielleicht auch in anderen Bereichen Ihrer Beziehung nicht richtig begehrt und sicher. Beim Sex ist es wie bei allen anderen Bereichen in Ihrer Beziehung: Er muss den ersten Schritt machen und Ihnen das Gefühl geben, dass er Sie begehrt. Wenn er Ihnen in sexueller Hinsicht nicht forsch genug ist, ist er vielleicht auch generell nicht der Richtige für Sie.

Umgekehrt ist es auch nicht gut, einen Mann mit Sexentzug zu bestrafen. Wenn etwas in der Beziehung nicht nach ihren Vorstellungen läuft, neigen manche Frauen dazu, es dem Mann heimzuzahlen, indem sie ihm den Sex verweigern. Wir lehnen diese Taktik strikt ab. Wenn Sie erst einmal Sex hatten, gibt es kein Zurück mehr – die Weichen sind gestellt. Falls es in der Beziehung nicht richtig läuft, sollten Sie sich am besten allgemein zurückziehen, ihn weniger sehen und viel zu tun haben. Bei den *Regeln* geht es mehr um emotionale als um körperliche Aspekte. Er muss das Gefühl haben, dass Sie ihm entgleiten und er Sie womöglich sogar verlieren könnte. Also treffen Sie sich weniger mit ihm und reagieren nicht immer auf seine Nachrichten und Anrufe, aber *wenn* Sie ihn dann sehen, sollten Sie auch weiterhin mit ihm schlafen. Sonst hält er Sie womöglich für niederträchtig.

Egal, wann Sie sich dafür entscheiden, mit einem Mann zu schlafen, Sie sollten dabei immer klug vorgehen und sich schützen. Lassen Sie sich in der Hitze des Augenblicks nicht von einem Mann beschwatzen, »nur dieses eine Mal« auf ein Kondom zu verzichten. Wenn Sie die Pille nehmen und eine feste Beziehung haben, sollten Sie den Mann bitten, sich auf Geschlechtskrankheiten testen zu lassen. Sie können auch nach dem schriftlichen Testergebnis fragen, manche Männer lügen nämlich und behaupten, sie hätten sich testen lassen. Wenn Sie Zweifel haben, nehmen Sie ein Kondom. Rules-Girls gehen auf Nummer sicher und passen auf sich auf!

Regel Nummer 28

Achten Sie auf Ihr Gewicht, treiben Sie Sport und andere Regeln für gutes Aussehen in jedem Alter

Die Partnersuche ist schon hart genug! Wenn Sie es sich noch schwerer machen wollen, nehmen Sie einfach 5, 10 oder 20 Kilo zu. Ob es Ihnen gefällt oder nicht, wir leben in einer vom Schlankheitswahn dominierten Welt, in der sich Männer die Frauen aussuchen, und die meisten bevorzugen nun einmal eine schlanke anstelle einer übergewichtigen Freundin. Mit »schlank« meinen wir nicht magersüchtig, sondern einfach nur schlank und fit. Die medizinische Definition von Übergewicht lautet, dass man zehn Prozent über dem empfohlenen Körpergewicht liegt. Wenn Sie also 68 Kilo anstellte von 62 Kilo wiegen, sind Sie theoretisch übergewichtig. Natürlich sollte eine Frau nicht nur gut aussehen wollen, um dem Schönheitsideal der Männer zu entsprechen – Sie wollen für sich selbst gut aussehen, für Ihr Selbstvertrauen und Ihre Selbstachtung. Und es geht selbstverständlich nicht darum, dass Sie unbedingt in Kleidergröße 34 oder 36 passen müssen. Aber da wir kein Diätbuch, sondern einen Ratgeber für die Partnersuche geschrieben haben, zählt natürlich schon auch, was ein Mann will. Außerdem sind Sie umso mehr jemand ganz Besonderes, wenn Sie sich fit fühlen – wer sich gut fühlt, ist auch attraktiv!

Wir haben Dutzende Collegestudenten und Männer um die 25 und älter befragt und von allen dasselbe erfahren. Männer wollen nicht mit einer übergewichtigen Frau ausgehen. Sie können das jetzt sexistisch, unfair oder oberflächlich nennen, aber so ist es nun einmal! Ein durchschnittlich aussehendes schlankes Mädchen hat bei Männern bessere Chancen als ein sehr hübsches, aber übergewichtiges Mädchen. Hier sind einige Kommentare der von uns befragten Männer:

»An einem sehr übergewichtigen Mädchen ist nichts sexy oder attraktiv.«

»Ob ich mit einer übergewichtigen Frau ausgehen würde? Nein. Wir wären nur gute Freunde.«

»Wenn Sie sechs Kilo bei einem Auslandssemester in Spanien zugenommen hat, würde ich mit ihr ausgehen, weil sie wahrscheinlich bald wieder abnimmt. Aber wenn sie schon ihr ganzes Leben lang übergewichtig war, nein danke.«

»Bei einer Frau mit Übergewicht denkt man doch, dass sie gar nicht erst versucht, richtig abzunehmen. Heutzutage treibt doch jeder Sport – warum kann sie das nicht auch?«

»Wenn eine Frau sich nicht selbst genug schätzt, um Diät zu machen und Sport zu treiben, warum sollte ich sie dann mögen?«

»Ich will nicht mit einer Frau ausgehen, die keinen Bikini tragen kann!«

Wenn Sie mit Ihrem Aussehen unzufrieden sind, möchten Sie vielleicht etwas dagegen unternehmen. Wir wollen Ihnen hier kein schlechtes Selbstwertgefühl einreden – werden Sie bitte auch nicht wütend, wenn Sie das hier lesen –, wir wollen nur ehrlich sein und Ihnen sagen, dass sich Ihr Aussehen auf Ihre sozialen Kontakte auswirken kann. Wir wollen erklären, warum die richtige Ernährung und Sport manchmal einen enormen Unterschied machen können – den Unterschied, ob Sie an einem Samstagabend eine Verabredung mit einem Mann haben oder allein daheimhocken.

Die 29-jährige Courtney nahm in ihrem ersten Jahr an der Uni so zu, dass sie statt Kleidergröße 38 plötzlich Größe 44 hatte. Damit verdarb sie sich die Chance, mit den Jungs auszugehen, in die sie sich verliebte. Das Studium in einer neuen, unbekannten Umgebung machte sie so nervös, dass sie sich mit Essen beruhigte. In der Mensa nahm sie sich die größten Portionen, zwischen den Vorlesungen aß sie Schokoriegel und spätabends gönnte sie sich noch eine Pizza. Kein Junge wollte mit ihr ausgehen. Als sie ein einziges Mal mit einem Mann zusammenkam, waren beide betrunken. Sie hatte ihn zufällig nach einer Party um zwei Uhr nachts getroffen. Sie war nicht einmal bei der Party gewesen – sie war nur das Mädchen für den Sex danach. Alle Männer, die sie traf, sagten: »Du bist echt nett, aber ich möchte dir nur ein guter Freund sein« oder »Dein Aussehen gefällt mir nicht« oder »Du bist für mich mehr so eine Art Schwester«. Sie war so deprimiert, dass sie sich kaum aufs Studium konzentrieren konnte und am Ende des Jahres an ein akademisch weniger anspruchsvolles College wechseln musste. Am neuen College wollte sie aber nicht als die Dicke anfangen, daher fing sie in den Semesterferien an zu trainieren und nahm im Laufe des Sommers 16 Kilo ab. Tatsächlich lernte sie ihren ersten richtigen Freund im Fitnessstudio kennen. Dank des Gewichtsverlusts und des damit verbundenen neuen Selbstbewusstseins hatte sie plötzlich keine Schwierigkeiten mehr, Männer zu finden, die mit ihr ausgingen!

Die 30-jährige Nikki erzählte uns, dass sie sich am College zwischen Mittag- und Abendessen immer noch

Süßigkeiten am Automaten holen musste. Ihr Selbstwertgefühl sei » im Keller « gewesen. Die süßen Jungs, die ihr wirklich gefielen, interessierten sich nicht für sie, daher nahm sie, wen sie kriegen konnte. Ein Junge, der Nikki wirklich mochte, sagte ihrer Mitbewohnerin, er würde mit ihr ausgehen, wenn sie zehn Kilo abnehmen würde, was sie dann auch schaffte. Aber kaum hatte sie abgenommen, futterte sie sich die Kilos wieder drauf. Sie bekam den Jo-Jo-Effekt voll zu spüren. Nach dem College-Abschluss verlor Nikki ihr Übergewicht endlich für immer, weil sie sich einer Abnehmgruppe anschloss und eine strenge Diät mit wenig Kohlehydraten einhielt. Sie erkannte, dass sie mit dem Essen den Lernstress am College und den sozialen Stress in einer neuen Umgebung zu kompensieren versucht hatte. Als sie ihre Essprobleme wieder im Griff hatte, ging sie auf Partnersuche und lernte den Mann kennen, mit dem sie heute verheiratet ist.

Stress, zu viel Arbeit, Kontaktschwäche, geringes Selbstwertgefühl, kein Partner, eine schlimme Trennung, Depressionen, Angst, Überforderung, Minderwertigkeitskomplexe, das Gefühl, nicht gut genug, nicht klug genug oder nicht hübsch genug zu sein. Das alles sind Gründe, warum sich Frauen jeden Alters mit Essen vollstopfen. Auf dem College sagen sich viele gern, sie seien noch jung und könnten ihr Leben lang Kalorien zählen und Sport treiben. Wenn es dann noch beliebig große Portionen in der Mensa und ein Büfett gibt, dazu Verkaufsautomaten für Süßigkeiten, Snackbars und einen Pizzalieferservice rund um die Uhr, ist die Katastrophe vorprogrammiert. Experten sagen, wer die Gründe für sein gestörtes Verhältnis zum Essen in Erfahrung bringen will, soll einfach damit aufhören, zu viel zu essen! Mit dem Essen werden normalerweise negative Emotionen wie Wut, Eifersucht, Angst, Anspannung oder Selbsthass erstickt; man versucht quasi, sich mit Schokolade zu therapieren.

Finden Sie einen Ernährungsplan, der für Sie funktioniert. Egal, welche Ernährungsform oder Diät Sie wählen, machen Sie sich dabei immer bewusst, dass sie das Essen durch etwas Besseres ersetzen, sei es nun Sport, ein neues Hobby, Verabredungen, Meditation oder alles zusammen! Wenn Sie sich nicht mehr mit Essen vollstopfen und nicht mehr im Selbsthass versinken, haben Sie mehr Zeit und Energie, Freundschaften zu schließen, zu arbeiten und natürlich mit Männern auszugehen.

An Diäten und Ernährungstipps herrscht kein Mangel. Wir glauben, eine Veränderung der Essgewohnheiten ist schon die halbe Miete. Dann müssen Sie nur noch Ihre Einstellung ändern. Anstatt sich vorzustellen, dass es nichts Schöneres gibt als einen Eisbecher mit heißer Schokosoße, sollten Sie sich ausmalen, wie toll es wäre, in enge Jeans zu passen und von einem attraktiven Mann ausgeführt zu werden. Anstatt zu denken, Sie könnten heute alles essen, worauf Sie Lust haben, und die Kalorien morgen wieder abstrampeln, sollten Sie sich das Dessert verkneifen und sagen, dass Sie lieber heute als morgen einen attraktiven Körper haben wollen. Anstatt zu glauben, es gäbe nichts Besseres als Donuts mit einem dicken Klecks Buttercreme, stellen Sie sich lieber vor, wie Sie rank und schlank im Bikini am Strand liegen. Denken Sie langfristig. Wenn Sie sich beim Essen im Griff haben, sind Sie auch bei der Partnersuche, beim Studium, bei der Arbeit und in finanziellen Dingen diszipliniert. Eine Diät und unsere *Regeln* sind sich sehr ähnlich, denn bei beiden geht es darum, sich in Hinblick auf den langfristigen Erfolg eine kurzfristige Befriedigung zu verkneifen.

An Gewicht zuzunehmen, nicht gut auszusehen, sich nicht gut zu fühlen und keinen Freund zu haben – das alles sind nur die kurzfristigen Konsequenzen. Langfristig betrachtet verlieren übergewichtige Frauen ein ganzes Jahrzehnt, was die Partnersuche angeht. Warum? Beim Studium lernt man jede Menge Männer kennen, doch danach nimmt die Zahl der verfügbaren Junggesellen drastisch ab. Wenn Sie auf dem College keinen Freund hatten, weil sie unzufrieden mit sich und Ihrem Körper waren, fangen Sie womöglich erst Mitte 20 oder Anfang 30 mit der Partnersuche an, wenn Sie endlich eine Diät gemacht haben, Sport treiben und Ihre Gesundheit ernst nehmen. Ihre Freundinnen sind dann womöglich schon lange verlobt oder verheiratet und haben sogar Kinder, während Sie erst anfangen, sich mit Männern zu verabreden, oder Mitglied bei einer Partnervermittlung im Internet werden. Übergewicht führt oft dazu, dass sich Frauen deprimiert fühlen, Männern hinterherrennen und gegen andere *Regeln* verstoßen. Einige unserer Klientinnen Mitte 30 und Anfang 40 versäumten es in jüngeren Jahren, mit Jungs auszugehen und Sex zu haben, weil sie ihren Körper hassten. Sie mussten später alles lernen. Lassen Sie es nicht so weit kommen!

Diättipps

Hier sind einige unserer bewährten Diättipps fürs College und später, die wirklich funktionieren:

♥ Wenn Sie mit den unbegrenzten Portionen und der Essensauswahl in der Mensa überfordert sind, essen Sie einfach nicht mehr dort. Schaffen Sie sich einen Kühlschrank und eine Mikrowelle an, kaufen Sie selbst ein und kochen Sie sich Ihre eigenen, gesunden Mahlzeiten.

♥ Schrecken Sie nicht davor zurück, sich eine Digitalwaage zuzulegen, um Ihre Portionen abzumessen, das hilft Ihnen, ehrlich zu bleiben! Eine Frau macht sich gern selbst etwas vor und isst drei Portionen anstatt einer, wenn sie sich über einen Kerl ärgert oder Stress bei der Arbeit hat oder einfach total müde ist.

Wenn Sie Kalorien zählen wollen, sollten Sie bedenken, dass nicht alle Kalorien gleich sind. Ein Apfel mit 100 Kalorien ist beispielsweise deutlich nahrhafter und sättigender als ein Keks mit 100 Kalorien oder eine Dose Bier, also überlegen Sie gut, was Sie zu sich nehmen!

♥ Wenn ein Restaurantbesuch Ihre Diät durcheinanderbringt, sagen Sie dem Kellner, dass er kein Brot bringen soll. Bestellen Sie anstelle einer Kalorienbombe wie frittierten Mozzarellasticks einen Salat als Vorspeise. Nehmen Sie dann gegrillten Fisch, Hühnchen oder Fleisch (nichts Gebratenes) und wählen Sie Gemüse anstelle stärkehaltiger Beilagen. Zum Nachtisch bestellen Sie Obst, als Getränk gibt es Mineralwasser oder zuckerfreie Limonade anstelle kalorienhaltiger Süßgetränke. Verzichten Sie auf Alkohol, er hat viele Kalorien und verdreht Ihnen nur den Kopf.

♥ Bei Einladungen zu einer Party oder Hochzeit, wo es reichlich gutes Essen gibt, essen Sie am besten schon zu Hause eine Kleinigkeit, damit Sie nicht völlig ausgehungert sind, wenn Sie ankommen, und sich nicht gleich aufs Büfett stürzen. Dann haben Sie auf jeden Fall gesunde Kost im Magen und können sich unter die Leute mischen, tanzen und von attraktiven Männern angesprochen werden, anstatt am Büfett zu kleben oder nur Augen für die Erdnüsse an der Bar zu haben.

♥ Halten Sie bei der Arbeit gesunde Snacks wie Äpfel oder Möhren in Reichweite, dann sind Sie satt und erliegen nicht der Versuchung des Süßigkeitenautomaten oder anderer ungesunder Snacks. Selbst Jackie Kennedy hatte für den kleinen Hunger immer Karottensticks in ihrer Handtasche dabei! Ihre gesunde Art zu leben beeinträchtigte keineswegs ihr Ansehen als First Lady und Modeikone, also gibt es auch für Sie keinen Grund, weiter ungesund zu leben.

♥ Finden Sie eine Freundin, mit der Sie gemeinsam lernen, sich gesund zu ernähren. Das sollte natürlich jemand sein, dem Sie vertrauen und der Ihre Ansichten teilt. Sie können sie anrufen, wenn eine Fressattacke droht oder ein Problem auftaucht, über das Sie sich normalerweise mit Essen hinwegtrösten. Schicken Sie ihr Ihren Ernährungs- und Trainingsplan, damit sie kontrollieren kann, ob Sie sich daran halten.

♥ Führen Sie Tagebuch und notieren Sie, was Sie täglich essen und wie Sie sich fühlen. Das hilft Ihnen, ehrlich zu bleiben und nicht zu mogeln. Wenn Sie aufschreiben, wie es Ihnen geht und was Sie beschäftigt, reden Sie sich Ihre Probleme von der Seele und müssen sie nicht mit Essen ersticken.

♥ Rechnen Sie aus, wie viel Geld Sie für Ihre Fressattacken ausgeben, samt Pizzalieferdiensten, Gourmetrestaurants und Eiscreme – ganz zu schweigen von der Kleidung, die Sie kaufen müssen, wenn Ihnen nichts mehr passt. Dann können Sie nicht mehr die Augen davor verschließen, wie viel Sie Ihre Fressattacken kosten. Wenn Sie mehr als zehn Dollar am Tag dafür ausgeben, sind das zehn Dollar, die Sie für gesündere Alternativen verwenden könnten, etwa eine Maniküre oder Pediküre oder fürs Kino. Vergessen Sie nicht die emotionalen Kosten Ihres Übergewichts – verpasste Vorlesungen und schlechte Noten, weil Sie nach einer nächtlichen Fressattacke nicht fit waren, keinen Freund, keine Einladung zum Abschlussball oder der Tanzveranstaltung einer Verbindung und so weiter.

♥ Seien Sie vorsichtig bei Lebensmitteln mit niedrigem Fett- oder Kaloriengehalt wie beispielsweise Frozen Yogurt. Fettarme Lebensmittel sind häufig besonders reich an Zucker oder Süßstoffen – sie bieten nicht denselben Nährwert wie »normale« Lebensmittel und können ganz schöne Kalorienbomben sein. Essen Sie solche vermeintlichen »Diät«-Lebensmittel nur in kleinen Portionen oder besser gar nicht. Versteckte Inhaltsstoffe wie Dextrose oder Saccharose können sogar süchtig machen.

♥ Versuchen Sie es nicht mit Radikaldiäten, Saftfasten, Hungern oder ähnlich extremen Methoden. Auch Erbrechen oder die Einnahme von Abführmitteln nach einer Fressattacke sind tabu! Und zum Frühstück sollten Sie sich definitiv mehr gönnen als schwarzen Kaffee und eine Zigarette. Die meisten Spezialisten empfehlen zum Abnehmen drei Mahlzeiten am Tag (1200 bis 1500 Kalorien), bei manchen ist noch ein Snack erlaubt (oder auch zwei).

♥ Beim Essen sollten Sie nicht lesen, lernen, fernsehen, telefonieren oder Sonstiges tun. Sonst assoziieren Sie irgendwann Essen mit dieser Tätigkeit und bekommen Hunger, sobald Sie beispielsweise den Fernseher einschalten. Essen ist keine begleitende Tätigkeit und dient auch nicht der Entspannung. Konzentrieren Sie sich aufs Essen und setzen Sie sich dazu an den Tisch. Wenn Sie fertig sind, verlassen Sie die Küche und machen etwas anderes. Trennen Sie Essen und Wohnen!

♥ Wiegen Sie sich einmal die Woche oder einmal im Monat – nicht jeden Tag und schon gar nicht dreimal am Tag. Werden Sie nicht zum Sklaven Ihrer Waage. Wenn Sie ein oder zwei Pfund zunehmen, weil Sie Ihre Tage haben oder viel Wasser getrunken haben, denken Sie sonst womöglich, Ihr Ernährungsplan würde nicht funktionieren, und trösten sich mit Essen. Außerdem nimmt man in den ersten ein oder zwei Monaten einer Diät schneller ab, also rechnen Sie nicht damit, jeden Monat zehn Pfund zu verlieren! Gesunde Ernährung ist ein Lebensstil. Fixieren Sie sich nicht allzu sehr aufs Abnehmen, sondern sagen Sie sich, dass Sie sich um sich kümmern und sich besser fühlen als früher zur Zeit der Fressattacken – auch Ihre Kleider passen wieder, und die Männer sprechen Sie häufiger an.

Die 32-jährige Julia nahm nach einer Trennung 12 Kilo zu. Sie wollte unbedingt wieder schlank und fit sein und mit Männern ausgehen, wusste aber nicht, wo sie ansetzen sollte. Ins Fitnessstudio gehen? Einen Hometrainer kaufen? Es mit Joggen oder Nordic Walking probieren? Sich bei einer Partnervermittlung anmelden? Es mit Online-Dating versuchen? Sie konnte sich nicht entscheiden. Wir gaben Julia einen Ernährungsplan und rieten ihr, jeden Tag einen Spaziergang um den Block zu machen. Das war unserer Meinung nach ein guter Anfang, vielleicht nicht viel, aber sie würde schon bald die Vorteile spüren, körperlich wieder ein bisschen aktiv zu sein. Am nächsten Tag marschierte Julia zwei Blocks weit, später zehn und bald danach zwei Kilometer. Drei Monate später mailte sie uns und berichtete, sie hätte 6,5 Kilo abgenommen und sich für einen Halbmarathon angemeldet. Sie war einem Laufklub beigetreten und hatte einen netten Mann kennengelernt, mittlerweile sind die beiden verlobt. Wir sind überzeugt vom Prinzip der kleinen Schritte. Beschließen Sie, etwas zu unternehmen, fangen Sie einfach irgendwo an und schauen Sie, was passiert!

Sport

Sehen wir den Tatsachen ins Auge: Nicht jeder mag Sport. Sport kann hart sein, in seinen Wiederholungen monoton und sogar langweilig! Aber mit Sport haben Sie weniger Appetit, nehmen schneller ab, bekommen einen schöneren Körper und werden mit Endorphinen überschüttet – lauter tolle Sachen! Manchmal ist Sport die beste Medizin. Manche unserer Klientinnen gingen zum Therapeuten und wollten Anti-Depressiva nehmen. Nach einem Beratungsgespräch bei uns machten sie eine vernünftige Diät und trieben Sport – und siehe da, die Depression verschwand, ohne dass sie Medikamente nehmen mussten. Heutzutage hat fast jeder Stress, sei es im Beruf, im Studium oder mit den lieben Mitmenschen, da muss man einfach irgendwie Dampf ablassen. Und die Endorphine, die beim Sport ausgeschüttet werden, heben die Stimmung und verbessern Ihr Aussehen!

Keine Zeit für Sport?

Mit Unterricht, Praktika und sozialen Kontakten, die schließlich gepflegt werden müssen, ist man oft so beschäftigt, dass man gern aufs Training im Fitnessstudio verzichtet. Aber unsere Mütter erinnern uns unermüdlich daran, dass es mit zunehmendem Alter immer schwieriger wird, in Form zu bleiben, daher sollte man sich das Training angewöhnen, bevor die Oberarme Ende 40 wabblig werden. Auch wenn ihr noch so beschäftigt seid, es gibt *immer* eine Möglichkeit, eine kleine Fitnesseinheit in den vollen Terminkalender zu quetschen. Wenn ihr euch einem Sportteam an der Uni anschließt, habt ihr garantiert einmal die Woche Training, und wenn ihr zwischen den Vorlesungen Zeit habt, könnt ihr für 20 Minuten auf den Ellipsentrainer oder aufs Trimmrad springen – wenn ihr gut im Multitasking seid, könnt ihr dabei noch im Lehrbuch lesen. Es gibt einfache, aber effektive Fitnesstricks im Alltag, etwa die

Treppe anstelle des Aufzugs nehmen oder zu Fuß zur Uni zu gehen, anstatt mit dem Bus zu fahren. Alles, was euch hilft, in Form zu bleiben, ist von Vorteil und lohnt sich spätestens dann, wenn ihr ärmellose T-Shirts oder kurze Shorts tragt! Außerdem macht Sport den Kopf frei, gibt Selbstvertrauen und stärkt das Selbstwertgefühl.

Wir haben Fitnesstrainer um Vorschläge gebeten, wie Sie den besten Fitnessplan für sich finden:

♥ Überlegen Sie, welche Tageszeit sich am besten fürs Training eignet. »Ich hatte eine Kundin, die war ein totaler Morgenmensch. Sie arbeitete zu Hause. Wenn sie nicht um sieben Uhr morgens trainierte, kam sie nicht mehr dazu. Ich riet ihr, gleich nach dem Aufstehen die Turnschuhe anzuziehen und sich aufs Laufband zu stellen. Würde Sie zuerst den Computer anschalten und ihre E-Mails bearbeiten, würde sie das Training vergessen.«

♥ Schaffen Sie sich Verpflichtungen, um zum Sport zu gehen. »Manche Kunden hassen Sport regelrecht, deshalb gebe ich ihnen keine Chance, sich davor zu drücken. Sie müssen die Trainingsstunde bezahlen, ob sie kommen oder nicht.« Wenn Sie sich keinen persönlichen Fitnesstrainer leisten können, melden Sie sich mit Freundinnen zu einem Kurs an – und wenn Ihre Freundinnen nicht kommen, trainieren Sie natürlich trotzdem!

♥ Eine Trainingsform genügt nicht. Sie müssen Ausdauer *und* Muskeln trainieren. Versuchen Sie, eine gute Mischung zu finden. Trainieren Sie nach dem Laufen mit Gewichten oder besuchen Sie einen Aerobickurs, wo Sie auch mit Gewichten arbeiten. Natürlich müssen Sie keine Riesengewichte stemmen – machen Sie einfach mehr Wiederholungen mit leichteren Gewichten. Und vergessen Sie nicht: Sie müssen schwitzen, sonst werden keine Endorphine ausgeschüttet. Ohne Fleiß kein Preis!

♥ Machen Sie das, was Ihnen Spaß macht – sonst geben Sie schnell wieder auf. Es gibt so viele Möglichkeiten, vom Laufen bis zum Yoga, von Pilates bis zum Radfahren, Seilspringen, Tennis, Boxen, Eiskunstlaufen, Zumba-Tanzen und so weiter. Probieren Sie aus, was Ihnen am besten gefällt, sonst langweilen Sie sich, verlieren die Lust und lassen es früher oder später ganz bleiben.

Natürlich ist die Partnersuche einfacher, wenn Sie gut aussehen und sich super fühlen, dennoch sind wir der Meinung, dass Sie nicht warten sollten, bis Sie den perfekten Körper haben, um zu Singleveranstaltungen zu gehen oder sich bei einer Partnerbörse im Internet anzumelden. Ihr Leben hört nicht einfach auf, nur weil Sie gerade nicht Ihr Wunschgewicht oder Ihre Traumkleidergröße haben. Sie können an sich arbeiten, *während* Sie auf Partnersuche sind, perfekt ist sowieso niemand. In der Zwischenzeit zeigen Sie sich einfach von Ihrer besten Seite. Wenn Sie beim Abnehmen und Sport Fortschritte machen, wächst Ihr Selbstbewusstsein, und das kann wahre Wunder wirken bei der Partnersuche!

Regel Nummer 29

Warten Sie, bis ein Mann Ihr Follower bei Twitter wird, und reagieren Sie nur selten auf seine Tweets

Wenn Ihre großen Vorbilder bei Twitter Sängerinnen, Schauspieler und Stars aus Realityshows sind, sollten Sie noch einmal darüber nachdenken! Prominente können alles twittern, was sie wollen – sie werben für ihre Fernsehsendungen, Filme, Songs und Produkte. Für sie gehört Twittern zum Geschäft: Sie twittern den ganzen Tag und versuchen, so viele Follower wie möglich zu finden. Selbst wenn sie ganz Banales aus ihrem Alltag berichten, sind ihre Fans fasziniert! Aber wenn Sie nicht berühmt sind, brauchen Sie für Twitter Regeln, damit Sie eine Beziehung nicht dadurch ruinieren, dass Sie übertrieben mitteilsam sind oder wie eine Stalkerin wirken. Twitter ist dafür gedacht, anderen Informationen zu vermitteln und Einblick ins eigene Leben zu geben, daher müssen Rules-Girls beim Umgang mit diesem Kommunikationsmittel einiges beachten.

Wenn Sie vorhaben, Twitter zu nutzen, haben wir hier einige Tipps zusammengestellt, wie Sie sich dabei trotzdem an die *Regeln* halten:

♥ Schützen Sie Ihren Twitter-Account, das heißt, entscheiden Sie, wen Sie als Follower akzeptieren und wen nicht. Dadurch wissen Sie, an wen Ihre Tweets gehen – einschließlich des Mannes, für den Sie schwärmen! Und natürlich ist der Schutz Ihrer Privatsphäre auch in beruflicher Hinsicht und aus Sicherheitsgründen klug.

♥ Werden Sie erst Follower eines Mannes, wenn er bereits Ihr Follower ist. Und selbst dann sollten Sie eine Woche warten, bis Sie auf seine Anfrage reagieren, damit Sie nicht den Eindruck erwecken, als ob Sie nichts anderes als ihn *oder* Twitter im Kopf hätten. Nicht vergessen: Sie führen ein glückliches, ausgefülltes Leben, Sie kleben nicht ständig am Handy oder am Computer!

♥ Reagieren Sie nicht auf seine Tweets, die Sie abonniert haben.

♥ Wenn er Ihnen eine @reply schickt, können Sie antworten – aber nur gelegentlich! Schreiben Sie auf jeden Fall weniger als er und lassen Sie daraus keinen Dialog entstehen.

♥ Verfassen Sie nicht alle fünf Minuten einen Tweet. Es reicht, wenn man alle paar Tage etwas von Ihnen hört. Sie führen ein ausgefülltes Leben, schon vergessen? Die Welt braucht keine ständigen Updates aus Ihrem Leben per Twitter!

Foursquare

Wir sind uns alle völlig einig, dass es nicht schaden kann, sich gegenüber dem anderen Geschlecht ein bisschen geheimnisvoll zu geben, bei der Partnersuche ist das sogar ein Muss. Und wie zerstört ihr todsicher eure geheimnisvolle Aura? Indem ihr ständig euren aktuellen Standort meldet! Ob das nun über Facebook, Foursquare oder Twitter läuft, mit Standortmeldungen macht ihr zielsicher die geheimnisvolle Aura zunichte, die ihr mit den *Regeln* so mühsam aufgebaut habt, und gebt einem Jungen Antwort auf all die Fragen, über die er doch selbst nachgrübeln soll. Mit Foursquare ist jede geheimnisvolle Aura dahin. Rules-Girls lassen die Finger davon!

♥ Twittern Sie keine Banalitäten oder negative Meldungen (ähnlich wie bei Facebook). Kein Mensch will wissen, dass Sie gerade den Hund Gassi führen oder bei der Arbeit eine furchtbare Woche hatten. Ihre Tweets sollten wichtige, interessante, witzige oder aufbauende Nachrichten übermitteln. »Trainiere für den ›Race for the Cure‹-Lauf der KOMEN-Stiftung« ist dafür ein tolles Beispiel.

♥ Keine Tweets über Liebeslieder oder Frauenfilme, das signalisiert zu großes Interesse an der Partnersuche. Sie wollen doch zeigen, dass Sie sich auch für Politik, Sport und die Welt im Allgemeinen interessieren, nicht nur für Männer!

♥ Kein Wort über Ihre Beziehung. Punkt!

♥ Setzen Sie Hashtags nur sparsam. Beteiligen Sie sich selten an Diskussionen und achten Sie darauf, dass Sie keine Klischees verbreiten oder anderweitig gegen die *Regeln* verstoßen.

♥ Wenn Sie feststellen, dass Sie zu viel twittern oder die falschen Inhalte verbreiten, sollten Sie sich bei Twitter abmelden. Keine halben Sachen! Entweder machen Sie es richtig, oder Sie lassen es, es bringt nichts, einfach nur mitzumachen, um dabei zu sein!

Regel Nummer 30
Keine endlose Partnerschaft ohne Heiratsantrag!

Wenn Sie noch studieren oder mit einem Mann nur gelegentlich oder erst seit wenigen Monaten ausgehen, betrifft Sie diese Regel (noch) nicht. Doch ab einem gewissen Punkt im Leben will eine Frau mehr von einer Beziehung als nur Spaß und Unterhaltung. Sie wollen Liebe und eine feste Bindung – und warum auch nicht? Warum sollen Sie den Samstagabend und Ihren Urlaub allein verbringen, wenn irgendwo der Richtige auf Sie wartet, der mit Ihnen zusammen sein will?

Selbst wenn Sie nicht die Absicht haben, in nächster Zeit zu heiraten, möchten Sie doch eine Beziehung, mit der Sie nicht Ihre Zeit vergeuden. Sie sollten diskret auf Hinweise achten, ob sich Ihr Freund eine gemeinsame Zukunft vorstellen kann oder nicht, damit Sie nicht überrascht sind, wenn er Ihnen keinen Antrag macht oder erklärt, er wolle »nichts Festes«. Hat er gesagt: »Ich will keine anderen Frauen mehr kennenlernen«? Hat er seinen Status bei Facebook zu »in einer Beziehung« geändert und/oder Fotos von Ihnen beiden zusammen eingestellt oder ein gemeinsames Foto für sein Profil verwendet? Hat er das Wort »Liebe« schon einmal in den Mund genommen? Hat er Sie als Begleitung zu einer Hochzeit mitgenommen oder seine Nichten und Neffen erwähnt? Das alles sind Zeichen, dass es ihm ernst mit

Ihnen ist und er Sie eines Tages vielleicht zum Altar führen wird.

Oder trifft eher das Gegenteil zu, äußert er sich nicht, wenn sich Ihre Freundin verlobt, oder ist ihm das sogar unangenehm? Redet er negativ über die Beziehungen seiner Freunde, die in festen Händen sind? Stellt er allgemeine und verwirrende Fragen wie » Was ist Liebe? « oder » Was soll an der Ehe so toll sein? «. Spricht er nie über die Zukunft? Wenn die Beziehung einer Klientin nicht richtig in die Gänge kommt, lautet eine unserer ersten Fragen bei einer Beratung: » Hat er das gewisse Wort mit H je erwähnt? « Meistens wird das verneint – er redet lieber über Autos, Sport und aktuelle Ereignisse, eigentlich über alles außer übers Heiraten. Wenn das bei Ihrem Freund auch so ist, sollten Sie nicht überrascht sein, wenn er keine feste Bindung will und letztendlich auch nicht die Absicht hat, Sie zu heiraten. Die Einstellung, » nichts Ernstes « zu wollen und sich noch nicht zu binden, findet man vor allem am College und an der Universität, wo die meisten jungen Männer kein Interesse an einer langfristigen Beziehung haben. Sie wollen einfach nur studieren, sich amüsieren und Neues ausprobieren.

Aber nehmen wir einmal an, der Mann, mit dem Sie ausgehen, sagt die richtigen Schlüsselwörter. Wie bringen Sie ihn nun dazu, Ihnen einen Antrag zu machen?

Wenn Sie eine Beziehung nach den *Regeln* führen, dürfte das nicht allzu schwierig sein. Er sollte sich glücklich schätzen, Sie zu haben! Er liebt Sie und will den Rest seines Lebens mit Ihnen verbringen, richtig? Dann müssen Sie ihm nur helfen und zeigen, dass der » Rest seines Lebens « demnächst anfängt. Wenn die Beziehung nach den *Regeln* begann (er sprach Sie zuerst an oder kontaktierte Sie zuerst im Internet), Sie aber dann gegen die *Regeln* verstießen (Sie waren ständig mit ihm zusammen und haben ihm jede Stunde eine SMS geschrieben), ist er vielleicht nicht soooo erpicht darauf, Ihnen offiziell einen Antrag zu machen, weil er bereits *ohne* Ring und Hochzeit in den Genuss sämtlicher Vorteile einer Ehe kommt. Sollte das bei Ihnen der Fall sein, müssen Sie sich etwas zurückziehen, damit er das Gefühl hat, er könnte Sie verlieren, bevor Sie das Tempo anziehen und die Zukunft ansprechen. Stürzen Sie sich auf Ihre Arbeit, verreisen Sie übers Wochenende mit Ihren Freundinnen oder lassen Sie sich länger Zeit, bis Sie auf seine Nachrichten reagieren. Wenn Ihre Beziehung noch nie nach den *Regeln* verlief, wird Sie vielleicht auch nie auf eine Ehe hinauslaufen. Das finden Sie aber nur heraus, wenn Sie ihn direkt fragen!

Manche Frauen sind entsetzt, wenn wir vorschlagen, dass sie einen Mann nach seinen Absichten fragen sollen. Sie fragen: »Ist das nicht etwas forsch?« oder »Sollte Liebe nicht einfach Liebe sein?« oder »Ich dachte, das wäre gegen die *Regeln!*«. Andere haben einfach Angst vor seiner Antwort. Aber Sie können ruhig fragen! Wenn Sie fragen und Ihr Freund wechselt das Thema, reagiert gereizt oder erklärt, der Zeitpunkt sei gerade ungünstig, er könne Ihnen keinen Antrag machen, er habe zu viel zu tun oder nicht genügend Geld für eine Hochzeit, müssen Sie ihm womöglich sagen, dass Sie altmodisch sind und Nägel mit Köpfen machen wollen. Sie hätten das Gefühl, dass es nichts bringen würde, ewig nur miteinander auszugehen. Wenn er dann immer noch Einwände hat, schlagen Sie eine Auszeit vor. Sagen Sie ihm, er solle sich Zeit lassen, gründlich darüber nachdenken und Sie anrufen, wenn er bereit sei, Ihnen einen Antrag zu machen. Ein Rules-Girl schlägt keine Paartherapie vor: Wir verschwinden einfach und lassen ihm all den Freiraum, den er sich angeblich so wünscht, bis er uns so sehr vermisst, dass er uns einen Heiratsantrag macht – oder eben nicht. Es ist doch so: Normalerweise weiß ein Mann schon nach ein paar Verabredungen, ob er sich vorstellen kann, Sie zu heiraten oder nicht, später geht es dann nur noch um die Details.

Wenn er jedoch fröhlich über eine gemeinsame Zukunft spricht, aber einfach nicht konkret werden will, wann können Sie dann erwarten, dass er um Ihre Hand anhält? Und wie sollen Sie sich bis dahin verhalten? Frauen drehen manchmal fast durch, wenn ein Mann sie zwischen der geäußerten Absicht und dem tatsächlichen Antrag samt Ring lange warten lässt. Sie würden die Sache gern beschleunigen, sind angespannt und ungeduldig. Ihr Freund hat nun die Macht, sie zur Ehefrau zu machen oder dafür zu sorgen, dass sie wieder bei Match .com landen – was für ein Stress! Wir schlagen in einem solchen Fall vor, ihn diplomatisch zu fragen, welcher zeitliche Rahmen ihm vorschwebt. Als Vorlage dienen unseren Klientinnen Sätze wie: »Ich genieße wirklich unsere gemeinsame Zeit, frage mich aber, welche Absichten du hast und was du dir für einen Zeitplan gesetzt hast.«

Wenn er antwortet: »Mach dir keine Sorgen, wir verloben uns bald«, wie viel Zeit geben Sie ihm dann, bis er endlich zum Abschluss kommt? Wir können Ihnen gar nicht sagen, wie viele Frauen sich an uns wenden, weil Ihr Freund Ihnen zwar einen Antrag gemacht hat, aber mit Ring und Hochzeitstermin hinterm Berg hält. Das ist dann immer alles sehr vage! Wir raten ihnen, ihrem Freund sechs Monate oder bis zu einem Jahr Zeit zu geben, dann muss er aber einen Ring präsentieren und Pläne für die Hochzeit parat haben. Natürlich kommt manchen Frauen dieser Zeitrahmen wie eine Ewigkeit vor, vor allem, wenn sie keinen Ring am Finger haben. Aber auch hier muss ein Rules-Girl wieder einmal Zurückhaltung üben und sich gedulden! Wenn ein Mann einer Frau einen Antrag macht, dann oft nach seinen Vorstellungen – das muss eine Frau ihm dann auch zugestehen.

Reden Sie nicht über Diamanten, Fassungen oder sonstige Details, bevor er um Ihre Hand angehalten hat. Wenn Sie ihn zu sehr drängen, hat er das Gefühl, dass Sie nur auf den Ring oder die Hochzeit aus sind – aber nicht auf ihn. Doch wenn die von uns empfohlene einjährige Geduldsprobe vorüber ist und er immer noch keinen Ring präsentiert, müssen Sie mit ihm Schluss machen. Rules-Girls sind nicht aufs Geld aus, aber sie sind auch keine Fußabstreifer.

Die 30-jährige Alyssa bat uns um Hilfe, weil ihr Freund, mit dem sie seit drei Jahren zusammen war, ihr einfach keinen Antrag machte. Die Beziehung hatte nach den *Regeln* begonnen, doch Alyssa sah ihn regelmäßig fünfmal die Woche, hatte ihn auf sechs verschiedenen einwöchigen Urlaubsreisen begleitet und schrieb ihm häufig SMS; er hatte es daher mit einer Hochzeit nicht sonderlich eilig. Wir waren skeptisch. Auf unseren Rat hin sah sie ihn einige Wochen lang weniger häufig, damit er Gelegenheit hatte, sie zu vermissen. Dann sollte sie ihm lieb und freundlich sagen: »Ich bin altmodisch. Ich weiß nicht, ob ich dich noch weiter treffen kann, wenn du mir keinen Ring und keinen Hochzeitstermin präsentierst.« Er sagte ihr, er habe aufgrund der schwierigen Scheidung seiner Eltern Probleme, sich zu binden, und wisse nicht, wann er so weit sei. Er schlug eine Paartherapie vor, war dann aber nach acht Sitzungen immer noch nicht bereit, sich zu binden. Wir sagten ihr, dass sie sich nach einem anderen Mann umsehen solle. Kaum hatte sie mit ihm Schluss gemacht, sandte er ihr eilig eine E-Mail mit der Frage, wohin er ihre Sachen schicken solle, und meldete sich danach nie wieder. Alyssa war am Boden zerstört! Das war eine harte Lektion, an der sie lange zu knabbern hatte, aber sie begriff, dass sie nie wieder so viel Zeit mit einem Mann verbringen durfte, ohne dass er ihr einen Antrag machte.

Es kann aber auch gut ausgehen: Die 35-jährige April war zweieinhalb Jahren mit ihrem Freund zusammen, bis er ihr einen Ring präsentierte und den Hochzeitstermin festlegte. Ihr Freund war geschieden und sprach nur vage über Zukunftspläne. Sie hatte ihn oft gefragt, wann er sie heiraten würde, und er hatte immer geantwortet, er könne sich eine Ehe noch nicht vorstellen. Mal führte er die Wirtschaftskrise an, mal die Probleme mit seiner Exfrau und seinen beiden kleinen Kindern. Sie wandte sich an uns, weil sie wissen wollte, ob es ihm ernst mit ihr war oder ob er sie nur hinhielt. Wir erstellten einen Dreimonatsplan, bei dem sie ihn seltener sehen und das Thema Hochzeit *mit keinem Wort* erwähnen durfte. Am Ende stellte sie ihm ein Ultimatum: »Ich bin gern mit dir zusammen, aber ich bin altmodisch. Wenn wir weiter zusammenbleiben wollen, müssen wir uns verloben.« April konnte es kaum erwarten, uns von seiner Reaktion zu erzählen: »Wenn das die einzige Möglichkeit ist, dich weiter zu sehen, dann sollten wir uns verloben.«

Der Unterschied zwischen Aprils und Alyssas Geschichte besteht in den *Regeln*, an die sich die eine hielt und die andere nicht. Unabhängig davon besteht die einzige Möglichkeit zu erfahren, ob ein Mann Sie heiraten will, darin, nach seinen Absichten zu fragen – vorausgesetzt, alles andere in der Beziehung stimmt. Rules-Girls vergeuden nicht ihre Zeit! Ein Mann, der sagt, er liebe Sie, könne Sie aber aus irgendeinem Grund nicht heiraten, liebt Sie einfach nicht genug. Betreiben Sie so schnell wie möglich Schadensbegrenzung und suchen Sie sich jemanden, der sich eine Zukunft mit Ihnen vorstellen kann, unabhängig davon, was sonst noch gerade in seinem Leben passiert!

Und sie lebten glücklich und zufrieden bis ans Ende ihrer Tage!

Wir lieben Happy Ends! Immer wieder bekommen wir Hochzeitsbekanntmachungen von Rules-Girls aus aller Welt, auf unserer Website haben wir sogar eine eigene Rubrik für solche Erfolgsmeldungen. Hier ist eine unserer Lieblingsgeschichten, die uns gerade erreichte, als wir an unserem neuen Buch arbeiteten. Unsere Klientin Tracy war in den Schweizer Alpen und musste so tun, als ob ihr Skifahren Spaß machen würde. Todd, mit dem sie seit 13 Monaten zusammen war, hatte sie für vier Tage in die Schweiz entführt, um ihren 33. Geburtstag zu feiern. Tracy hätte viel lieber mit einem funkelnden Diamanten am Finger gefeiert – sie hasste Skifahren und hatte außerdem nichts Passendes anzuziehen –, aber wir rieten ihr, auf jeden Fall mit Todd zu verreisen. Widerwillig gab sie nach und versprach, uns per Blackberry auf dem Laufenden zu halten. Einige Wochen zuvor hatte sie ihn nach seinen Absichten gefragt, und er hatte geantwortet, dass er es nicht möge, wenn man ihm »die Pistole auf die Brust« setze. Wir sagten ihr, sie solle gar nicht darauf eingehen, sondern immer daran denken, dass manche Männer eine Frau gern auf die Probe stellen, um zu sehen, ob sie ihr den Heiratsantrag nach ihren eigenen Vorstellungen machen können – oder ob sie an eine zickige Diva geraten sind.

Wir arbeiteten mit Tracy, seit der 38-jährige Todd per Match.com Kontakt zu ihr aufgenommen hatte. Die hübsche brünette Event-Managerin hatte schon eine ganze Reihe stürmischer Beziehungen hinter sich, aus denen nie etwas geworden war, und wollte dieses Mal alles richtig machen. Also unterwarf sie sich strenger Selbstdisziplin – sie traf sich nur zweimal die Woche mit Todd, reduzierte das SMS-Schreiben auf ein Minimum und tauchte zwischen den Verabredungen ab. Todd redete allgemein über die Zukunft, gab ihr jedoch deutlich zu verstehen, dass er mit dem Heiraten keine Eile hatte, weil er sich erst vor Kurzem von seiner langjährigen Freundin getrennt hatte.

Gleich am ersten Abend in der Schweiz hatte Tracy Geburtstag, doch als Geschenk gab es keinen Ring, sondern nur ein romantisches Abendessen. Wir sagten ihr, dass es für Todd zu naheliegend gewesen wäre, beim Geburtstagsessen um ihre Hand anzuhalten. Die meisten Männer machen das gern auf ihre Art und wollen ihre Traumfrau überraschen. Doch der nächste Tag war noch schlimmer: Tracy stürzte bei einer leichten Abfahrt und erlitt eine Bänderdehnung am Knöchel! Sie schrieb uns aus den Bergen: »Ich gehe auf Krücken, kann nicht mehr Ski fahren. Darf ich jetzt endlich heim? Er hat mir immer noch keinen Antrag gemacht!« Obwohl sie uns leidtat, sagten wir ihr, dass sie bis zum Schluss durchhalten müsse, weil er sonst denken würde, sie sei völlig aufs Heiraten fixiert. Wir versicherten ihr, wenn er am Ende des Urlaubs nicht um ihre Hand angehalten hatte, durfte sie ihm sagen: »Ich bin altmodisch und halte nichts davon, über eineinhalb Jahr lang miteinander auszugehen, ohne dass man sich verlobt oder einen Hochzeitstermin vereinbart.« Dann konnte sie eine Auszeit nehmen – schließlich war er 38 und nicht 28 Jahre alt!

Zwei Tage später erreichte uns eine E-Mail von Tracy: »Er hat's getan! Ich bin so glücklich, alles weitere später!« Am letzten Abend in der Schweiz sagte Todd bei einem romantischen Abendessen in einem Restaurant hoch oben auf dem Berg, seine Jacke fühle sich so schwer an. Tracy meinte, das liege daran, dass sie aus Leder sei. Er antwortete, nein, er habe etwas Schweres in der Tasche ... und holte einen Ring hervor! Tracy, die aus Los Angeles stammt und der so leicht nichts die Sprache verschlägt, brachte kein Wort mehr heraus. Sie war wie in einer Art

Trance. Todd redete immer weiter und sprach über ihre gemeinsame Zukunft, aber sie behielt so gut wie nichts davon im Gedächtnis. Also fragte er sie *noch einmal,* obwohl sie doch mittlerweile gedacht hatte, er würde nie um ihre Hand anhalten! Sie schrieb uns: »LOL, nachdem er mir zweimal hintereinander einen Antrag gemacht hatte, fragte er: ›Wirst du jetzt auf all meine Anrufe und SMS reagieren?‹« Wir schrieben zurück: »Was immer er will … Du hast dich rar gemacht, aber jetzt bist du immer für ihn da!«

Warum erzählen wir die Geschichte? Weil Tracy eigentlich keine Lust hatte, sich an die *Regeln* zu halten. Manchmal wollte sie Todd gern fünfmal in der Woche sehen, sie wollte ihm häufiger SMS schreiben und immer sofort auf seine SMS antworten; sie wollte schon nach drei Monaten eine Woche lang mit ihm nach Europa reisen und wäre womöglich sogar bei ihm eingezogen. Ohne unsere Beratung hätte sie wahrscheinlich gerufen: »SKI FAHREN????!!! Willst du mich veräppeln? Sag einfach, ob du mich jetzt heiraten willst oder nicht.« Oder: »Ich kann nicht fassen, dass du mir an meinem Geburtstag keinen Antrag gemacht hast!« Ohne die *Regeln* hätte es Tracy vermasselt! Aber mit unserer Hilfe machte sie sich rar und bekam ihren Traummann.

Regel Nummer 31

Der Nächste bitte! und andere Regeln, wie Sie mit einer Zurückweisung fertigwerden

Es ist nicht schön, wenn man zurückgewiesen wird, auch wenn man an den Falschen geraten ist und er einem Schlimmes angetan hat. Heutzutage kann eine Zurückweisung noch schmerzlicher sein als früher. Ein Mann kann die Trennung auf Facebook bekannt geben oder per Twitter verkünden, dass er »endlich wieder Single« ist. Er kann hässliche E-Mails in Umlauf bringen und Ihnen nicht nur privat das Herz brechen, sondern Sie auch noch öffentlich demütigen. Und wenn Sie beschließen, mit Ihrem Ex auf sozialen Netzwerken weiter Kontakt zu halten, sehen Sie vielleicht Statusaktualisierungen oder Fotos von ihm mit seiner neuen Freundin und müssen so erfahren, dass er sich längst nach einer Neuen umgesehen hat.

Wenn eine Beziehung nicht funktioniert, war sie auch nicht gut für Sie. Aber die meisten Frauen wollen nach einer Trennung nicht hören, dass der Mann, den sie vermissen, nicht der Richtige war – sie wollen ihn einfach nur zurück!

Wenn uns eine Frau in einer solchen Situation um Rat bittet, tun wir alles, um herauszufinden, ob die Beziehung noch zu retten ist. Wenn wir glauben, dass unsere Klientin einen Fehler gemacht hat, der sich beheben lässt, oder dass auch nur die geringste Chance besteht, den Mann zurückzugewinnen, schlagen wir einen Anruf, eine E-Mail oder eine SMS vor. Sie kann ihm *eine* SMS schicken und schreiben: »Hi, wollte nur schauen, wie es dir geht«, und abwarten, ob er anbeißt. Wenn die Beziehung nach den *Regeln* verlief und er Interesse signalisiert, bekommt sie einen strengen Plan, nach dem sie sich rar machen muss, aber eine angenehme Gesellschaft sein soll, wenn sie sich gelegentlich mit ihm trifft. Wenn die Beziehung jedoch nicht nach den *Regeln* verlief oder der Ex schon wieder eine neue Freundin hat, raten wir ihr, einen Schlussstrich zu ziehen und sich nach einem neuen Mann umzusehen, und zwar möglichst schnell. Wir sagen: »Der Nächste bitte!« und meinen damit, dass sich eine Frau die Tränen abwischen und dann zu einer Party oder in einen Klub gehen soll, wo sie ihn sicher nicht treffen wird, oder so schnell wie möglich Mitglied bei einer Online-Kontaktbörse werden sollte.

Natürlich ist es nicht immer einfach, gleich weiterzumachen, als ob nichts gewesen wäre. Das verstehen wir, wir sind ja keine Unmenschen. Selbst wenn ein Mann nicht der Richtige war, will die Frau das vielleicht nicht wahrhaben und ihn wieder zurückgewinnen. Vielleicht hat sie schon auf der Highschool für ihn geschwärmt, vielleicht war er der erste Mann, mit dem sie geschlafen hat, vielleicht war er ihr Verlobter. Selbst wenn er sagte: »Ich liebe dich, aber ich bin nicht in dich verliebt« oder »Es funktioniert einfach nicht mit uns«, will sie ihn wiederhaben. Sie will über ihn reden, auch wenn er sie sitzen ließ, und kennt kein anderes Thema mehr. Immer wieder geht sie die komplette Beziehung bis zur Trennung durch, weil sie herauszufinden hofft, was schieflief und wie sie die Beziehung wieder kitten könnte.

Außerdem hat sie wahrscheinlich jede Menge logistischer Fragen: Soll sie auf seine SMS reagieren? Nein! Eine Einladung zum spontanen Sex annehmen? Auf gar keinen Fall! Soll sie ihm das Geschenk geben, das sie schon für seinen Geburtstag besorgt hat? Nein, warum auch? Soll sie einen Abschiedsbrief schreiben, in dem sie die Beziehung noch einmal aufarbeitet und ihm für die schöne Zeit dankt? Um Himmels willen, nein! Und was soll sie mit seinen Sachen machen, die noch überall bei ihr herumliegen, und wie kommt sie diskret an ihre Sachen aus seiner Wohnung? Egal! Sie soll sich einfach neue kaufen! Rappeln Sie sich auf, machen Sie sich hübsch und hinaus in die Welt mit Ihnen! Manche Frauen halten sich an unseren Rat, andere weigern sich, bis sie ein Foto von ihrem Ex mit seiner Neuen auf Facebook sehen. Doch egal, wie – eine Frau muss sich darüber klar werden, dass die Beziehung aus und vorbei ist, erst dann kann sie weitermachen.

Hier sind einige Möglichkeiten, über den Ex hinwegzukommen:

♥ Verabreden Sie sich so schnell wie möglich wieder mit anderen Männern. Ach, das haben wir schon mehrfach empfohlen? Wir können es einfach nicht oft genug wiederholen! Die süßeste Rache ist doch die, dass Sie sich herausputzen und neue Männer kennenlernen, die im Gegensatz zu Ihrem Ex völlig hingerissen von Ihnen sind! Wann Sie wieder losziehen sollen? Je früher, desto besser. Damit meinen wir noch heute Abend oder morgen – nicht erst in einem Monat oder in fünf Monaten. Frauen, denen ihr Freund den Laufpass gab, sagen oft, sie seien »noch nicht so weit«, sie könnten noch nicht einmal daran denken, das tue alles noch viel zu weh. Aber diese Einstellung ist völlig falsch. Natürlich dürfen Sie trauern, aber zwischendurch gehen Sie auf Partys und verabreden sich mit Männern – auf keinen Fall sollten Sie auf Partys und Verabredungen *verzichten.* Wenn Sie noch damit beschäftigt sind zu überlegen, was mit Ihrem Ex schieflief, umso besser, dann fällt es Ihnen leichter, bei einer neuen Bekanntschaft unsere *Regeln* anzuwenden, weil Sie mit dem Herzen noch nicht ganz dabei sind, und das ist gut! Wir kennen unzählige Beispiele dafür, dass Frauen ihren zukünftigen Ehemann direkt nach einer Trennung kennengelernt haben. Warum? Weil sie gefühlsmäßig noch bei ihrer zerbrochenen Beziehung waren und dem neuen Mann nicht ihre volle Aufmerksamkeit schenkten – und damit waren sie für ihn eine Herausforderung, eine Frau, die es zu erobern galt, obwohl sie es gar nicht darauf angelegt hatten. Außerdem lenkt eine neue Bekanntschaft Sie von der Trauer und Wut ab, die Sie gegenüber Ihrem Ex empfinden. Das funktioniert also in jeder Hinsicht.

♥ Machen Sie einen gründlichen Wohnungsputz! Aber so, dass der Spaß dabei nicht zu kurz kommt. Laden Sie eine Freundin ein und misten Sie gründlich aus. Werfen Sie alles raus, was er Ihnen geschenkt hat. Karten und Fotos werden geschreddert, zerrissen oder verbrannt, der Schmuck wird verkauft, Bücher, DVDs und anderes spenden Sie einer wohltätigen Einrichtung. Seine Kurznachrichten und E-Mails müssen Sie löschen. Werden Sie nicht zur Bridget Jones! Werfen Sie alles weg, was Sie an ihn erinnert, dann müssen Sie nicht mehr so oft an ihn denken. Nach so einem Großreinemachen sind Sie wieder bereit für einen Neustart, den Sie brauchen und den Sie auch verdient haben. Die Moderatorin Melissa Rivers gestand im Dokudrama *The Joan and Melissa Rivers Story,* dass sie nach einer Trennung von ihrem Freund gründlich ausgemistet habe – sie kaufte sogar eine neue Matratze und neue Handtücher und warf den Computer weg, auf dem sie die E-Mails anderer Frauen gefunden und auf dem er sich Sex-Websites angesehen hatte.

♥ Erinnern Sie sich an die schlechten Zeiten mit ihm, nicht an die schönen. Wenn Sie schon unbedingt an Ihren Ex denken müssen, dann rufen Sie sich den letzten Streit mit ihm ins Gedächtnis und denken Sie daran, wie sehr er Sie verletzt hat. Konzentrieren Sie sich auf die Lügen, die er Ihnen aufgetischt hat, und auf seine selbstsüchtige Art. Denken Sie daran, dass er sich nie mit ihrer Schwester verstanden hat und manchmal einfach schwierig war. Sobald Sie spüren, wie romantische Erinnerungen Sie überkommen, und Sie an den Spaß denken, den Sie beispielsweise bei einem Baseballspiel mit ihm hatten, rufen Sie die negativen Erlebnisse ab! Sie sind das Gegenmittel für die Sehnsucht, die Sie nach einer Trennung empfinden.

♥ Schreiben Sie keine wütenden Briefe, SMS, E-Mails, Facebook-Posts, Tweets oder Sonstiges. Es gibt den Spruch: Nichts ist schlimmer als die Rache einer verschmähten Frau. Das stimmt. Wir kennen Frauen, die einem Mann Posts schreiben wie: »Das wird dir noch leidtun« oder »Du und deine miese kleine Schlampe, ihr habt einander verdient« oder »Du hast mir das Herz gebrochen«. Seien Sie nicht dumm. Wenn Sie solche Botschaften verschicken, kann der Mann, mit dem Sie einmal zusammen waren, behaupten, Sie würden ihn verleumden oder belästigen, und drohen, die Polizei einzuschalten! Am besten verzichten Sie auf jeglichen Kontakt. Kündigen Sie ihm die Freundschaft auf Facebook, löschen Sie ihn aus Ihrer Kontaktliste, blockieren Sie ihn – tun Sie alles, was nötig ist. Machen Sie sich keine Gedanken, dass eine solche Geste zeigen könnte, wie viel er Ihnen noch bedeutet: In einer solchen Situation spielt es keine Rolle, was andere von Ihnen denken – außerdem ist es das Beste für alle. Wenn

Sie über Rache nachsinnen, hält Sie das nur davon ab, die Beziehung abzuhaken und sich nach etwas Neuem umzusehen. Wenn Sie Ihrer Wut unbedingt Luft machen müssen, schreiben Sie eine E-Mail an eine gute Freundin oder erzählen ihr oder einem Therapeuten von Ihrer Beziehung, damit noch jemand weiß, wie es in Ihnen aussieht. Eine andere Möglichkeit besteht darin, alles am Computer aufzuschreiben und dann zu löschen. Der letzte Mensch, der Ihre Ergüsse je zu Gesicht bekommen sollte, ist definitiv Ihr Ex!

Die 32-jährige Danielle schrieb Ihrem Ex einen siebenseitigen Brief, in dem Sie ihm erklärte, wie sehr er sie verletzt hatte. (Sie wollte ihm nicht mailen, weil sie fürchtete, er könnte die Mail an seine Freunde weiterleiten.) Dann hörte sie nie wieder von ihm. Eines Tages traf sie ihn zufällig im Einkaufszentrum und fragte ihn, was er von dem Brief gehalten habe, aber er behauptete, er hätte ihn nie bekommen. Erinnern Sie sich an die Folge aus *Friends*, in der Rachel Ross einen achtseitigen Brief schreibt und die Frage erörtert, ob die beiden nun eine »Auszeit« von ihrer Beziehung haben oder nicht? Ross schläft beim Lesen ein und tut später so, als ob er mit allem einverstanden wäre, was Rachel geschrieben hat. Die beiden kommen wieder zusammen – aber dann liest er den Brief *doch noch* und stellt fest, dass sie ihm acht Seiten lang nur Vorwürfe gemacht hat, und die beiden trennen sich wieder! Also vergeuden Sie nicht Ihre Zeit! Die Energie, die Sie für einen solchen Brief benötigen, verwenden Sie besser darauf, ein neues Profil für eine Online-Partnervermittlung zu erstellen.

♥ Verfassen Sie keine Nachrichten über die Trennung von Ihrem Ex oder über Ihr gebrochenes Herz, damit Ihre Freundinnen Sie trösten. Die 24-jährige Ashley schrieb auf ihrer Facebook-Seite: »Ich kann nicht glauben, dass ich ein Jahr auf einen Mann verschwendet habe, der so unreif ist.« Ihre Freundinnen kommentierten wie der Chor in einer griechischen Tragödie: »Armes Mädchen. Jeder Mann sollte sich glücklich schätzen, mit dir zusammen zu sein. Tja, Pech für ihn!« Das war zwar lieb gemeint, doch so ein Post und die Kommentare lenken nur die Aufmerksamkeit auf ihre nicht gerade ideale Situation. Für Außenstehende wirkt Ashley wütend und mitleidheischend, auch auf attraktive neue Männerbekanntschaften!

♥ Wenden Sie sich nicht an die Familienmitglieder oder Freunde Ihres Expartners, um sie zu bitten, sich für Sie einzusetzen. Wahrscheinlich würden die das ohnehin nicht tun, und selbst wenn, würde er nicht auf sie hören. Weder seine Mutter noch seine Schwester oder sein bester Freund können ihn dazu bringen, seine Meinung zu ändern oder Sie wieder zu lieben.

Immerhin können wir Ihnen versichern, dass jede Klientin, die sich nach einer Trennung bald wieder mit Männern verabredete und schließlich doch noch Ihren Traummann fand, im Rückblick erkannte, dass der Mann, dem sie so sehr nachtrauerte, gar nicht der Richtige für sie war. »Mein jetziger Mann passt so viel besser zu mir als mein früherer Freund. Wir haben viel mehr gemeinsam und streiten uns nie«, erzählte uns die 32-jährige Briana, die nach der Trennung solchen Liebeskummer gehabt hatte, dass sie sich ein Leben ohne ihren Ex gar nicht vorstellen konnte. Dabei ist eine Trennung wirklich oft ein Segen, auch wenn man das erst hinterher merkt. Wenn also gerade erst ein Mann mit Ihnen Schluss gemacht hat, ärgern Sie sich nicht und seien Sie nicht allzu betrübt. Zahlen Sie es ihm heim und lernen Sie einen Mann kennen, der besser zu Ihnen passt!

Kapitel V

20 Punkte, die Männer abschrecken ... Wir wissen Bescheid, wir haben sie gefragt!

Wir haben Hunderte Männer interviewt, vom 20-jährigen Studenten bis zu Männern Ende 50. Wir sprachen mit alleinstehenden Männern, Männern in einer Partnerschaft und Ehemännern. Wenn wir sie fragten, was sie bei Frauen abschreckt, mit denen sie ausgehen, erhielten wir ziemlich ähnliche Antworten. Sie werden sehen, dass all unsere *Regeln* Ihnen dabei helfen können, diese Fallstricke zu vermeiden. Wenn Sie nicht wissen, warum Männer manchmal so schnell wieder das Interesse an Ihnen verlieren, oder wenn Sie fürchten, er könnte Schluss machen, finden Sie den Grund dafür vielleicht auf unserer Liste. Ändern Sie das, bevor es zu spät ist, oder arbeiten Sie bei der nächsten Beziehung daran!

Hier sind unsere Top 20:

1. Wenn sich eine Frau zu sehr bemüht. Männer mögen entspannte, lockere Frauen.
2. Zu viele Tätowierungen, Piercings und billige Accessoires.
3. Wenn die Frau ihn ständig »zufällig« trifft (zum Beispiel in einer Bar oder bei einer Party) oder uneingeladen an Orten aufkreuzt, wo er sich gerne aufhält.

4. Wenn sie bei einer Verabredung mit ihm SMS schreibt oder ständig nachschaut, ob sie neue Nachrichten bei Facebook hat. Ein Mann meinte dazu: »Bin ich so langweilig, dass sie am Handy mit jemand anderem chatten muss? Wie würde ihr das gefallen, wenn ich das machen würde?«

5. Wenn sie besitzergreifende Botschaften auf seiner Pinnwand bei Facebook hinterlässt oder zu persönliche Dinge schreibt, die ihn in Verlegenheit bringen.

6. Wenn sie ihn vor gemeinsamen Freunden kritisiert oder sich in seiner Abwesenheit über ihn beschwert.

7. Wenn sie zu schnell mit einem Mann ins Bett geht, das wirkt oft verzweifelt.

8. Wenn sie zu viel isst oder umgekehrt einem Mann ständig davon erzählt, was sie gegessen hat und wie viele Kalorien das waren. Ein Mann erklärte dazu: »Ist mir doch egal, ob sie den ganzen Tag Pizza mit Fleischbällchen gegessen hat.«

9. Wenn sie versucht, mit dem Ex befreundet zu bleiben, das Gespräch mit ihm sucht oder ihn immer wieder »zufällig« trifft. »Das macht mich wahnsinnig. Was würde sie denn sagen, wenn ich weiter Kontakt zu meiner Ex hätte? Damit treibt sie mich in die Eifersucht, obwohl sie keine eifersüchtigen Männer mag.«

10. Wenn sich eine Frau nicht um ihr Aussehen kümmert. (Männern ist das Aussehen viel wichtiger, als Sie denken!)

11. Wenn sie den Unterricht oder Vorlesungen schwänzt oder ihren Job verliert.

12. Gegenseitige Abhängigkeit. »Wenn sie mich braucht, um sich gut zu fühlen, dann stimmt etwas nicht mit ihr«, sagte einer.

13. Wenn sie sich über etwas beklagt, das sie leicht selbst ändern oder beheben kann. Wenn ein Mädchen jam-

mert: »Ich war schon seit Monaten nicht mehr im Fitnessstudio, ich fühle mich wirklich mies«, würde er am liebsten sagen: »Dann geh doch!!!«

14. Zu viel Make-up oder zu viele Schönheitsoperationen.

15. Wenn sie sich mit seinen Freunden anfreundet, damit sie möglichst oft mit ihm zusammen sein kann. »Ich rede nicht von Frauen, die sich auch mit den Freunden ihres Partners gut verstehen – das wünschen wir uns alle. Ich meine Frauen, die sich schon früh in der Beziehung seinen Freunden aufdrängen, um ihm näher zu sein. Das ist zu penetrant.«

16. Zu großes Interesse an materiellen Dingen. »Ich mag eine Frau mit Geschmack und Stil, aber ihr Interesse sollte weiter reichen als Handtaschen, Schuhe und Kleider, sie sollte sich auch für aktuelle Ereignisse, Politik und Sport interessieren und eigene Hobbys haben.«

17. Kurze Haare.

18. Wenn sie zu rechthaberisch, kritisch, negativ oder sarkastisch ist.

19. Wenn sie sich peinlich betrinkt. »Das ist weder süß noch sexy.«

20. Wenn sie die aktuelle Beziehung mit anderen Beziehungen vergleicht und/oder »nie mit dem Moment zufrieden ist, sondern immer nur für die Zukunft plant«.

Kapitel VI

Häufig gestellte Fragen

Wir haben versucht, mit unserem Buch jedes erdenkliche Problem bei der Partnersuche anzusprechen. Um die Sache abzurunden, haben wir hier noch die häufigsten Fragen aufgelistet, die uns bei Beratungsgesprächen gestellt werden.

Ein Teil wurde bereits im Buch allgemein *oder* anhand eines Beispiels erklärt. Doch dieses Kapitel soll Ihnen helfen, wenn Sie einmal schnell beim Anwenden der *Regeln* eine Frage haben.

Ein Mann hat mir eine SMS geschickt: »Sollen wir mal zusammen abhängen?« Ich schrieb zurück: »Klar«, habe aber seitdem nichts mehr von ihm gehört. Wie bringe ich ihn dazu, dass er am Ball bleibt?

Antwort: Gar nicht! Wenn ein Mann allgemein vorschlägt, etwas zusammen zu unternehmen, aber nie konkret wird, stiehlt er Ihnen nur die Zeit. Der Nächste bitte! Wir kennen Frauen, die zurückschreiben: »Ja, wann?« oder »Super, ich habe am Donnerstag und Freitag diese Woche oder am nächsten Wochenende Zeit«, weil sie glauben, dass er dann konkret wird, aber da täuschen sie sich. Schreiben Sie einfach: »Klar«, und lassen Sie den Dingen ihren Lauf. Einen Mann irgendwie festzunageln, funktioniert langfristig gesehen nie. Vielleicht fühlt er sich irgendwann verpflichtet, Sie zu treffen, aber wenn

Sie ihn drängen müssen, funktioniert es zwischen Ihnen nicht. Männer schicken vielen Frauen eine SMS, wenn sie sich langweilen oder irgendwo warten müssen. Vielleicht hat sich die Frau gemeldet, für die er sich wirklich interessiert, und er hat deshalb nicht mehr geantwortet. Nehmen Sie es hin und wenden Sie sich einem anderen zu!

Meine Freundinnen halten die *Regeln* für Schwachsinn und wollen mich überreden, Männern eine SMS zu schicken oder sie aufzufordern, mit mir auszugehen. Was soll ich tun?

Antwort: Sie müssen mit Ihren Freundinnen nicht über Ihre Strategie bei der Partnersuche diskutieren. Wechseln Sie einfach das Thema oder behaupten Sie, Sie hätten keine Strategie. Sie könne auch fragen: » Welche *Regeln?* « Es ist schon schwer genug, sich ohne Unterstützung an die *Regeln* zu halten, da brauchen Sie nicht auch noch Diskussionen mit ihren besten Freundinnen oder deren Kritik! Versuchen Sie, wenigstens eine Freundin zu finden, die sich auch an die *Regeln* hält, schließen Sie sich einer unserer Gruppen an (unsere Website www.therules book.com vermittelt Kontakte auf der ganzen Welt) oder halten Sie im Internet nach Online-Foren zu den *Regeln,* Blogs, Videokonferenzen und so weiter Ausschau. Es gibt Rules-Netzwerke für Teenager, Twens, für ältere Generationen und für Geschiedene. Mit anderen über Ihr Verhalten bei Verabredungen zu diskutieren, sei es per E-Mail oder in einem Forum, ist eine gute Idee, dann müssen Sie Rede und Antwort stehen und sind nicht so allein. Wer sich an die *Regeln* hält, hat manchmal das Gefühl, allein auf weiter Flur zu sein, wenn alle anderen Frauen den Männern ständig SMS schreiben oder mit ihnen ins Bett gehen. Wenn Sie keine Gleichgesinnten in der Gegend finden, können Sie eine eigene Gruppe gründen oder sich bei uns zum Rules-Coach ausbilden lassen und Seminare geben, um mehr Rules-Girls kennenzulernen und sich gegenseitig zu unterstützen.

Der Mann, nach dem ich völlig verrückt bin, hat ein Buch mit den Regeln in meinem Schlafzimmer gefunden. Was soll ich machen?

Antwort: Wenn er Sie mag, ist ihm das egal. Wenn er viele Fragen stellt, sagen Sie einfach, Sie hätten vor langer Zeit mal einen Vortrag gehört oder etwas in der Art und das Buch schon längst wieder vergessen. Machen Sie sich keine Sorgen, wenn ein Mann Sie hübsch findet, ist es ihm egal, ob Sie Yoga machen, stricken oder die *Regeln* befolgen, er hält Sie einfach für niedlich und interessant. Wir raten aber unbedingt davon ab, ihm von Ihren Strategien zu erzählen. Wenn er es herausfindet, kann man nichts daran ändern. Das heißt aber nicht, dass Sie auf die *Regeln* verzichten müssen!

Ist es in Ordnung, Smileys zu verwenden? Haben Sie sonstige Tipps fürs SMS-Schreiben?

Antwort: Smileys sind super für gute Freunde, aber wir halten es nicht für sinnvoll, sie allzu oft bei Männern zu verwenden, weil sie zu viel Interesse signalisieren. Halten Sie Ihre SMS schlicht und einfach. Schicken Sie ihm ein Smiley, wenn Sie ihm zu etwas gratulieren, oder ein trauriges Smiley, wenn Sie krank sind, das genügt.

Abkürzungen wie LOL finden wir sehr nützlich, weil sie vermitteln, dass Sie zu viel zu tun haben, um Wörter auszuschreiben und lange Sätze zu formulieren. Und vergessen Sie nicht: Schreiben Sie immer weniger als er!

Wie oft sollte ich mich bei einer Website fürs Online-Dating einloggen?

Antwort: Ein- oder zweimal am Tag genügt, und nie am Wochenende! Das Online-Dating sollte nicht Ihr ganzes

Leben in Beschlag nehmen – nur einen Teil! Bedenken Sie, dass man bei manchen Websites erkennen kann, wann Sie sich das letzte Mal eingeloggt haben. Aber selbst wenn Sie sich an einem öden Tag zehnmal eingeloggt haben, müssen Sie sich keine großen Gedanken machen. Solange Sie nicht zuerst Kontakt zu einem Mann aufnehmen, ist das nicht so schlimm – und wird einen Mann sicher nicht davon abhalten, sich um Sie zu bemühen – vielleicht denkt er sogar, Sie seien so oft online, weil Ihnen so viele Männer schreiben!

Ich war dreimal mit einem Mann aus und er schreibt mir weiter SMS und will sich mit mir verabreden, aber ich empfinde nichts für ihn. Soll ich trotzdem mit ihm ausgehen oder die Sache beenden?

Antwort: Bei den *Regeln* geht es definitiv nicht darum, mit Männern auszugehen, die Ihnen nicht sympathisch sind. Die Partnersuche ist keine Wohltätigkeitsveranstaltung. Sagen Sie ihm einfach: »Du bist echt nett, aber bei mir ist einfach nicht der Funke übergesprungen ... tut mir leid und weiterhin viel Glück!« Wenn Sie ihn so richtig nett finden, können Sie ihn ja mit einer Freundin verkuppeln.

Ein Kollege bei mir im Büro schaut ständig zu mir rüber und setzt sich bei Besprechungen immer neben mich und erzählt mir Witze. Das geht schon so, seit ich vor drei Monaten bei meiner neuen Stelle angefangen habe. Wie bringe ich ihn dazu, dass er mit mir ausgeht?

Antwort: Gar nicht! Manche Männer schauen einfach gern, das hat aber nicht unbedingt etwas zu bedeuten. Manche haben eine Freundin oder sind verheiratet, tragen aber keinen Ring, und manche langweilen sich einfach nur und vertreiben sich die Zeit. Wenn ein Mann nicht mit Ihnen ausgeht, existiert die Beziehung nur in Ihrer Phantasie!

Ich gehe seit neun Monaten zu Singleveranstaltungen und zum Speeddating und bin bei einer Online-Partnervermittlung, habe aber noch niemanden kennengelernt, der mich wirklich umgehauen hat. Die paar Männer, die mir gefallen, wollen nichts von mir wissen. Wie lange muss ich mich denn noch schön machen und auf die Pirsch gehen? Das ist so anstrengend und frustrierend! Wie soll ich mich motivieren, wenn nichts dabei herauskommt?

Antwort: Single zu sein ist ähnlich, wie wenn man arbeitslos ist. Sie suchen so lange einen Job, bis jemand Sie einstellt – oder bis Sie eben den Richtigen kennenlernen. Wenn uns eine Klientin sagt, Sie nehme eine Auszeit von den Verabredungen oder habe ihre Mitgliedschaft bei einer Online-Partnerbörse gekündigt, fragen wir sie nach dem Grund. Meistens sagt sie dann: »Ich lerne einfach keine interessanten Männer kennen.« Wir finden diese Begründung völlig irrational. Wenn Sie nicht mehr ausgehen, lernen Sie erst recht niemanden kennen. Sehen Sie es einfach als Routine, ob Sie Lust haben oder nicht, und treffen Sie sich ein- oder zweimal die Woche mit möglichen Kandidaten. Das ist ähnlich wie der Gang ins Fitnessstudio, zu dem Sie auch nicht immer Lust haben. Wenn Sie nur gehen würden, wenn Ihnen danach wäre, hätten Sie sicher keine so tolle Figur. Doch die meisten Leute treiben Sport, auch wenn Sie mal keine Lust haben, weil Sie fit sein wollen, stimmt's?

Wenn ein Mann mir eine SMS schickt und mich auffordert: »Schreib mir!« oder »Sei doch nicht so kühl« oder »Freunde dich mit mir auf Facebook an«, kann ich ihm dann antworten?

Antwort: Nein. Für uns hat er damit noch keinen Kontakt aufgenommen! Wenn Sie reagieren, würden Sie trotzdem den ersten Schritt machen. Männer, die solche Vorschläge machen, wurden entweder von Frauen verdorben, die sich nicht an die Regeln halten, oder hoffen, dass Sie die Hauptarbeit in der Beziehung leisten, weil sie sich nicht so richtig für Sie interessieren. Fallen Sie nicht darauf herein! Männer behaupten auch gern: »Ich mag es, wenn eine Frau den ersten Schritt macht«, aber diese Frau heiraten sie dann nicht. Hören Sie nicht auf das, was ein Mann sagt, beobachten Sie sein Verhalten. Männer lieben die Herausforderung, also sollten Sie eine Herausforderung sein und solche Anfragen ignorieren!

Was mache ich, wenn mich ein Mann nach meiner Telefonnummer fragt und dann nie anruft?

Antwort: Er ist nicht interessiert, vielleicht wollte er nur höflich sein oder das Gespräch beenden, ohne Sie zu kränken. Manchmal fragt ein Mann bei einer Party nach Ihrer Nummer und trifft dann später noch eine Frau, die ihm besser gefällt. Manche Männer sammeln einfach gern Telefonnummern, um mit ihren Eroberungen zu prahlen: »Gestern Abend haben mir acht Frauen ihre Nummer gegeben!« Vielleicht denkt er, er könnte sie eines Tages gebrauchen, wenn er sich langweilt oder sich einsam fühlt oder Sex will. Wenn ein Mann Ihre Nummer hat und sich innerhalb von zwei Wochen nicht meldet, interessiert er sich nicht wirklich für Sie. Denken Sie nicht lange darüber nach, haken Sie ihn einfach ab!

Ich habe einen Mann kennengelernt, der mich nach meiner Nummer gefragt hat. Er hat mir zum ersten Mal an einem Freitagabend um sieben eine SMS geschickt. Kann ich ihm vier Stunden später antworten, also um elf?

Antwort: Nein! Es gibt Sperrzeiten, an denen Sie nicht mit einem Mann kommunizieren dürfen, vor allem nicht von Freitag 18 Uhr bis Sonntagabend 18 Uhr. Sonst geraten Sie an einem Samstagabend in einen SMS-Marathon mit einem Mann, der womöglich noch fünf anderen Frauen schreibt, und vergeuden nur Ihre Zeit. Warten Sie bis Sonntagabend und schreiben Sie dann: »Hi! War am Wochenende total beschäftigt, habe gerade erst deine Nachricht gelesen ...«

Ein Mann hat über eine Online-Partnerbörse (oder per E-Mail oder Facebook) Kontakt zu mir aufgenommen und geschrieben: »Hier ist meine Nummer, schick mir doch eine SMS.« Soll ich mir überhaupt die Mühe machen und ihm zurückschreiben?

Antwort: Seien Sie nicht gekränkt, wenn er Sie nicht nach Ihrer Nummer fragt. Vielleicht haben ihn andere Frauen verdorben und ihm zuerst eine SMS geschrieben, oder aber er denkt, Sie wollen Ihre Nummer aus Sicherheitsgründen nicht preisgeben. Egal aus welchem Grund, mailen Sie ihm einfach: »O.K., gut und hier ist meine Nummer ...«, und warten Sie, bis er Sie kontaktiert. Schreiben Sie nicht: »Ich sende aus Prinzip nicht als Erste eine SMS, du musst dich bei mir melden« – wir verraten Männern unsere Dating-Strategie nicht.

Ich bin zwei Monate lang mit einem Mann ausgegangen (es war aber nichts Festes), und vor drei Wochen hat er sich plötzlich nicht mehr gemeldet. Kann ich noch einmal Kontakt zu ihm aufnehmen, um mit ihm Schluss zu machen?

Antwort: Nein, wenn Sie drei Wochen lang nichts mehr von einem Mann hören, dann *ist* Schluss. Sie müssen den Grund dafür nicht wissen oder die Trennung irgendwie offiziell machen. Sie dürfen sich nur noch einmal bei einem Mann melden, wenn er in einer festen Beziehung Schluss gemacht hat und Sie merken, dass Sie gegen einige *Regeln* verstoßen haben und wieder gern mit ihm zusammen wären. In dem Fall können Sie ihm einmal eine SMS schicken: »Hey, wie läuft's?«, und schauen, ob er Interesse zeigt und sich noch einmal mit Ihnen treffen will.

Wenn ja, dann sollten Sie wirklich ganz leicht und locker agieren und vor allem nichts tun, was ihn Ihrer Meinung nach schon immer an Ihnen gestört hat. Wenn er nicht mit Ihnen reden und Sie nicht sehen will, dann ist es vorbei. Schauen Sie sich nach einem neuen Mann um und wenden Sie dabei die *Regeln* an!

Ich bin total verknallt in einen Mann, mit dem ich seit sechs Monaten ausgehe. Ist es in Ordnung, wenn ich ihm mein Passwort bei Facebook oder von meinem iPhone gebe, um ihm zu zeigen, dass wir keine Geheimnisse voreinander haben? Und sollte ich ihn nach seinem Passwort fragen, als Test, ob er mich wirklich liebt?

Antwort: Nein, die *Regeln* besagen definitiv nicht, dass Sie keine Privatsphäre mehr haben sollen. Bei der Liebe geht es nie darum, für den anderen ein offenes Buch zu sein. Wenn Sie einem Mann Ihr Passwort geben, ist das ähnlich, wie wenn Sie ihm den Schlüssel zu Ihrem Tagebuch überreichen würden. Oft ist damit die Katastrophe vorprogrammiert, weil man dann womöglich Nachrichten oder Texte findet, die den anderen verletzen. Ein Rules-Girl ist immer diskret!

Ist es in Ordnung, wenn ich Männer bei einer Dating-Website einfach nur mit einem »Hi« kontaktiere und sie auffordere, sich doch mal mein Profil anzuschauen? Da sind doch Tausende Frauen dabei und die Chancen entsprechend gering, dass ein Mann bei seiner Suche ausgerechnet auf mich stößt. Die einzige Möglichkeit besteht meiner Meinung nach darin, einen Mann zu kontaktieren, um ihn auf mich aufmerksam zu machen, und mich dann an die *Regeln* zu halten und zu warten, bis er sich meldet und mit mir ausgeht.

Antwort: Wir verstehen ja, dass es Ihnen schwerfällt, aber es ist nun einmal gegen die *Regeln*, einen Mann zuerst zu kontaktieren, egal aus welchem Grund. Wenn er bei seiner Suche nicht auf Ihr Profil stößt, tja, dann sollte es eben nicht sein. *Jede* Form der Kontaktaufnahme zu einem Mann bedeutet, dass die Initiative von Ihnen ausgeht und Sie ihm zeigen, dass Sie ihn oder sein Profil sympathisch finden. Aber dadurch werden Sie nie erfahren, ob er sich von sich aus um Sie bemüht hätte. Das ist ähnlich, wie wenn Sie einem Mann bei einer Party auf die Schulter tippen, damit er Sie bemerkt, weil noch so viele andere Frauen im Raum sind! Zu den *Regeln* gehört auch, auf sein Schicksal zu vertrauen und zu hoffen, dass ein Mann Sie findet. Sie selbst dürfen dabei nichts in die Wege leiten.

Wie halte ich mich bei Video-Chats an die Regeln?

Antwort: Wie bei allem anderen gilt auch bei Video-Chats: Weniger ist mehr. Wenn ein Mann Sie zum ersten Mal per Face Time kontaktiert, erklären Sie: »Das ist nicht so mein Ding.« Wenn er Sie nach dem Grund fragt, können Sie eine der folgenden Antworten verwenden: »Mein WLAN funktioniert nicht.« »Ich bin gerade nicht in der Stimmung.« »Es passt gerade schlecht.« »Nein, heute nicht.« »Ich habe mein Telefon auf laut gestellt und bin mit etwas anderem beschäftigt.« Wenn er es erneut probiert, können Sie bei jedem dritten Mal akzeptieren, aber nie länger als zehn Minuten! Wenn er Sie bei jedem Anruf sieht, langweilt er sich schnell! Wenn ein Mann auf Video-Chats besteht, dann sollten Sie auf der Hut sein. Ein Mann, der versucht, Ihnen Schuldgefühle einzuflößen, weil Sie nicht immer zur Verfügung stehen, ist aufdringlich und damit nichts für Sie.

Gibt es irgendeine Situation, in der es in Ordnung ist, einen Mann zu fragen, ob er mit mir ausgeht?

Antwort: Nein. Die *einzige* Ausnahme ist die, dass Sie einen Partner für einen Abschlussball oder bei Ihrer Studentinnenverbindung oder für den Sadie Hawkins Dance [ein Ball, bei dem Studentinnen Studenten einladen] brauchen. In diesen Ausnahmefällen schlagen wir vor, dass Sie einen platonischen Freund fragen – auf keinen Fall jemanden, in den Sie verliebt sind. Benutzen Sie solche Veranstaltungen nicht als Vorwand, eine Beziehung anzubahnen, sonst handeln Sie sich schnell Liebeskummer ein, weil er Sie womöglich nur zum Ball begleiten will, aber nichts für Sie empfindet. Es kommt auch überhaupt nicht infrage, dass Sie einen Mann fragen, ob er Sie heiraten will. Geschichten, dass eine Frau einem Mann in einem Schaltjahr einen Heiratsantrag machen darf, weil das angeblich Glück bringt, sollten Sie ignorieren. Die *Regeln* sind wichtiger als jeder Aberglaube!

In einem Dating-Blog habe ich gelesen, dass man einem Mann bei der dritten Verabredung sagen sollte, dass man auf der Suche nach einem Ehemann ist und eine feste Beziehung anstrebt, um keine Zeit mit Männern zu verschwenden, die nur ein bisschen Spaß suchen. Sehen Sie das auch so?

Antwort: Nein. Wir halten es für voreilig und verrückt, alle Karten auf den Tisch zu legen und ihn so früh unter Druck zu setzen. Die meisten Männer fühlen sich dadurch überfordert und suchen ihr Heil in der Flucht. Unserer Ansicht nach verschwenden Sie lieber ein bisschen Zeit bei ein paar Verabredungen, als ihn mit Gesprächen über die Zukunft abzuschrecken. Wenn Sie sich an die *Regeln* halten und locker und leicht agieren und eine Verabredung immer zuerst beenden, wird ein Mann, der Sie wirklich mag, dieses Thema irgendwann automatisch anschneiden. Er lässt Hinweise fallen wie: »Du wirst begeistert sein von der Lasagne meiner Mutter« oder »Mein bester Freund heiratet im Juni ... hast du im Sommer schon etwas vor?«. Die Absichten eines Mannes erfahren

Sie nicht, wenn Sie ihm von Ihren Plänen berichten, sondern indem Sie zuhören, was *er* erzählt. Ein Mann, der vielleicht durchaus interessiert an Ihnen ist, wird seine Meinung wahrscheinlich sehr schnell ändern, wenn Sie ihn bei der dritten Verabredung direkt fragen, wohin die Beziehung gehen soll.

Ein Mann, mit dem ich in den letzten Wochen gelegentlich aus war, hat gerade bei Facebook ein Foto eingestellt, auf dem er mit zwei anderen Mädchen zu sehen ist! Ich bin echt sauer! Soll ich ihn zur Rede stellen?

Antwort: Auf gar keinen Fall. Sie sollten das Foto ignorieren – oder es ihm nachmachen! Nehmen Sie als Profilbild ein Foto von sich mit ein paar süßen Typen, aber lassen Sie ihn nie wissen, wie sehr Sie das stört. Vielleicht will er Sie einfach nur auf die Probe stellen und sehen, ob und wie Sie reagieren, vielleicht war es auch nur ein Insidergag mit den anderen Mädchen. Ruhig Blut! Sie sollten weder sich noch Ihre Beziehungen über Facebook definieren. Sie sind nicht fest mit ihm zusammen, daher ist er Ihnen gegenüber zu nichts verpflichtet. Wenn Sie eifersüchtig oder besitzergreifend reagieren, schrecken Sie ihn wahrscheinlich nur ab.

Wie bringt man einen Mann dazu, den richtigen Tag für eine Verabredung auszusuchen? Manchmal habe ich das Gefühl, ich muss ihm sagen, wann ich Zeit habe, damit das Gespräch sich nicht endlos im Kreis dreht.

Antwort: Diese Frage stellen uns Frauen immer wieder. Wenn sich ein Mann meldet und fragt, ob sie mit ihm ausgehen wollen, überlegt er so lange hin und her, dass die Frauen am liebsten rufen würden: »Am Samstagabend hätte ich Zeit!« Aber die *Regeln* schreiben vor, dass er den Tag vorschlägt, egal, wie lange es dauert, weil eine Frau sonst zu eifrig wirken würde. Also machen Sie es am besten so: Wenn ein Mann fragt: »Hey, sollen wir mal zusammen ausgehen?«, antworten Sie: »Klar, das klingt gut.« Wenn er dann fragt: »Wann hast du Zeit?«, sollten Sie zurückfragen: »An wann hast du denn gedacht?« Er schlägt dann vielleicht vor: »Wie wäre es mit morgen Abend, Dienstag, auf einen Drink?« Als Rules-Girl müssen Sie eine so kurzfristige Einladung natürlich ablehnen: »Oh, tut mir leid, da habe ich schon andere Pläne.« Er fragt dann vielleicht: »Und wie wäre es mit Mittwoch?« Sie antworten: »Da muss ich arbeiten, diese Woche ist echt viel los!« Wahrscheinlich fragt er dann endlich: »Und wie sieht's am Wochenende bei dir aus?« Sie antworten: »Wochenende klingt gut«, nennen aber keinen konkreten Termin. Dann fragt er: »Okay, also am Freitagabend?« Leider müssen Sie wieder ablehnen: »Uh, Freitag habe ich vielleicht schon etwas anderes vor.« Wenn er endlich sagt: Samstagabend?«, können Sie antworten: »Ja, Samstagabend wäre super!« Egal, was passiert, nennen Sie nie einen konkreten Wochentag – der Termin muss von ihm kommen. Nicht vergessen: Der Mann ist der Jäger, wenn Sie es ihm zu leicht machen, langweilt er sich und zieht weiter.

Wir sind ein paar Mal miteinander ausgegangen – und es lief richtig gut. Aber ich muss demnächst auf Geschäftsreise und werde eine Zeit lang nicht in der Stadt sein. Wie halte ich die Beziehung am Laufen, damit meine Abwesenheit nicht alles zerstört? Kann ich mich per SMS bei ihm melden, wenn ich wieder zurück bin?

Antwort: Sie können die Beziehung nicht am Laufen halten – was auch heißt, dass Sie sich nicht bei ihm melden dürfen! Ein Mann muss am Ball bleiben, nicht Sie. Wenn Sie geschäftlich unterwegs oder im Urlaub sind, dann sind Sie weg! Wenn Sie sich bei ihm melden, könnte das so wirken, als ob Sie sich bei Ihrer Reise nicht amüsieren oder nicht ausreichend beschäftigt sind. Wenn er sich bei Ihnen meldet, können Sie fünf bis zehn Minuten mit ihm plaudern oder chatten, dann haben Sie aber etwas Dringendes vor. Schicken Sie ihm keine Fotos vom Strand oder von Sonnenuntergängen. Kaufen Sie ihm kein T-Shirt, Sie sind viel zu beschäftigt! Selbst wenn die Reise furchtbar ist – Sie eine Lebensmittelvergiftung haben, es die ganze Zeit regnet und das Flugzeug verspätet war –, dürfen Sie nicht bei ihm Trost suchen.

Auch wenn Sie wieder zurück sind, sollten Sie ihn nicht kontaktieren. Er muss sich den Tag rot im Kalender anstreichen und sich möglichst schon vorher mit Ihnen verabreden. Er darf Sie gern vom Flughafen abholen oder an der Haustür überraschen, wenn Sie heimkommen. Wenn er es will, findet er schon einen Weg, mit Ihnen in Kontakt zu bleiben und Sie wiederzusehen!

Ein Mann, den ich mag, hat sich eine Woche im Voraus mit mir verabredet – reichlich Zeit! Seitdem habe ich nichts mehr von ihm gehört. Kann ich ihm eine SMS schicken, um die Verabredung noch einmal zu bestätigen? Was ist, wenn er mir bis zum Tag der Verabredung nichts Genaueres (wo und wann?) sagt?

Antwort: Nein, Sie können das Date nicht bestätigen! Sie sind total beschäftigt, daher fällt es Ihnen gar nicht auf, dass er Ihnen noch keine Details genannt hat. Wenn er sich am Vortag oder am Tag Ihrer Verabredung immer noch nicht gemeldet hat, was soll's? Machen Sie sich einfach für ein Date zurecht, und wenn er Sie versetzt, haben Sie noch einen Plan B in der Hinterhand. Eine Bestätigung würde zu viel Interesse signalisieren – und Schwäche. Rules-Girls haben so etwas nicht nötig; sie sind cool und arrangieren sich. Selbst wenn Sie ein Mensch sind, der alles bestätigt haben will – Sitzplatzreservierungen im Flugzeug, Termine für die Maniküre,

Verabredungen zum Mittagessen mit Ihrer besten Freundin oder Ihrer Mutter –, verkneifen Sie es sich bei einem Mann!

Kapitel VII

Die 20 wichtigsten Regeln auf einen Blick

1. Reden Sie nicht über die *Regeln!* In gewissem Sinn verhält es sich mit den *Regeln* ähnlich wie beim Film *Fight Club.* Sie sollten einem Mann, mit dem Sie ausgehen oder ausgehen wollen, auf gar keinen Fall von den *Regeln* erzählen oder ihm gar raten, wie er sich verhalten soll. Das muss er schon selbst herausfinden! Auch Ihren Freundinnen müssen Sie nichts davon erzählen, wenn Sie nicht wollen. Wenn Sie glauben, dass Ihre Freundinnen ohnehin nichts davon halten und Sie nicht bei den *Regeln* unterstützen, sollten Sie lieber schweigen.

2. Was ist, wenn Sie erst vor Kurzem von den *Regeln* gehört haben? Wenn Sie einem Mann bislang ständig SMS geschrieben haben und jetzt erst auf unser Buch gestoßen sind, ist es noch nicht zu spät! Machen Sie sich keine Sorgen, er wird nicht denken, dass Sie das Interesse an ihm verloren haben oder unhöflich sind, wenn Sie sich plötzlich ein bisschen rar machen – er wird denken, Sie hätten viel zu tun oder seien mit anderen Männern aus. Sie wurden doch sicher schon manchmal urplötzlich mit Arbeit überhäuft und hatten keine Zeit, Ihren Freundinnen zurückzurufen oder SMS zu schreiben? Tun Sie so, als ob es jetzt auch so wäre, selbst wenn Sie jede Menge Zeit haben!

Egal, was es ist – ob Sie ihn zu oft treffen, zu lange mit ihm aus sind oder seine Nachrichten noch bis spät in die Nacht beantworten –, *reduzieren* Sie jede Interaktion mit ihm. Fangen Sie noch heute an, sich an die *Regeln* zu halten – und lassen Sie sich überraschen!

3. Wie wird aus einem guten Freund ein Partner für eine Beziehung? Wenn sich ein Mann nicht mit Ihnen verabredet, hat er kein romantisches Interesse. Aber wenn Sie Gewissheit wollen, könnten Sie erwähnen, dass Sie überlegen, sich bei einer Partnerbörse im Internet anzumelden, und schauen, wie er reagiert. Findet er die Idee toll oder will er sie Ihnen ausreden? Sie können auch versuchen, nicht mehr so oft auf seine SMS und Nachrichten zu reagieren und nicht mehr so viel Zeit mit ihm zu verbringen, vielleicht vermisst er Sie und will doch mit Ihnen ausgehen. Wenn diese subtilen Strategien nicht funktionieren, können Sie ihn beiläufig fragen, ob er Sie als gute Freundin mag oder mehr in Ihnen sieht, dann wissen Sie ein für alle Mal Bescheid! Unserer Meinung nach können Sie das durchaus fragen, aber wenn er sagt, dass er Sie mag, müssen Sie sich an die *Regeln* halten, selbst wenn Sie schon so gut befreundet sind. Wenn er in Ihnen nur eine gute Freundin sieht, sollten Sie sich nach einem anderen umsehen; Sie können nichts tun, damit mehr daraus wird.

4. *Regeln* für reifere Frauen: Wenn Sie schon ein bisschen älter sind oder sich als »altmodisch« bezeichnen würden, dann fallen Ihnen einige *Regeln* sicherlich leicht, etwa, dass die Initiative nicht von Ihnen ausgehen sollte oder dass Sie nicht zu früh mit einem Mann schlafen sollten. Andere *Regeln* sind für Sie wahrscheinlich uninteressant, etwa, dass eine Frau nicht zu oft Nachrichten auf der Facebook-Pinnwand

eines Mannes hinterlassen oder nur auf jede dritte Aufforderung zum Video-Chatten eingehen sollte. Das heißt aber auch, dass Sie in anderen Bereichen mehr tun müssen, um den Richtigen kennenzulernen. Hier sind unsere besten Tipps für geschiedene oder verwitwete Frauen oder für Frauen, die einfach nie ihren Traummann gefunden haben: Hocken Sie nicht zu Hause mit einem Buch, Ihrem Strickzeug oder vor Ihrem Flachbildfernseher herum! Gehen Sie unter Leute, selbst wenn das heißt, allein eine Single-Party zu besuchen. Geben Sie sich jugendlich in Ihrer Einstellung und Ihrem Äußeren. Lassen Sie die Haare ein bisschen länger wachsen und tragen Sie große Ohrringe, einen kurzen Rock und hohe Absätze – mit langen Haaren und einem heißen Outfit sehen Sie locker zehn bis zwanzig Jahre jünger aus. Denken Sie positiv! Sie sind etwas ganz Besonderes, ein Mann kann sich glücklich schätzen, Sie kennenzulernen!

5. Regeln für gleichgeschlechtliche Beziehungen: Bei all der Aufmerksamkeit, die heutzutage der gleichgeschlechtlichen Eheschließung gilt, vergessen Sie womöglich, wie man sich am besten in einer gleichgeschlechtlichen Beziehung verhält. Auch hier gibt es *Regeln,* sie sind nur etwas mehr von Kameradschaft und Gegenseitigkeit geprägt; das Verhältnis ist ausgeglichener. Doch es herrscht der *Geist* der Regeln: Legen Sie nie alle Karten auf den Tisch, machen Sie sich rar und setzen Sie Grenzen.

6. Wie kann eine Frau mit den vielen anderen Rules-Girls konkurrieren? Das müssen Sie nicht! Wenn Sie so denken, dann sehen Sie die Partnersuche völlig falsch. Bei den *Regeln* geht es nicht darum, andere Rules-Girls oder allgemein andere Frauen auszustechen. Es geht darum, den Richtigen für *Sie* zu finden. Vertrauen Sie uns, mit den *Regeln* wird das

schon klappen! Machen Sie sich lieber Gedanken, wie Sie die falschen Kandidaten aussortieren und Ihren Traummann dauerhaft an sich binden.

7. Wenn er nicht anruft, keine SMS schreibt oder anderweitig Kontakt zu Ihnen aufnimmt, ist er nicht ausreichend an Ihnen interessiert. Punkt!

8. Wenn er mit anderen Frauen ausgeht, sollten Sie sich mit anderen Männern treffen. Sie führen erst eine feste Beziehung, wenn er das Thema anspricht. Wenn er die Chance hat, eine andere Frau kennenzulernen und ihr den Vorzug zu geben, warum Sie nicht auch? Wir sagen, Sie sollten die Gelegenheit nutzen!

9. Vermeiden Sie bestimmte Begriffe und Formulierungen. Sprechen Sie nicht über Ihre Bedürfnisse, Ihre Lebensplanung oder über das, was Ihnen Ihrer Meinung nach zusteht. Begriffe wie »Beziehung«, »Bindung«, »Antrag«, »Verlobung« oder alles, was nach Hochzeit klingt, sind tabu. Seien Sie leicht und locker – Sie wollen ihn nicht gleich wieder in die Flucht schlagen!

10. Seien Sie nicht eifersüchtig, wenn ihm seine Exfreundin eine SMS schickt oder eine Nachricht auf seiner Facebook-Pinnwand hinterlässt. Solange der Kontakt nicht von ihm ausgeht und er nicht versucht, wieder mit ihr zusammenzukommen, haben Sie nichts zu befürchten!

11. Tun Sie so, als ob Sie keine Ahnung hätten, wie cool Mister Cool ist. Wenn sich der Präsident einer Studentenverbindung, der Kapitän der Footballmannschaft der Universität, ein VIP oder sogar ein Prominenter für Sie interessiert, tun Sie am besten so, als ob Sie nicht wüssten, wer er ist. Seien Sie nicht völlig aus dem Häuschen, kreischen Sie nicht: »Ich habe schon so viel von dir gehört!« oder »Ich kann gar nicht glauben, dass du mich angesprochen hast!«. Damit

klingen Sie wie ein Groupie, nicht wie ein Rules-Girl. Der Trick besteht darin, ihn wie einen ganz normalen Menschen zu behandeln. Er ist es gewöhnt, dass Frauen ihn umschwärmen, immer Zeit für ihn haben und möglichst noch seine tollen Freunde kennenlernen wollen. Deshalb langweilt sich ein solcher Herzensbrecher schnell und wendet sich der nächsten Frau zu. Aber auch hier gelten die *Regeln!* Weil so ein Mann jede Frau haben kann, die er will, sehnt er sich nach einem Mädchen, das desinteressiert wirkt und das er erobern muss.

12. Die erste und zweite Verabredung können an einem gewöhnlichen Wochentag stattfinden, aber das dritte Date (und danach so ziemlich jede Verabredung) sollte an einem Samstagabend sein. Wenn er immer wieder mit Ihnen ausgeht, aber nicht am Samstagabend, sagen Sie ihm ab: »Oh, das klingt toll, aber ich habe schon andere Pläne« oder »Unter der Woche ist bei mir so viel los«, bis er den Wink mit dem Zaunpfahl versteht und Sie um eine Verabredung am Samstagabend bittet. Es kann ein bisschen dauern, bis er das kapiert, aber alles ist besser als ein nichtssagendes Date unter der Woche. Sie dürfen ihm den Samstagabend aber nicht auf dem Silbertablett servieren. Männer lieben Herausforderungen, schon vergessen?

13. Akzeptieren Sie nach Mittwoch keine Verabredung mehr für den Samstagabend. Diese Regel ist einfach und leicht zu merken und darf nicht gebrochen werden! Sie wollen mit einem Mann zusammen sein, der so oft an Sie denkt, dass es ihm nicht schwerfällt, weit im Voraus zu planen – ein solcher Mann will auch eine feste Beziehung und wird irgendwann um Ihre Hand anhalten. Natürlich kann Spontaneität Spaß machen, aber verwechseln Sie einen spontanen

Mann nicht mit einem Mann, der sich langweilt oder gerade von einer anderen Frau einen Korb bekommen hat. Außerdem führen Rules-Girls ein ausgefülltes Leben; natürlich haben Sie am Donnerstag schon Pläne fürs Wochenende! Wenn er Sie zu spät fragt, sollten Sie ihn nicht ermahnen. Sagen Sie einfach, Sie würden gern mit ihm ausgehen, hätten aber schon etwas vor!

14. Bleiben Sie cool, wenn er Sie neckt. Wenn er sich spontan mit Ihnen verabreden will und Sie absagen, erwidert er vielleicht: » Na gut, Fräulein Höchstbegehrt. « Oder er sagt: » Ich würde ja diesen Sommer mit dir ans Meer fahren, falls wir dann noch miteinander ausgehen ... « Männer ziehen eine Frau gern auf, selbst wenn sie sie gern haben! Regen Sie sich nicht auf – ignorieren Sie ihn einfach. Wahrscheinlich will er Sie ein bisschen reizen, überraschen Sie ihn also und reagieren Sie einfach nicht!

15. Kommen Sie ihm nicht auf halber Strecke entgegen. Wenn er nicht zu Ihnen reisen will, dann sehen Sie sich eben nicht. Machen Sie sich keine Gedanken, dass er Sie für egoistisch oder zickig halten könnte – unsere Regel lautet schlicht, dass er es irgendwie einrichten muss, Sie zu besuchen. Sagen Sie ihm, dass Sie gerade nicht wegkönnen. Erklären Sie ihm, dass Sie unglaublich viel zu tun hätten und sich mit ihm nur nach der Arbeit in der Nähe Ihres Büros oder Ihrer Wohnung treffen können. Sie tun ihm sogar einen Gefallen, denn umso größer ist seine Vorfreude, Sie zu sehen! Außerdem merkt er dann gleich, dass er sich um Sie bemühen muss, Sie fallen ihm nicht einfach so in den Schoß wie die anderen Frauen, die ihn früher vielleicht verzogen haben.

16. Verabreden Sie sich nicht mehr mit ihm, wenn er Ihren Geburtstag vergisst oder an Feiertagen keine

Zeit für Sie hat. Wie ein Mann sich in solchen Situationen (und in anderen, etwa, wenn Sie befördert werden) verhält, ist ein guter Gradmesser für seine Gefühle Ihnen gegenüber. Ein Mann, der Sie wirklich mag, wird ohne Zögern seine Pläne ändern, um mit Ihnen unter dem Weihnachtsbaum zu sitzen oder Sie an Silvester zu küssen und Ihnen ein gutes neues Jahr zu wünschen. Er denkt nicht nur an ihren Geburtstag, sondern will auch bei Ihnen sein und einen ganz besonderen Tag für Sie daraus machen. Solche Situationen sind ein weiteres Beispiel dafür, dass ein Mann, der Sie liebt, weit im Voraus plant. Vielleicht plant er auch ohne einen besonderen Grund eine spezielle Überraschung! Bei Geschenken sind Rules-Girls natürlich nicht aufs Geld aus, aber wir erwarten schon etwas Romantisches. Schmuck ist das romantischste Geschenk überhaupt, doch auch Blumen, ein Plüschtier, ein Gedichtband oder ein Kurztrip übers Wochenende zeigen, dass ihm etwas an Ihnen liegt. Wenn Sie einmal erwähnt haben, dass Sie Beyoncé mögen, geht er mit Ihnen vielleicht aufs Konzert. Er kauft Ihnen eine Grußkarte und schreibt eine Liebesbotschaft dazu! Es geht nicht um den Preis – sein Geschenk muss nur zeigen, dass er an Sie denkt und sich etwas überlegt hat. Achten Sie auch darauf, wie er die Karte zum Geschenk unterschreibt. »In Liebe« und »xoxo« sind besser als »Dein ...«. Und Sie müssen nicht mehr tun, als sich zu bedanken! Ein Mann, der verrückt nach Ihnen ist, braucht keinen speziellen Dank – es ist ihm eine Freude, Ihnen seine Liebe zu zeigen. Wenn er Ihnen einen Buchgutschein schenkt und mit »Herzlich« unterschreibt, darf er nicht erwarten, dass Sie in Freudentränen ausbrechen. Er ist dann wahrscheinlich sowieso nicht der Richtige für Sie.

17. Ziehen Sie nicht bei einem Mann ein (und lassen Sie keine persönlichen Gegenstände in seiner Wohnung). Uns ist klar, dass die Partnersuche heutzutage etwas lockerer abläuft als früher, als wir unser erstes Buch zu den *Regeln* verfassten. Dennoch sind wir nach wie vor der Ansicht, dass Sie erst mit einem Mann zusammenziehen sollten, wenn der Hochzeitstermin feststeht. Das Zusammenleben ist keine Probezeit, in der sie schauen können, ob Sie zueinander passen, und es ist auch keine Lösung, um Ihrer Beziehung wieder auf die Sprünge zu helfen oder Ihren Partner zu zwingen, um Ihre Hand anzuhalten. Vielleicht stiehlt er einfach nur Ihre Zeit und will nur jemanden, um die Miete zu teilen! Und wie wollen Sie sich rar machen, wenn Sie praktisch allzeit verfügbar sind? Das funktioniert nicht! Sie sollten auch nicht mit einem Bügeleisen und Ihren Hygieneartikeln bei ihm aufkreuzen, es sei denn, er fordert Sie ausdrücklich dazu auf und räumt Ihnen einen Schrank frei. Ansonsten könnte er sich von Ihnen bedrängt fühlen. Wenn Sie Ihr Laptop und das Ladegerät fürs Handy daheimlassen, fällt es Ihnen leichter, sich rechtzeitig von ihm zu verabschieden – Sie müssen nach Hause und wichtige Dinge erledigen!

18. Sagen Sie ihm nicht, was er tun soll. Erwarten Sie auch nicht, dass er sich ändert oder Sie ihn ändern können. Männer haben gern das Gefühl, sie hätten das Sagen – ein normaler Mann will seine Zeit mit einer Frau verbringen, die ihm ein gutes Gefühl gibt. Er will sich auf keinen Fall unmännlich oder unzulänglich vorkommen! Drängen Sie ihm nicht Ihre Pläne, modischen Vorstellungen oder Hobbys auf – und versuchen Sie auch nicht, ihm seine schlechten Angewohnheiten abzugewöhnen. Männer ändern sich nie; entweder akzeptieren Sie ihn mit all seinen Fehlern oder Sie suchen sich einen anderen.

19. Wenn Sie einen Mann zwar mögen, aber nicht verrückt nach ihm sind, sollten Sie die Beziehung beenden oder ihn nicht mehr treffen. Wir sind der Meinung, dass Sie sich ein paar Mal mit einem Mann verabreden sollten, um sicherzustellen, dass Sie wirklich wissen, was Sie für ihn empfinden. Aber sobald Sie sicher sind, dass er nicht der Richtige für Sie ist, können Sie ihm das einfach sagen. Erklären Sie ihm: »Ich bin wirklich gern mit dir aus, aber irgendwie ist der Funke nicht übergesprungen« oder »Tut mir leid, aber ich glaube, wir passen einfach nicht zusammen«. Sie sollten nicht weiter mit einem Mann ausgehen, mit dem Sie sich keine gemeinsame Zukunft vorstellen können – das ist weder für Sie noch für ihn gut, außerdem ist es unfair ihm gegenüber.

20. Seien Sie nett. Bei den *Regeln* geht es darum, sich rar zu machen – aber wenn Sie einen Mann erst einmal haben, sollten Sie sich von Ihrer besten Seite zeigen. Verwenden Sie die Energie, mit der Sie sich geheimnisvoll gaben, nun darauf, ihm eine Freude zu sein. Seien Sie freundlich, rücksichtsvoll und geduldig. Ein Rules-Girl bleibt immer locker! Das heißt nicht, dass Sie bei jeder Auseinandersetzung nachgeben oder sich immer nach ihm richten müssen; das sollten Sie keineswegs. Aber nehmen Sie sich die Zeit, die Dinge von seinem Standpunkt aus zu betrachten, denn dann wird er das auch bei Ihnen tun.

Schlusswort
Dating verlangt Disziplin!

Puh! Wir haben Ihnen ganz schön viele Vorschriften und Verbote um die Ohren gehauen! Wir haben auch versucht, jedes mögliche Szenario mit sämtlichen modernen Kommunikationsmitteln bei der Partnersuche abzudecken, um Ihnen zu zeigen, dass Sie die *Regeln* unabhängig von der Technik immer anwenden können. Wir wissen, dass die Partnersuche heutzutage schwieriger ist denn je – es ist fast unmöglich, sich geheimnisvoll zu geben und unerreichbar zu sein, wenn jeder an seinem Computer oder Smartphone klebt. Aber wir wissen auch, dass eine Frau sich rar machen *kann* – wenn sie es wirklich will und an die *Regeln* glaubt!

Die wenigsten Frauen wollen einsehen, dass das Geheimnis der erfolgreichen Partnersuche darin besteht, dass sich der Mann um eine Frau bemühen muss. Auch wir dachten früher, eine Frau könne tun und lassen, was sie will, und würde ihren Traummann trotzdem bekommen. Wir dachten: Wer will schon andauernd im Minirock herumrennen und sich schminken und in Lokale oder zu Singleveranstaltungen gehen, um Männer zu treffen, nur um dann einen attraktiven Mann nicht ansprechen zu dürfen? Wo ist der Sinn, an solchen Veranstaltungen teilzunehmen, wenn man als Frau nicht die Initiative ergreifen darf? Welche Frau will schon warten, bis ein Mann (und dann natürlich nicht unbedingt der attraktivste) sie zuerst anspricht oder sie um ihre Telefonnummer bittet, um dann *wieder* zu warten, bis er eine SMS schickt, bei der sie dann *wieder* warten muss, bis sie ihm antwortet? Wir hassten allein schon den Gedanken daran! Wir wollten aktiv sein, aber die *Regeln* schrieben das genaue Gegenteil vor! Wenn die *Regeln* ein Tanz wären, wäre es der langsamste Tanz auf Erden!

Wie so viele von Ihnen wurden wir so erzogen, dass wir unsere Meinung sagen und uns aktiv einbringen – wir wollten gute Noten, wurden Klub-Präsidentin, machten Karriere (was in unserem Fall hieß, dass wir im landesweiten Fernsehen für unser Buch warben), – wir wollten keine Mauerblümchen sein. Warum aber wirken aktive Frauen, die ihr Schicksal selbst in die Hand nehmen, auf Männer nicht attraktiv? Wir wollten keine Strategie bei der Partnersuche, bei der die Initiative nicht von der Frau ausgehen darf. Verabredungen sollten so ablaufen, wie es uns gefiel – wir wollten die aktive Rolle übernehmen. Aber trotzdem entschieden wir uns, uns an die *Regeln* zu halten, weil wir tief in unserem Innern wussten, dass sie funktionieren. Und die Ergebnisse sprechen für sich: Hochzeit, liebende Ehemänner und prächtige Kinder. Die *Regeln* verlangen Disziplin, sie funktionieren, aber Sie müssen dabei das Gegenteil dessen tun, wonach Ihnen eigentlich der Sinn steht.

Die *Regeln* schützen Sie vor sich selbst.

Unser Buch ist ein Werk der Liebe – vor allem, weil wir es zusammen mit unseren beiden wunderbaren Töchtern verfasst haben. Wir hoffen, dass es Ihnen helfen wird, Männern mit Selbstachtung zu begegnen, sich Grenzen zu setzen und bei der Partnersuche diszipliniert zu sein, auch wenn sich die Technik immer weiterentwickelt!

Xoxo

Ellen und Sherrie

Benötigen Sie weitere Hilfe?

Wenn Sie unser Buch von vorn bis hinten durchgelesen haben und trotzdem noch eine Frage oder ein Problem haben, können Sie uns gern kontaktieren!

Besuchen Sie unsere Website unter www.therulesbook .com, schicken Sie uns eine E-Mail an consult@therules book.com, rufen Sie uns an unter 001 21 23 88-79 10 oder schicken Sie ein Fax an 001 97 34 22-00 48.

Sie können eine telefonische Beratung oder Beratung per E-Mail mit Ellen Fein und Sherrie Schneider buchen. Bei einem einstündigen Beratungsgespräch betrachten wir Ihre bisherigen Partnerschaften, analysieren Probleme, die noch aus Ihrer Kindheit herrühren und sich auf Ihr Verhalten bei der Partnersuche ebenso auswirken wie auf den von Ihnen bevorzugten Männertyp; wir geben Ihnen Ratschläge, wo Sie Männer kennenlernen können; wie Sie die *Regeln* für sich im persönlichen Gespräch, online und bei allen anderen Kommunikationsmitteln anwenden; wie Sie sich bei einer Verabredung verhalten sollen; wie Sie einen Mann dazu bringen, Ihnen einen Heiratsantrag zu machen; wann Sie sich nach einem neuen Partner umsehen sollten, wenn Ihr aktueller Partner nicht um Ihre Hand anhält; wie Sie die *Regeln* anwenden, wenn Sie verlobt oder verheiratet sind, getrennt leben oder geschieden sind, und wir geben Ihnen persönliche Einkaufs- und Stylingtipps.

Bewerben Sie sich und werden Sie ein Rules-Coach! Bei unserem intensiven zwölfwöchigen Onlinekurs lernen Sie, wie Sie selbst die *Regeln* besser anwenden und anderen Frauen dabei helfen, sie umzusetzen.

Bestellen Sie CDs und DVDs mit unseren Seminaren, unser Tagebuch, das *Rules Dating Journal,* in dem Sie Ihre Fortschritte festhalten können, unsere Notizblöcke oder einen Geschenkgutschein für ein Beratungsgespräch mit uns.

Informieren Sie sich über unsere Live-Auftritte, weltweit tätige Rules-Coaches, Kontakte und Selbsthilfegruppen unter: www.therulesbook.com. Wir sind auch bei Facebook und Twitter: www.facebook.com/TheRules OfficialBook and @TheRulesBooks.

Dank

Unser Dank gilt unseren wunderbaren Ehemännern Lance und Roger, die uns beim Schreiben unseres Buchs unterstützten und auch nicht die Geduld verloren, wenn wieder einmal unser Bürotelefon klingelte und eine dringende Notfallberatung das Familienleben durcheinanderbrachte! Wir danken auch unseren phantastischen Kindern Jason, Jenny und Rebecca, die uns über neue Entwicklungen wie SMS, Facebook, BBM [Blackberry Messenger], iPhone, Skype und Twitter aufklärten! Ohne euch wäre das Buch nicht möglich gewesen ... und auch nicht ohne eure Freunde, die uns großzügig ihre Zeit schenkten und uns an den Geschichten ihrer Verabredungen teilhaben ließen!

Ein besonderer Dank gilt allen Menschen weltweit, die wir durch unsere Beratungstätigkeit kennengelernt haben, sowie unseren Coaches, Klientinnen und Fans, die uns ermutigten, ein neues Buch für die Generation Y zu schreiben.

Und natürlich gibt es auch einen Tusch für unsere geniale Literaturagentin und Freundin Caryn Karmatz Rudy, die uns in den vergangenen 15 Jahren stets ihre Zeit und ihr Talent zur Verfügung stellte und uns immer die Treue hielt – und ohne die *Wie man heute die Liebe fürs Leben findet* eine bloße Idee geblieben wäre. Und zu guter Letzt danken wir unserem Verlag, der Hachette Group USA (ehemals Warner Books, wo unser erstes Buch erschien), und unserer visionären Lektorin Amanda Englander, die uns hervorragend beraten und unterstützt hat und zu unseren größten Fans zählt.

Ellen Fein und Sherrie Schneider

Die neue Kunst, den Mann fürs Leben zu finden

»The Rules II«. Aus dem Amerikanischen von Ursula Buntspecht. 233 Seiten. Piper Taschenbuch

Auf in die zweite Runde! Nach dem Sensationserfolg ihres Buches »Die Kunst, den Mann fürs Leben zu finden« bieten Ellen Fein und Sherrie Schneider einen neuen Katalog mit Tips und tieferen Einsichten, damit auch Sie ihn endlich bekommen: den Mann fürs Leben. Jede Menge Singles laufen heutzutage herum, es wäre doch gelacht, wenn da nicht einer für Sie dabei ist. Nur müssen Sie es richtig machen. Wie hole ich meinen langjährigen besten Freund vor den Traualtar? Wie bekomme ich meinen Ex zurück? Was mache ich aus der Büroaffäre? Was, wenn er geschieden ist und Kinder hat? Was, wenn er reich ist und mich zu einem luxuriösen Wochenende einlädt? Unverblümt und offen stehen Ellen Fein und Sherrie Schneider mit Rat und Tat zur Seite.

François Lelord

Hector und die Geheimnisse der Liebe

Aus dem Französischen von Ralf Pannowitsch. 240 Seiten. Piper Taschenbuch

Auf seiner Reise wird der junge Psychiater Hector zum Abenteurer des Herzens. Er spürt einem Professor nach, der das Geheimnis der Liebe entschlüsselt haben will. Dabei entdeckt er, wie kompliziert die Liebe sein kann: Kann man nicht für immer verliebt bleiben? Warum liebt manchmal der eine mehr als der andere? Und Hector entdeckt, daß allein die Liebe – für alle Zeit und wo immer wir leben – die Macht haben wird, unsere tiefsten Sehnsüchte zu stillen.

»Eine tiefsinnige Geschichte, die mit klugen Einsichten zum Thema Liebe überrascht.«
Gala

Céline Curiol

Von Liebe sprechen

Roman. Aus dem Französischen
von Sabine Schwenk. 288 Seiten.
Piper Taschenbuch

Sie ist die Stimme von Paris. Als
Bahnhofsansagerin kündigt sie
die Züge an – denkt dabei aber
einzig an ihn und an den Kuß,
der ihr Leben veränderte. In
den Straßen der Stadt begegnet
sie dem, was das Leben ist, aber
sie wartet auf ihn, den sie liebt.
Und irgendwann kann er sich
ihr nicht mehr entziehen …
Feinsinnig und schonungslos
offen beschwört Céline Curiol
das Lebensgefühl ihrer Generation.

»Dieser Erstling hat das Zeug
zum Lieblingsbuch!«
Westdeutsche Allgemeine

Geschichten über die Liebe

Herausgegeben von Annika
Krummacher. 208 Seiten.
Piper Taschenbuch

Von der ersten Verliebtheit, von
Eifersucht und Begehren, von
Seitensprüngen, aber auch von
der großen Liebe über den Tod
hinaus – die Liebe hat Schrift-
steller beschäftigt wie kaum ein
Thema sonst. In diesem Band
sind einige der schönsten Ge-
schichten vereint: von Anna
Gavalda und Kurt Tucholsky,
Elke Heidenreich, Hermann
Hesse und vielen anderen.

»Jede Bewegung unserer Seele,
in der sie sich selber empfindet
und ihr Leben spürt, ist Liebe.
Glücklich ist also der, der viel
zu lieben vermag. Lieben aber
und Begehren ist nicht ganz
dasselbe. Liebe ist weise gewor-
dene Begierde.«
Hermann Hesse

Denkanstöße über die Liebe

Herausgegeben von
Claudia Privitera. 240 Seiten.
Piper Taschenbuch

Warum verlieben wir uns in manche Menschen und in andere nicht? Gibt es die Liebe auf den ersten Blick? Und was ist das Geheimnis einer glücklichen Liebe, die ein Leben lang hält? Dieses Buch versammelt stimmungsvolle Gedichte und Erzählungen zum Thema Liebe, etwa von Judith Hermann, Anna Gavalda und François Lelord. Und in aktuellen Texten erklären uns Helen Fisher, Bas Kast, Jürg Willi, Hans Jellouschek, Paul Watzlawick und Remo H. Largo Interessantes über die Kunst des Liebens, über Sehnsucht, Nähe und Leidenschaft.

»Eine inspirierende Quelle für Verliebte – und für alle, die vom großen Liebesglück träumen.«
Cosmopolitan

Jakob Hein
Liebe ist ein hormonell bedingter Zustand

Roman. 176 Seiten.
Piper Taschenbuch

Mit den Kumpels hinter einem Glas Cola-Weinbrand in der Klubgaststätte »Kalinka« zu hocken, bis das nächste Stück von »The Cure« kam: Das war schon okay. Wirklich cool aber waren die Momente mit Sarah. Sarah war die Frau seines Lebens. Sicher würde sie das auch bald rausfinden. So lange fand Sascha sich damit ab, nur der Vollidiot zu sein, der daneben stand, während Sarah mit »Dose« zusammenkam, dem Sänger von »Productive Cough«. Bis ihm klar wurde, dass er sein Leben nicht für die Liebe einer Unbelehrbaren wegschmeißen konnte. Dann vielleicht doch Doreen aus Treptow, die Ex von Olli. Irgendwann würde es ihm gelingen, hinter das Geheimnis der Frauen zu kommen. – Ostdiscos, die letzten Jahre der DDR und die Peinlichkeiten des Erwachsenwerdens.

Lucy Clarke
Die Landkarte der Liebe

Roman. Übersetzung aus dem Englischen von Astrid Mania. 352 Seiten. Piper Taschenbuch

Ein meerblaues Reisetagebuch. Das ist alles, was Katie von ihrer Schwester bleibt. Denn Mia ist tot. In Bali stürzte sie von einer Klippe. Katie hat nur eine Chance, das Geheimnis um den Tod ihrer unnahbaren Schwester zu lüften: ihr Tagebuch zu lesen und den Stationen ihrer letzten Reise zu folgen. Und so taucht Katie immer tiefer ein in das Leben ihrer Schwester ein und entziffert Stück für Stück Mias ganz persönliche Landkarte der Liebe ...

François Lelord
Im Durcheinanderland der Liebe

Roman. Aus dem Französischen von Ralf Pannowitsch. 256 Seiten. Piper Taschenbuch

Ein junger Inuit kommt als Botschafter seines Stammes nach Paris. Obwohl sich alle für ihn interessieren, fühlt Ulik jeden Abend in seinem Hotel die Einsamkeit in sich aufsteigen, denn in seinem Land ist man niemals allein. Überhaupt ist Ulik verwundert. Im Land der Eskimos ist Liebe ein Austausch von Geschenken unter zwei Menschen, die einander brauchen. In Paris scheint man komplett andere Vorstellungen zu haben. In dem mutigen und einsamen Inuit spiegelt der Psychiater und Bestsellerautor François Lelord unsere Sehnsucht nach starken Gefühlen und den Zustand der Liebesunordnung, in dem wir leben.

»Diese fast kindlich schöne Liebessuche ist wunderbar zu lesen.«
Emotion

05/2729/01/L   05/2423/01/R